o gênio dos negócios

F539g   Fisk, Peter
         O gênio dos negócios / Peter Fisk ; tradução Frederico
      Edwino Fuhrmeister. – Porto Alegre : Bookman, 2009.
         360 p. ; 20 x 20 cm.

         ISBN 978-85-7780-468-9

         1. Administração de empresas. 2. Negócios. I. Título.

                                                        CDU 658

Catalogação na publicação: Renata de Souza Borges CRB-10/1922

peter fisk

o gênio dos negócios

Tradução:
Frederico Edwino Fuhrmeister

Revisão técnica:
Cassio Sclovsky Grinberg
Mestre em Marketing pelo Programa de Pós-Graduação da UFRGS
Professor da Faculdade de Comunicação Social da PUC-RS

bookman®

2009

Obra originalmente publicada sob o título
Business Genius: A More Inspired Approach to Business Growth

ISBN 9781841127903

Copyright © 2008 by Peter Fisk

Todos os direitos reservados. Tradução autorizada da edição em língua inglesa publicada por John Wiley & Sons, Ltd.

Capa: *Gustavo Demarchi*

Preparação de originais e leitura final: *Mariana Belloli*

Supervisão editorial: *Elisa Viali*

Editoração eletrônica: *Techbooks*

Designações usadas por companhias para distinguir seus produtos geralmente são chamadas de marcas registradas. Todos os nomes de marcas e produtos utilizados neste livro são nomes comerciais, marcas de serviço, marcas comerciais ou marcas registradas de seus respectivos proprietários. A editora não está associada com qualquer produto ou fornecedor mencionado neste livro.

Esta publicação foi criada para fornecer informações corretas e autorizadas sobre o assunto abordado. A editora não oferece serviços profissionais. Se você precisar de ajuda profissional ou de outro tipo de assistência especializada, procure os serviços de um profissional competente.

Peter Fisk tem seus direitos assegurados pelo Copyright, Designs and Patents Act 1988 para ser identificado como autor deste trabalho.

Reservados todos os direitos de publicação, em língua portuguesa, à
ARTMED® EDITORA S.A.
(BOOKMAN® COMPANHIA EDITORA é uma divisão da ARTMED® EDITORA S. A.)
Av. Jerônimo de Ornelas, 670 – Santana
90040-340 – Porto Alegre RS
Fone: (51) 3027-7000   Fax: (51) 3027-7070

É proibida a duplicação ou reprodução deste volume, no todo ou em parte, sob quaisquer formas ou por quaisquer meios (eletrônico, mecânico, gravação, fotocópia, distribuição na Web e outros), sem permissão expressa da Editora.

SÃO PAULO
Av. Angélica, 1.091 – Higienópolis
01227-100 – São Paulo – SP
Fone: (11) 3665-1100   Fax: (11) 3667-1333

SAC 0800 703-3444

IMPRESSO NO BRASIL
PRINTED IN BRAZIL

O autor

Peter Fisk é estrategista de negócios com grande experiência na área, consultor de líderes de negócios em todo mundo, palestrante inspirador e empreendedor. Trabalhou durante muitos anos em empresas como British Airways, Coca-Cola, Marks & Spencer, Microsoft, Virgin e Vodafone. É autor do *best-seller Marketing Genius*[1], traduzido para 24 idiomas, e *The Complete CEO*; foi descrito pela *Business Strategy Review* como "um dos melhores novos pensadores de negócios".

Peter começou sua carreira como físico nuclear antes de entrar para o mundo supersônico do marketing na British Airways, com funções em marcas, marketing, estratégia e desenvolvimento de liderança.

Foi o principal executivo da maior organização de marketing do mundo, o Chartered Institute of Marketing. Também liderou a equipe de consultoria global de marketing estratégico do PA Consultng Group, foi diretor-gerente da Brand Finance e sócio dos inovadores estratégicos da The Foundation.

É fundador e principal executivo da Genius Works, empresa que ajuda líderes de negócios de todo mundo a pensar diferente – para desenvolver e implantar estratégias, inovação e marketing mais criativos. Lançou recentemente *The Marketing Fast Track* e apresenta o programa *The Marketing Show* na CNBC.

Palestrante internacional, aborda todos os aspectos da estratégia e da liderança, da inovação e do marketing, dos clientes e das marcas. É atencioso, preocupado, provocativo e divertido – captando o que é novidade, o que funciona e o que está por vir.

Define os assuntos emergentes para negócios, trabalhando com empresas e seus líderes no mundo inteiro para tornar realidade, de forma prática e bem-sucedida, as melhores ideias.

Para mais informações, visite o site www.thegeniusworks.com ou mande email para peter.sk@peter.sk.com.

---

[1] Publicado sob o título *Gênio do Marketing* pela Bookman Editora (2008).

Agradecimentos

À Alison, Anna e Clara.

E a todas as pessoas do mundo em organizações grandes ou pequenas que acreditam na criação de uma nova abordagem aos negócios e que têm ideias que adorariam pôr em prática.

Espero que, de alguma maneira, este livro as inspire.

Sumário

Parte I   Hemisfério direito, hemisfério esquerdo   25

    Faixa 1   Crescimento rápido   27
         1.1   As sete vidas dos negócios   30
             Insight 1: Crocs   37
         1.2   O motor da criação de valor   40
             Insight 2: Red Bull   47
         1.3   Plataformas para acelerar o crescimento   49
             Insight 3: GE   58

    Faixa 2   Bolhas de negócios   63
         2.1   Surfar as ondas do crescimento   67
             Insight 4: Kikkoman   69
         2.2   Hotspots de negócios   71
             Insight 5: Second Life   77
         2.3   Libertar os propulsores do crescimento   80
             Insight 6: Li & Fung   84

    Faixa 3   Líderes empreendedores   87
         3.1   Sete vidas, sete líderes   89
             Insight 7: Apple   91
         3.2   Empreendedores, líderes e gerentes   95
             Insight 8: Shanghai Tang   101
         3.3   Os novos líderes de negócios   103
             Insight 9: Umpqua Bank   107

Sumário

Parte II   Do futuro ao presente, do agora em diante   113

     Faixa 4   Mercados em crescimento   115
         4.1   Descobrir os novos mercados primeiro   118
             Insight 10: Nike   121
         4.2   Crescer com a vizinhança   125
             Insight 11: Disney   129
         4.3   Os melhores mercados   133
             Insight 12: Tchibo   135

     Faixa 5   Estratégias mais inteligentes   139
         5.1   Negócios com propósito elevado   141
             Insight 13: Diageo   144
         5.2   Fazer as escolhas certas   148
             Insight 14: Natura   155
         5.3   Jazz dos negócios   157
             Insight 15: Gucci   162

     Faixa 6   Inovação nos negócios   165
         6.1   Adquirir uma nova visão de mundo   167
             Insight 16: Cirque Du Soleil   171
         6.2   O poder dos conceitos   173
             Insight 17: 3M   176
         6.3   Criação perturbadora   178
             Insight 18: Zara   188

Parte III   De fora para dentro, de dentro para fora   193

     Faixa 7   O poder do cliente   195
         7.1   Mergulho profundo em busca de insights   198
             Insight 19: Diesel   202
         7.2   Assumir a perspectiva do cliente   206
             Insight 20: FC Barcelona   209
         7.3   Negócio centrado no cliente   213
             Insight 21: Bang & Olufsen   215

Faixa 8		Proposições de marca	219
	8.1	Marcas que definem você	221
		Insight 22: Chupa Chups	225
	8.2	Proposições que engajam	227
		Insight 23: Stella Artois	232
	8.3	Experiências que fazem mais por você	234
		Insight 24: Tate Modern	237
Faixa 9		Redes de mercado	241
	9.1	O poder das redes	243
		Insight 25: Net a Porter	244
	9.2	Redes de clientes	247
		Insight 26: Current TV	249
	9.3	Marketing de rede	251
		Insight 27: News Corporation	254
Parte IV		Ideias radicais, ação prática	259
Faixa 10		Motivando as pessoas	261
	10.1	Construir uma paixão pelas pessoas	265
		Insight 28: Google	268
	10.2	Viver o novo estilo de trabalho	272
		Insight 29: Ferrari	277
	10.3	Despertar seu próprio potencial	279
		Insight 30: Fedex	281
Faixa 11		Inspirando a mudança	285
	11.1	A pauta para a mudança	289
		Insight 31: Proctor & Gamble	291
	11.2	Fazer a mudança acontecer	294
		Insight 32: Marks & Spencer	299
	11.3	Líderes transformacionais	302
		Insight 33: Haier	304

Sumário

Faixa 12		Gerando resultados	307
	12.1	Construindo o negócio invisível	308
		Insight 34: Green & Black's	312
	12.2	Administrar para um alto desempenho	315
		Insight 35: Porsche	319
	12.3	Procurar a vantagem	322
		Insight 36: Berkshire Hathaway	325

O laboratório do gênio   330
    Business brainscan   337
    Mais sobre gênios   346

Índice   351

Inspiração

Osaka, Japão.

Assisto à corrida para saber quem é o homem mais rápido do planeta.

É uma noite quente e úmida no magnífico Estádio Nagai. O céu noturno está límpido e sopra uma brisa quente, embora não suficiente para ajudar os atletas. A grande multidão de aficionados silencia quando os oito concorrentes se aproximam de seus postos de largada. Eles parecem focados e confiantes, mas também nervosos ou assustados. Quem será o campeão mundial dos 100 metros rasos?

Na cabine dos comentaristas, o lendário velocista Michael Johnson – nove vezes campeão mundial e ainda detentor de dois recordes mundiais – observa os atletas atentamente. Ele sabe que todos estão em ótima forma física, cada um com excelentes recordes em competições anteriores, e pode contar as vezes em que reduziram alguns centésimos de segundos.

Essas estatísticas, entretanto, não determinarão quem será o vencedor hoje à noite.

Ele observa a linguagem corporal deles. O jeito de caminhar, a postura da cabeça, o olhar. Qual deles tem a força, o preparo físico, a paixão e o desejo, mas também o foco e o controle para vencer? O jamaicano parece muito relaxado, pensa, o britânico aparenta nervosismo, o esloveno parece assustado, enquanto o americano olha quieto para além da linha de chegada.

Johnson sempre correu com a cabeça erguida. Sinal, segundo ele, de um atleta que sabe que vencerá. Não é somente uma questão correr rápido; trata-se de conseguir executar o plano certo no momento certo. Não se trata somente da capacidade e da confiança, mas da habilidade de pensar de modo mais inteligente e de agir mais rapidamente do que os outros.

Penso como o "gênio" pode ser aplicado aos negócios.

Quais são os negócios mais bem-sucedidos hoje? O que o seu pessoal faz de maneira diferente? De que forma grandes empresas podem aprender com as pequenas e vice-versa? O que empreendedores criativos e líderes empresariais podem aprender uns com os outros? O que faz uma grande estratégia de negócios? Como eles conduzem a um crescimento mais rentável e sustentável?

Com mais rapidez.

Certamente, são muitas as respostas e muitos os grandes exemplos, de Dietrich Mateschitz e o segredo da Red Bull à Jeff Immelt e a transformação criativa da General Electric, de Ray Davis e a extraordinária história do Umpqua Bank ao rei da moda *prêt-a-porter* da Zara, o espanhol Amancio Ortega.

Existem estratégias que partem do futuro para o presente e que descobrem mercados emergentes, e proposições de fora para dentro que tocam as pessoas mais profundamente. Existem líderes com predominância do hemisfério direito do cérebro que desempenham papéis mais colaborativos em seus negócios e pessoas com muita energia que agem de forma radical e com resultados extraordinários.

Por onde deveríamos começar?

Mais especificamente, o que seria exatamente um jeito inspirado de começar um negócio? Na verdade, o que seria um jeito inspirado de começar o dia?

Se você fosse um rock star, poderia colocar seus óculos escuros e ir para o estúdio de gravações. Se fosse um atleta dedicado, poderia calçar seus tênis de corrida para a sessão matinal de treinamento. Se fosse o calmo empresário Renzo Rosso, você poderia tomar seu expresso enquanto planeja a próxima extensão de marca da Diesel. Ou se fosse o rei do mundo digital, Steve Jobs, poderia já estar pensando no próximo mercado a ser transformado.

Ou você poderia ser você mesmo, dirigindo-se para o escritório, ligando seu laptop.

Você inicia toda manhã com uma folha de papel em branco, as horas à sua frente são oportunidades de crescimento – de fazer alguma coisa melhor, de melhorar ainda mais suas ideias, suas competências ou de desenvolver seu negócio mais rapidamente. Cada atividade, cada reunião, cada decisão é uma oportunidade excitante.

De alguma forma, as coisas nem sempre são assim. A maioria das pessoas, na maioria dos negócios, vai diretamente à máquina de café, depois à caixa de entrada dos emails ou inicia uma sequência de reuniões de revisão ou abrem seus documentos com mais de 100 páginas.

Por que fazemos isso?

Gastamos a maior parte de nossas vidas de negócios com nossas cabeças abaixadas. Fazendo o que fazemos, revendo o que fizemos e fazendo mais do que sempre fizemos. A interminável busca de mais informações, de mais análises detalhadas, de maior velocidade em relatórios e otimização eficiente nos prendem na armadilha das planilhas.

Dispomos de pouco tempo para pensar.

Raramente voltamos um passo atrás para considerar as possibilidades, utilizar nossa intuição em vez da análise, nossos próprios insights em oposição às pesquisas mais recentes, nossa imaginação em vez de nossa inteligência artificialmente realçada. O interminável trilhar de reuniões, prazos, a demanda por velocidade e precisão deixa pouco tempo para conversar, aprender, ouvir e imaginar.

É esse o caminho para a vantagem competitiva? É esse o ambiente para a inovação e o crescimento ou para a eficiência e a padronização?

Quando foi a última vez que você ouviu uma pessoa verdadeiramente inspiradora? Teve tempo de conversar com clientes sobre suas ambições e não somente sobre suas necessidades? Aprendeu sobre um negócio ou ambiente completamente diferentes? Sentou com uma equipe e conversou sobre o futuro e não sobre o passado? Teve uma ideia realmente original que conseguiu colocar em prática? Saiu do trabalho tão cheio de energia que ficou desesperado para retornar no dia seguinte?

Negócios exigem mais inspiração.

Precisamos passar mais tempo com nossas cabeças erguidas. Precisamos quebrar a rotina de nossas agendas, utilizar nossas planilhas como plataformas a partir das quais podemos pensar de forma mais criativa e confiar em nossa intuição da mesma forma que confiamos nos dados. Precisamos sair dos setores limitantes, de nossas convenções autodefinidas e de nossas agendas autodepressivas para nos tornarmos humanos, pensadores e criativos.

De que outra forma podemos fazer nossas mais brilhantes ideias acontecerem, podemos nos afastar da concorrência, ir além das convenções de hoje, fazer uma maior diferença na vida das pessoas, influenciar a maneira como o mundo funciona e gerar riqueza significativa para nossa sociedade, nossos acionistas e para nós mesmos?

O corpo humano é uma máquina espantosa. O cérebro humano é um dispositivo incrível. Com nossa inteligência e criatividade deveríamos ser capazes de criar resultados muito acima dos comuns: deveríamos ser capazes de criar resultados extraordinários.

Pense de maneira diferente

Escrevi este livro porque quero inspirar pessoas a pensar de forma diferente, a obter mais delas mesmas e a fazer uma contribuição maior e melhor aos negócios e mercados.

Minha inspiração vem de uma carreira que iniciou na área rural de Northumberland, Inglaterra, com suas colinas e fazendas de ovinos, suas praias arenosas impolutas e seus castelos antigos. Um pouco mais ao sul, as velhas indústrias de Tyneside, as minas de carvão e a indústria naval estavam em declínio e procuravam-se novas formas de geração de riqueza.

À medida que cresci, minha inspiração veio de meus pais, ambos professores, que constantemente procuraram fazer a diferença a cada criança que progrediu em suas escolas, não somente intelectualmente mas também como jovens adultos completos.

Eu gostava da escola e me saí bem, mas minha inspiração veio mesmo do esporte. Assim como meu pai, eu era corredor, motivado pelos recordes mundiais de Sebastian Coe e Steve Ovett. Eu treinava de manhã e à noite para reduzir alguns segundos adicionais que me abririam a possibilidade de competir em corridas de pista, de rua e *cross country* nos finais de semana. Da minha pista local, podia observar Steve Cram treinando. Um pouco mais velho do que eu, em breve quebraria os recordes de Coe e Ovett e também se tornaria campeão do mundo.

Embora não tivesse o DNA para quebrar os recordes de meus heróis, eu trabalhava e sonhava muito. Nos anos seguintes, foi minha paixão, motivação e competitividade desenvolvidos pelo esporte que me conduziram ao progresso nos negócios, mais do que qualquer qualificação ou programa de treinamento.

Após uma tentativa de me lançar no intrigante porém meticulosamente lento mundo da física nuclear, entrei para o mundo mais excitante e movido a querosene dos negócios com a British Airways. Naquela época, "a empresa aérea favorita no mundo" oferecia um animado mundo de viagens globais, executivos da alta sociedade e aviões supersônicos.

Nada supera voar em um Concorde de Londres a Nova York para uma reunião e retornar no mesmo dia.

À medida que progredia na empresa aérea, de analista de mercado a vendas corporativas, desenvolvimento de marcas e estratégias de mercado, sempre me vi empolgado, porém com frequência esvaziado pela forma superficial que as pessoas viam esses papéis – "você é um analista, deixe a criatividade com a gente"; "não confiamos nas habilidades comerciais do pessoal de marketing"; "estrategistas não compreendem a parte prática das operações".

Eu me ressentia dos preconceitos, da mania de colocar as pessoas em caixas, do modo de pensar tacanho e estava surpreso como poucas pessoas queriam ou eram capazes de ver o todo, o modo como as coisas podiam se complementar e integrar, como a análise e a criatividade trabalhavam juntas e como a estratégia deveria fundir-se com a ação.

Então li sobre Coe, e como seu treinador buscou seu desenvolvimento não somente como um atleta que podia correr rapidamente, mas como um "homem da renascença", também capaz de pensar. De Aristóteles a Michelangelo, os maiores do passado eram pessoas completas, atléticas e intelectuais, inteligentes e criativas.

Quando trabalhava com alguns gigantes dos negócios – American Express e Coca-Cola, Microsoft, Marks & Spencer, Philips e Shell, Virgin e Vodafone – os líderes e gerentes, marcas e negócios que mais me impressionavam eram aqueles que tinham uma perspectiva mais ampla.

Eles veem as coisas de modo diferente e fazem coisas diferentes. Eles conectam os desconectados, desafiam convenções, procuram novas oportunidades, não têm medo de experimentar novas ideias e têm líderes inspiradores. São negócios inspirados, com algo de "gênio" neles.

Inteligência e imaginação

O que há em comum nos estilos de pensar que produziram a Capela Sistina e a Teoria da Relatividade, que nos deram a penicilina e a World Wide Web?

Acadêmicos e filósofos há muito tempo tentam engarrafar o "gênio". Cientistas russos, com a análise de crianças prodígio, afirmam ter identificado o "gene do gênio"; outros argumentam que o gênio se constrói, como Thomas Edison acreditava, com trabalho árduo: "Um porcento de inspiração e noventa e nove porcento transpiração".

Entretanto, existem algumas pistas sobre o que move os gênios e seus extraordinários resultados. Embora a genialidade muitas vezes se identifique puramente com a inteligência, certamente não é necessário ter um QI elevado para falar 15 idiomas aos 8 anos de idade ou para dominar a intrincada mecânica quântica.

A genialidade tipicamente envolve tanto o pensamento criativo quanto o pensamento inteligente, mas a combinação dos dois, em qualquer grau, pode criar o assim chamado "gênio". De Arquimedes a Warhol, de Mozart a McCartney, existem algumas características comuns do gênio:

Inspiração

Originalidade sem interferências de convenção ou preconceito

Consciência do que está acontecendo, dos padrões e da mudança

Capacidade **analítica** de abordar o problema de forma lógica

Criatividade para desenvolver hipóteses e articular novas ideias

Dualidade para pensar paralelamente, conectar ideias e resolver paradoxos

Prolífico na geração de muitas ideias ou soluções

Pragmático em transformar ideias radicais em realidades práticas

Habilidade visual para se comunicar de forma holística e sem palavras

Crença e confiança para desafiar e defender novas ideias

Explorar a simplicidade permanente e o legado de **Kikkoman**

Reinventar a si mesmo para o mundo de hoje com a paixão do **Umpqua Bank**

Fazer investimentos baseados na lógica simples da **Berkshire Hathaway**

Expandir e evoluir sua marca para permanecer tão na moda como a **Diesel**

Fundir negócios e meio ambiente para inovar como a **GE**

Impulsionar a moda e o desejo pelo mundo tão rapidamente quanto a **Crocs**

Fazer a diferença para as pessoas do modo como a **Tchibo** faz

Dar a uma ideia as asas da **Red Bull** para entrar em novos mercados

Transformar mercados de acordo com sua visão, como a **Apple**

Como Galileu e da Vinci, Einstein e Picasso, genialidade requer uma convicção interna que suporte as ideias e as ações radicais que estão em desacordo com o senso comum, que desafiam o estado atual das coisas e que poderiam ser facilmente conciliadas por uma pessoa com menos vontade. Em todos os espaços da vida social e profissional, é raro as pessoas gostarem de mudanças logo no início – em seus ambientes, práticas ou crenças. Preferimos a segurança e a conveniência do conhecido em detrimento do desconhecido. Mas, gradualmente, vemos a possibilidade, a lógica e a vantagem do modo de pensar diferente, o aceitamos e por fim nos engajamos. Um gênio vê além do dia de hoje e lentamente as pessoas seguem e abraçam o que é novo, diferente e melhor.

"Gênio" é quem aplica a inteligência de maneiras mais criativas.

Inspiração

Existem muitas definições para gênio e genialidade. Embora algumas foquem nos aspectos da inteligência do gênio, por exemplo, atingir um alto QI, o gênio é normalmente definido menos por seu nível absoluto de inteligência e mais pela aplicação da inteligência de maneira criativa. Enquanto alguns sugerem que a pessoa já nasce genial ou com aptidão para vir a sê-lo, a maioria argumenta que a genialidade é principalmente alcançada pelo trabalho árduo cuidadosamente escolhido que combine pensamento profundo e criatividade radical.

O gênio simplesmente combina esses extremos para apresentar resultados extraordinários.

gê.nio subst. pl. *geniu*

1 Poder criativo ou intelectual excepcionais ou outra habilidade natural.

2 Uma pessoa excepcionalmente inteligente ou capaz.

3 (pl genii/jeeni-i/) (em algumas mitologias) Um espírito associado a uma pessoa, lugar ou instituição.

4 O caráter predominante ou espírito de uma nação, período, etc.

Fonte: Oxford English Dictionary

A combinação de inteligência e imaginação, a conexão de opostos de maneira reforçada e positiva é a fonte para novos insights, ideias incomuns e resultados extraordinários.

Resultados extraordinários

Não faz muito mais de 10 anos que escrevíamos cartas em vez de emails, comprávamos CDs nas lojas de discos em vez de baixarmos nossas músicas favoritas da Internet, dependíamos de um número pequeno de canais de mídia, atacadistas e proprietários de marcas para levarmos nossas vidas.

Agora vivemos e trabalhamos em fluxo – mercados são criados e desaparecem, convergem e se fragmentam a uma velocidade incrível e de forma imprevisível. A Kodak era líder de mercado e, atualmente, não sabe mais em que mercado atua, o Google foi do zero para o status de herói corporativo em poucos anos, a Apple ressurgiu da incerteza e reinventou o mundo da música e, no período de alguns meses, o YouTube se transformou no nosso local favorito para assistir filmes.

Satisfação e aperfeiçoamento, derivados e incentivos não são suficientes. Melhorias incrementais dos negócios que mantêm as receitas existentes, mesmo que obtidas de modo mais eficiente, fazendo-se o que sempre foi feito, talvez um pouco melhor, podem ser o caminho mais rápido para uma morte dolorosa.

Somente atingir as necessidades dos consumidores ou ser um pouco melhor que os concorrentes não é receita para o sucesso. Ampliar, reavivar e explorar a marca apenas em seu nome ou logo, colocar um toque de publicidade em produtos comoditizados, exortar equipes de vendas a trabalhar com mais afinco ou recorrer à competição de preços não é nem mesmo uma receita para a sobrevivência. É preciso fazer mais.

É tempo de repensar o negócio e também de reenergizar nossa mente.

Aplicar as ideias de "gênio" aos negócios exige que comecemos a partir de uma nova perspectiva – a partir do futuro em vez do presente, de fora em vez de de dentro. Também requer interpretar e aplicar essas novas perspectivas de forma mais poderosa, vendo o todo, fazendo novas conexões e assegurando que as partes radicais das ideias não se percam no foco prático da ação.

O gênio, portanto, é fusão – conectar opostos que, em conjunto, são maiores do que as partes constituintes.

Essas conexões tipicamente trazem uma abordagem mais inteligente e criativa aos negócios. E considerando que em anos recentes os negócios abraçaram, de um modo geral, mais a inteligência do que a criatividade, alguns ajustes que favoreçam o lado mais criativo da equação devem ser feitos.

Gênio = inteligência + criatividade = resultados extraordinários.

"Yin" e "yang" não são excludentes; não podem existir um sem o outro. São complementares, se reforçam mutuamente. Falam sobre equilíbrio, sobre criar mais juntos do que separados. Yin e yang trazem juntos atributos racionais e emocionais, conscientes e inconscientes. Masculino e feminino.

O Gênio dos Negócios explora as quatro fusões yin-yang que juntas geram um negócio mais inspirado e suas implicações para os indivíduos e o coletivo. Em seguida, analisa a aplicação dessas fusões às disciplinas essenciais de estratégia e inovação, clientes e proposições, pessoas e mudanças, que são indispensáveis ao crescimento sustentado e lucrativo e aos resultados extraordinários.

No âmbito pessoal, "gênio" é um modo inspirado de pensar e de comportar-se:

Hemisférios direito e esquerdo do cérebro. Adote uma abordagem mais estudada, criativa e holística para seus desafios. Abrace novas ideias em vez de ser escravo de números. Liberte seu lado criativo para focar sua imaginação no que mais importa.

Hemisfério direito > hemisfério esquerdo

Hemisfério direito + hemisfério esquerdo = pensamento holístico

Ideias radicais e ação prática. Adote uma postura mais ponderada e ousada para os desafios dos negócios. Faça as melhores ideias acontecerem sem concessões. Faça cada ação valer, garantindo que as ideias radicais tenham maior impacto.

Ideias radicais > ação prática

Ideias radicais + ação prática = impacto surpreendente

No âmbito de negócios, o "gênio" adota um modo mais criativo de planejar e operar:

Do futuro para o presente e do agora em diante. Comece a partir das possibilidades, não se limite por regras e convenções ou capacidades existentes. Aposse-se e molde as melhores oportunidades antes dos outros． Crie o amanhã enquanto também faz o hoje.

Do futuro para o presente > Do agora em diante

Do futuro para o presente + do agora em diante = inovação inteligente

De fora para dentro e de dentro para fora. Defina a estratégia com base nos melhores mercados, necessidades dos clientes e diferença competitiva em vez de no que você sempre faz ou pensa que deve fazer. Faça negócios nos termos do cliente em vez de nos seus próprios termos.

De fora para dentro > de dentro para fora

De fora para dentro + de dentro para fora = clientes engajados

Qualquer um pode ser um gênio dos negócios.

Não existem crianças prodígios nas salas dos conselhos, somente pessoas que trabalham arduamente e de forma inteligente. Entretanto, o mundo dos negócios segue novas regras; não é mais suficiente ou mesmo adequado seguir as regras de etiqueta e as convenções antigas. Os vencedores de amanhã poderão parecer um pouco malucos comparados com os líderes do passado

O local de trabalho do século XXI deveria ser um lugar inspirador para se começar o dia, com mercados e inovações sem limites físicos, cheio de possibilidades, limitado somente por sua imaginação.

Inspiração

As quatro dimensões de yin-yang moldam as quatro partes deste livro. Você pode explorá-las mais lendo o *Business Brainscan*, no final do livro, e pode explorá-las pessoalmente e de modo prático assistindo a um dos workshops do *Genius Live* ou visitando o *The Genius Lab* online.

Passeie pelas montanhas como Albert Einstein e quebre todas as regras como Pablo Picasso, Ghandi, Mandela. Não apenas ocasionalmente, mas como um modo de vida. Veja as coisas de modo diferente, faça novas conexões e tenha confiança para fazer suas ideias acontecerem.

"Pense diferente" é o que disse a Apple numa saudação às pessoas que mudam as coisas – como Einstein e Picasso, Ghandi e Mandela, Chaplin e Lennon, Ford e Branson:

"Isto é para os malucos

Os desajustados. Os rebeldes. Os criadores de casos. Os pinos redondos dos buracos quadrados.

Aqueles que veem as coisas de forma diferente.

Não gostam de regras. Não têm respeito pelo *status quo*.

Você pode elogiá-los, discordar deles, citá-los, desacreditá-los, glorificá-los ou difamá-los.

A única coisa que você não pode fazer é ignorá-los.

Porque eles são agentes de mudanças.

Eles inventam. Eles imaginam. Eles curam. Eles exploram. Eles criam. Eles inspiram. Eles empurram a raça humana para a frente.

Talvez eles tenham que ser malucos.

De que outra maneira você contempla uma tela vazia e vê um trabalho de arte?

Ou senta-se em silêncio e ouve uma canção que nunca foi escrita?

Ou olha um planeta vermelho e vê um laboratório sobre rodas?

Enquanto alguns os veem como malucos, nós os enxergamos como gênios.

Porque as pessoas que são suficientemente malucas para pensar que podem mudar o mundo são as pessoas que o fazem."

Espero que vocês gostem deste livro. Espero que ele ajude e inspire a ver as coisas de um modo um pouco diferente, a pensar um pouco mais radicalmente e, à sua maneira, a fazer alguma coisa extraordinária. Seja ousado. Seja corajoso. Seja brilhante.

Peter Fisk

Email: peterfisk@peterfisk.com

Website: www.thegeniusworks.com

Hemisfério direito, hemisfério esquerdo

Parte I

▶ Hemisfério direito, hemisfério esquerdo

"O teste de uma inteligência de primeira qualidade é a habilidade de manter em sua mente duas ideias opostas ao mesmo tempo."

F. Scott Fitzgerald

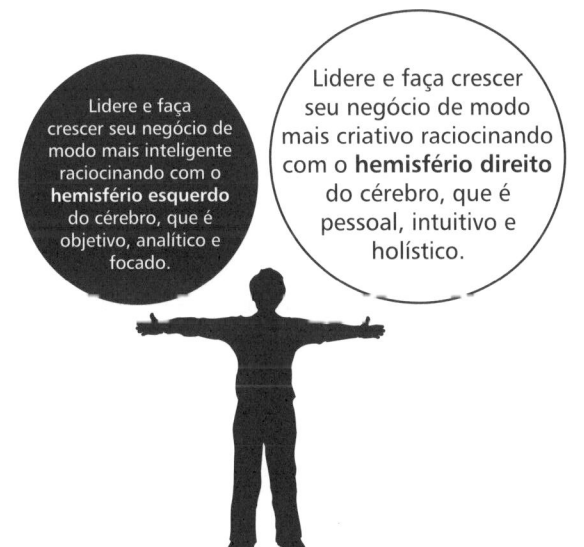

Lidere e faça crescer seu negócio de modo mais inteligente raciocinando com o **hemisfério esquerdo** do cérebro, que é objetivo, analítico e focado.

Lidere e faça crescer seu negócio de modo mais criativo raciocinando com o **hemisfério direito** do cérebro, que é pessoal, intuitivo e holístico.

▶ O cérebro humano é um resultado extraordinário da evolução natural, e certamente sua estrutura é mais complexa do que uma simples divisão esquerda-direita. De fato, a neurociência se desenvolveu rapidamente nas últimas décadas, e aprendemos constantemente a interpretar nossos pensamentos e ações e a melhorá-los.

▶ A metáfora dos hemisférios direito e esquerdo do cérebro ainda é útil para o nosso modo de raciocinar. O hemisfério direito é o lado mais "criativo" – subjetivo, intuitivo, holístico e divergente –, enquanto o hemisfério esquerdo é o lado mais "inteligente" – objetivo, interativo, analítico e convergente.

▶ Abordamos o futuro de nossos negócios e mercados com os olhos totalmente fechados. Precisamos abrir nossas mentes para a perspectiva mais ampla – o mundo à nossa volta, nosso papel nele, o que outras empresas estão fazendo e o que impulsionará e manterá nosso crescimento. Essa é uma oportunidade para o hemisfério direito.

▶ Os negócios tornaram-se muito focados e mecânicos (hemisfério esquerdo), não restando tempo nem espaço para raciocinar de forma mais aberta e holística (hemisfério direito). É óbvio que precisamos dos dois lados – esquerdo e direito, inteligência e criatividade –, porém, é a conexão entre ambos que faz a diferença.

▶ Hoje, se quisermos ser bem-sucedidos nos negócios – ter um papel nesse mundo em constante mudança e confuso, rápido e frágil; ser empreendedores eficazes e líderes empresariais; criar e manter um crescimento sustentável –, precisamos raciocinar com a totalidade de nosso cérebro, não somente com parte do mesmo.

Faixa 1   Crescimento rápido

Conduzindo e acelerando o crescimento dos negócios

"Ou você dá um passo à frente para o crescimento, ou recua um passo para a segurança."

Abraham Maslow

Uma abordagem mais inteligente ao crescimento que envolva maior reflexão com o *hemisfério esquerdo*

- Maximizar a criação de valor econômico para os *stakeholders*.
- Focar nas melhores oportunidades de mercado, clientes e produtos.
- Agregar mais valor diferencial aos seus produtos e serviços.
- Fortalecer o objetivo e a posição competitiva de sua marca.
- Ampliar a atuação para categorias e mercados adjacentes.
- Gerenciar o crescimento como um processo e um portfólio variado.
- Certificar-se de que o crescimento é rentável, sustentável e que cria valor.

Uma abordagem mais criativa ao crescimento que envolva maior reflexão com o *hemisfério direito*

- Dar forma ao futuro conforme sua visão, em vez de basear-se na de outros.
- Identificar e apropriar-se de novas oportunidades antes dos outros.
- Romper com as regras estabelecidas, com as convenções e com os modelos de negócios.
- Explorar de modo mais agressivo seus ativos de negócios intangíveis.
- Colaborar com parceiros diferentes e interessantes.
- Acelerar o crescimento por meio de plataformas e aceleradores.
- Fazer seu negócio crescer através das "Sete Vidas dos Negócios".

Crescer é fácil, não?

Diminua seus preços e suas receitas subirão. Para ter lucro, corte seus custos e sua margem melhorará rapidamente. Se quiser crescer ainda mais, compre outra empresa e dobre de tamanho rapidamente. Esse crescimento, porém, não é duradouro.

A manutenção do crescimento não é fácil. A manutenção de um crescimento lucrativo é ainda mais difícil. Atualmente, a criação de crescimento significativo e sustentável é imperativa para os negócios pequenos e um desafio para os grandes negócios.

Ao alcançar bons resultados, você cria a expectativa de que conseguirá novamente. Você precisa manter essa situação. Os investidores querem provas de que os fluxos de lucros futuros darão retorno de longo prazo decente aos seus investimentos. Os clientes reconhecem que empresas em crescimento estão fazendo algo certo e querem ser parte disso. Os colaboradores sabem que o crescimento cria um bolo maior do qual poderão tirar uma fatia mais grossa.

No entanto, poucas empresas conseguem manter um crescimento lucrativo. Elas parecem encontrar um obstáculo quando alcançam os limites perceptíveis de seu mundo atual, de seus mercados e modelos atuais, suas competências e ambições, energias ou inspirações.

Com suas cabeças abaixadas e suas planilhas, procuram espremer ainda mais seus mercados existentes – um ponto adicional de participação de mercado, o desenvolvimento de um produto já existente ou de um processo mais eficiente que possa garantir uma pequena margem maior. Essas coisas são importantes, mas não criam crescimento significativo e sustentável.

A obsessão em se fazer mais do mesmo através da otimização ou de pequenas melhorias é um obstáculo e tanto para o crescimento. Frações de participação do mercado ou de margens de lucro certamente ajudarão, mas não farão uma grande diferença. O perigo está em continuarmos arando o mesmo sulco, explorando o que mais conhecemos, entregando os mesmos produtos, fazendo um pouco melhor o que sempre fizemos.

Perdemos de vista o mundo em transformação lá fora.

Acabamos jogando o jogo antigo enquanto nos afastamos do novo jogo – de um novo mercado, de um novo desejo dos clientes, de um novo modelo de negócios. Ao preferirmos fazer o máximo com o que temos, somos atrapalhados por nosso negócio existente, presos ao nosso sucesso passado e presente. O perigo real é que incrementalismo leva à irrelevância.

Dessa forma, como um negócio pequeno ou grande cria e mantém um crescimento sustentável?

Já sabemos a resposta. Como seres humanos, temos uma enorme capacidade de raciocinar, sentir e reagir, de inovar e mudar. Cada um de nós dispõe de 100 trilhões de células cerebrais e, provavelmente, utilizamos cerca de 1% delas. De maneira bastante simplista, podemos dividir nosso cérebro em hemisfério direito e esquerdo – refletindo nossa habilidade de raciocinar de modo inteligente e criativo, analítico e intuitivo, sequencial e holístico.

Ainda assim, é a conexão entre eles que realmente importa. O cérebro de Einstein foi objeto de fascinação e pesquisa por muitos anos, e os cientistas concluíram que ele era de alguma forma diferente – não simplesmente maior, mas melhor conectado. A massa cinzenta em nossas cabeças está conectada pela massa branca. Portanto, provavelmente essa massa branca, o tecido conjuntivo, é que possui mais pistas para a nossa genialidade e para as melhores oportunidades de crescimento como pessoas e nos negócios.

Um negócio bem-sucedido que cresce é primeiramente um negócio criativo: foca nas melhores oportunidades de forma inteligente. Embora a maioria dos negócios de hoje seja conduzida pelo hemisfério esquerdo, é o raciocínio com o hemisfério direito que gera a novidade, que permite começar algo novo e fazer os grandes avanços.

As empresas em crescimento obtêm êxito pensando de uma forma mais ampla – com uma visão holística dos desafios do mercado e das oportunidades. Essas empresas olham o contexto mais amplo e, assim, percebem mais oportunidades a explorar, mais maneiras de serem diferentes, com mais fontes de lucros futuros.

Quanto mais opções você tiver, mais ricas elas serão, maior será a probabilidade de se fazer as melhores escolhas e maior será a sua sustentabilidade ao explorá-las.

Isso pode parecer muito ambicioso, em especial para pequenos negócios que lutam para sobreviver. Ainda assim, mesmo poucas pessoas, quando focadas, podem utilizar uma grande energia cerebral para raciocinar de forma mais aberta, profunda e clara – um modo de raciocinar que pode apresentar resultados extraordinários.

Grandes empresas precisam de um grupo misto de pessoas com tendências a utilizar mais um hemisfério do que o outro, mas que, idealmente, usem ambos. Pequenas empresas devem escolher as pessoas mais cuidadosamente. Os empreendedores visionários e criativos – de Richard Branson a Bill Gates – sempre procuraram gerentes analíticos e mais focados para serem seus parceiros.

O raciocínio mais intuitivo, divergente e holístico nos permite ver as coisas de modo diferente e, dessa forma, raciocinar e fazer as coisas de modo diferente – desafiar as convenções, explorar novas possibilidades e criar hipóteses alternativas. O raciocínio mais lógico, convergente e focado permite escolher os melhores mercados, produtos, clientes e abordagens de modo a direcionar seus recursos para obter sucesso nesse mundo cada vez mais abrangente.

Hoje, um negócio com grande crescimento é um negócio com entusiasmo, que combina inteligência e criatividade com habilidade de modo a obter resultados extraordinários.

Criativo pelo hemisfério direito. Inteligente pelo hemisfério esquerdo. Inspirado por pensar com os dois hemisférios.

1.1 AS SETE VIDAS DOS NEGÓCIOS
O desafio do crescimento, o desafio da mudança

As origens do estilo de pensar de negócios são muito antigas. Três mil anos atrás, os chineses criaram a sua palavra para "negócios" baseada em dois símbolos muito antigos – o primeiro se refere a "nascimento" e "vida" e o segundo representa "significado". Os chineses reconheceram que crescimento, amparado por um propósito duradouro, era fundamental para o sucesso dos negócios, tanto naquela época como hoje.

商業

Negócios em crescimento têm características, desafios e oportunidades diferentes à medida que evoluem de negócios incipientes para organizações maiores. A maioria das empresas não reconhece as fases do crescimento pelas quais atravessam; sofrem as dores do crescimento sem reconhecer o que fazer e perdem as melhores oportunidades que cada fase oferece.

- O que é necessário para sustentar um negócio em crescimento?
- Quais são os maiores desafios e oportunidades em cada fase?
- Enquanto a empresa cresce, quais são os estilos de liderança e gerência mais adequados?

De modo geral, existem sete etapas na vida de um negócio. Certamente, cada organização ou mercado é diferente, e algumas empresas escolhem permanecer como negócios pequenos enquanto outras se tornam enormes e podem se dividir em pequenos negócios que poderão crescer novamente. Assim como o alpinista que parte de seu acampamento-base, escalar a parte inferior e suave das montanhas exige habilidades, roupas e ritmo diferentes do que os picos gelados.

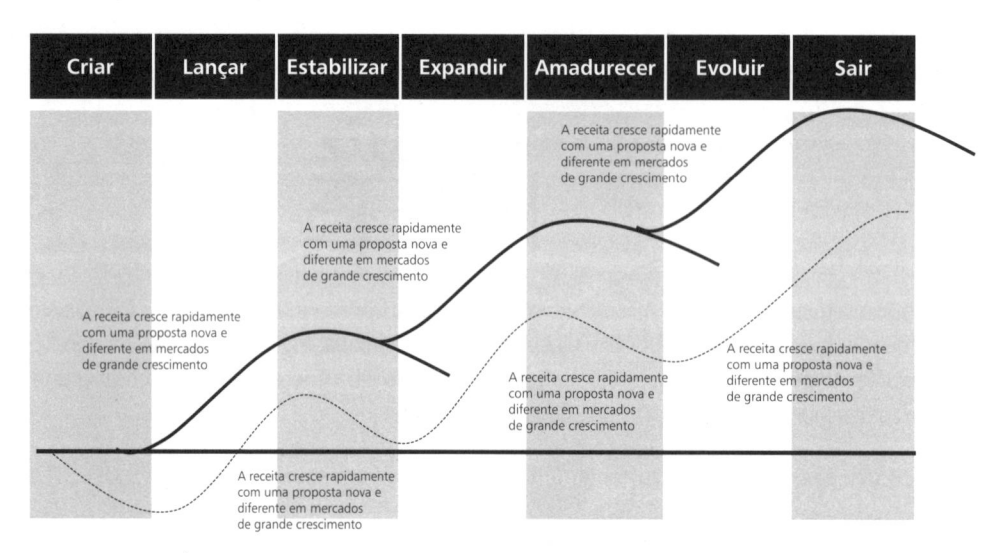

PARTE I Hemisfério direito, hemisfério esquerdo

| Criar | Lançar | Estabilizar | Expandir | Amadurecer | Evoluir | Sair |

A receita cresce rapidamente com uma proposta nova e diferente em mercados de grande crescimento

A receita cresce rapidamente com uma proposta nova e diferente em mercados de grande crescimento

A receita cresce rapidamente com uma proposta nova e diferente em mercados de grande crescimento

A receita cresce rapidamente com uma proposta nova e diferente em mercados de grande crescimento

A receita cresce rapidamente com uma proposta nova e diferente em mercados de grande crescimento

A receita cresce rapidamente com uma proposta nova e diferente em mercados de grande crescimento

AS SETE VIDAS DOS NEGÓCIOS

Embora cada estágio de vida seja, em parte, resultado da idade, do tamanho e do desempenho do negócio, ele também se caracteriza por sua estrutura e sofisticação. Algumas empresas evoluem rapidamente, outras lentamente e algumas enfrentam altos e baixos. Algumas companhias evoluídas ainda são pequenas, talvez até virtuais, enquanto que algumas grandes empresas ainda podem ser bastante primitivas. Você deve se lembrar de algumas.

Seus desafios são diferentes. Pequenas empresas querem ser notadas, conquistar um mercado novo, ganhar clientes e gerar caixa suficiente para crescer e, quem sabe, prosperar. Grandes empresas também têm grandes desafios: permanecer inovadoras, encontrar novos mercados e levar sua organização junto.

Os objetivos de cada etapa de vida são diferentes e, portanto, a abordagem também. Diferentemente da natureza, essa raramente é uma evolução natural; ela requer um raciocínio estudado, ambição, escolhas difíceis e administração resoluta. Sair de uma etapa para a próxima exige mudanças – em estratégia, pessoas, atividades, liderança e até mesmo controle societário.

Algumas das mudanças necessárias para a evolução são dolorosas.

Empreendedores adoram seus mundos pequenos, caóticos e pessoais. Pequenas equipes não gostam de ser desmanteladas ou de terem mais estruturas e processos impostos a elas. Grandes empresas não gostam de fazer escolhas, eliminar certas linhas de produtos, sair de determinados mercados e tornar pessoas desnecessárias.

Entretanto, escolhemos a evolução porque cada etapa da vida traz novas oportunidades de crescimento.

Investimento adicional permite à empresa ampliar suas ofertas, recrutar novas pessoas, lançar-se em novas *frentes*. Estruturas e processos mais enxutos melhoram o foco e a eficiência, dando às pessoas suas próprias equipes para conduzir e novos mercados para administrar. Novos líderes trazem experiências valiosas e novas ideias, e muitas vezes permitem que os empreendedores iniciais foquem em sua criatividade sem se preocuparem com a administração.

O crescimento também traz recompensas, já que parte da habilidade consiste em ligar a recompensa certa ao modelo de crescimento de tal forma que estimule os comportamentos positivos e evolucionários que a organização necessita. Fazer com que todos os empregados e mesmo os parceiros de negócios tenham uma participação na empresa é uma maneira eficaz de garantir que todos fiquem focados no mesmo objetivo, amparem o crescimento e dividam as recompensas.

	Criar	Entrar	Estabilizar	Expandir	Otimizar	Ampliar	Evoluir
Prioridades	• Avaliar as melhores oportunidades de mercado • Expressar com clareza o objetivo e a estratégia do negócio • Para o lançamento, desenvolver o conceito inicial	• Construir a consciência e as vendas iniciais • Entregar conforme prometido • Maximizar o impacto do lançamento da marca	• Consolidar e formar os melhores clientes • Nova estratégia para o crescimento secundário • Melhorar a eficiência dos processos	• Entrar em novos mercados e categorias • Conduzir a inovação e a entrega dos serviços • Descobrir mais parceiros para ampliar a abrangência	• Focar nos melhores mercados e clientes • Administrar e racionalizar o portfólio de produtos • Explorar plenamente os ativos principais do negócio	• Estender o crescimento a novos mercados • Conduzir a inovação estratégica • Venturing e novas parcerias	• Avaliar opções para saídas e renovações • IPO (Oferta Pública de Ações), *trade sale* ou divisão • Ou seguir para a próxima fase de crescimento
Desafios	• Estabelecer o negócio • Desenvolver um plano de negócios inicial • Se necessário, fornecer os recursos financeiros iniciais	• Marketing com um orçamento limitado • Recursos limitados, todos com mãos à obra • Administrar com atenção o fluxo de caixa	• Ir além de receitas estáveis • Tensão entre os fundadores e equipes • Retenção de clientes e melhores colaboradores	• Administrar atividades complexas e diversificadas • Manter o foco nas melhores oportunidades • Considerar a hipótese de fusões e aquisições	• Eliminar as áreas que não agregam valor • Simplificar a estrutura interna e as estratégias • Gerenciar e *KPIs* (indicadores de desempenho) transparentes	• Repensar o *core business* • Conduzir a mudança fundamental • Re-energizar as pessoas e os líderes	• Avaliar todas as opções de forma independente • Maximizar o valor dos ativos do negócio • Considerar a melhor forma e momento de saída
Proposição	• Identificar o primeiro público-alvo a ser atingido • Definir claramente a marca e sua proposta • Desenvolver os produtos/serviços iniciais	• Construir a consciência da nova marca • Utilizar parceiros de afinidade e de canais • Entregar os produtos/serviços iniciais	• Identificar novos mercados e opções de produtos • Novas propostas para novos segmentos • Parceiro com marcas já estabelecidas	• CVLs internacionais e multisegmentados • Portfólio de produtos/serviços de qualidade • Licenciamento por terceiros	• Racionalizar o portfólio de clientes • Racionalizar o portfólio de produtos • Renovar as marcas e propostas	• Mercados em desenvolvimento e espaços em branco • Inovação do modelo de negócios • Canais e soluções customizadas	• Marcas inovadoras e proposições • Relacionamentos fortes com clientes • Patentes e direitos bem protegidos
Investimento	• Orçar a etapa inicial e o tempo pessoal a ser gasto • Custo de P&D e prototipagem • *Design* da marca, *site* e materiais	• Custos de marketing e vendas • Custos de terceirização de escritórios administrativos	• Custos de desenvolvimento de novos produtos • Custos de terceirização de escritórios administrativos	• Custo de entrada em novos mercados • Recrutar mais pessoas para apoio • Custo de empréstimos para apoiar o crescimento	• Custo de renovação de marca e da web • Custo de bancos de dados e análises	• Custo de mudança significativa do negócio • Custo de *ventures* e parcerias	• Custo de aconselhamento profissional

DESAFIOS EM CADA ETAPA DE VIDA DO NEGÓCIO

As características potenciais de cada etapa de vida estão ilustradas na tabela, embora obviamente existam variações sobre o tema. Onde está situado seu negócio? Provavelmente, partes diferentes se encontram em estágios diferentes, com sua estrutura ficando atrás de suas ambições mercadológicas ou seus investimentos em defasagem com suas oportunidades estratégicas.

As fases de vida se curvam entre períodos de rápido crescimento, nos quais a inovação e a ampliação são importantes, seguidos por períodos de consolidação, nos quais a organização precisa se reagrupar para construir uma nova plataforma para um novo estágio de crescimento. Logo, o foco e a cultura do negócio serão diferentes de acordo com a etapa de vida, e os desafios para a mudança à próxima etapa serão sempre diferentes.

Estágio 1: Criar reflete o nascimento de um novo negócio, impulsionado pela ambição empreendedora. Os fundadores dão forma as suas ideias e iniciam o negócio. O foco está na criatividade, enquanto que os grandes obstáculos ao desenvolvimento da nova etapa incluem a capitalização.

Estágio 2: Entrar trata da condução do negócio, seu lançamento nos mercados, a construção da consciência, a entrega de seus serviços e a geração de alguma receita. O foco está na construção, enquanto os obstáculos ao desenvolvimento do negócio muitas vezes incluem a paixão implacável do próprio fundador.

Estágio 3: Estabilizar procura dar ordem a um negócio pequeno e, provavelmente, um pouco caótico. Os fundadores podem não se dar conta, mas outros estão se empanhando. O foco está na consolidação, enquanto que os obstáculos ao crescimento incluem o aprendizado de como atribuir poder às pessoas.

Estágio 4: Expandir marca a segunda fase do crescimento rápido, expandindo o negócio de novas maneiras, alcançando novos produtos e ampliando a variedade. O foco está na inovação, enquanto que os obstáculos da continuação do crescimento agora incluem a resistência ao controle mais formal.

Estágio 5: Otimizar toma a energia de toda a ampliação para centrar os recursos nos mercados, produtos e clientes mais importantes. Pode também envolver a interrupção de outras atividades. O foco está na priorização, enquanto os obstáculos incluem a burocracia que inevitavelmente se infiltra.

Estágio 6: Ampliar retorna à trilha da inovação, procurando novas maneiras estratégicas de inovar o negócio, dando forma a mercados e modelos de negócios. O foco está na inovação estratégica e o obstáculo é o tamanho, por causa da falta de agilidade e da simplicidade dos negócios pequenos.

Estágio 7: Evoluir é a saída alternativa para a morte. Não existe limite para a evolução de um negócio, o quão alto ele pode voar, já que o foco está em decidir para onde seguir – vender, fundir, dividir, seguir expandindo para novas áreas –, sendo limitada somente pela imaginação do seu pessoal.

A maioria das empresas morre jovem. Elas deveriam viver por pelo menos 200 ou 300 anos, de acordo com Arie de Geus em *The Living Company*; no entanto, poucas organizações sobrevivem tanto tempo, se tornando vítimas de estratégias baseadas na sua incapacidade de compreender o mundo em transformação ou de evoluírem enquanto crescem.

Imagine as mudanças que uma companhia como a Kikkoman, empresa Japonesa produtora de molho de soja, viveu desde os tempos em que era um negócio familiar às margens do rio Edo até se tornar a corporação global de hoje. Pense nas jornadas de algumas das empresas mais antigas do mundo, junto com a relativa juventude de outras das empresas mais conhecidas de hoje:

AS VIDAS DOS LÍDERES DE NEGÓCIOS

Fundação	Empresa	Setor	País
578	Kongo Gumi	Construção Civil	Japão
1288	Stora Enso	Papel	Finlândia
1385	Antinori	Vinhos	Itália
1526	Pietro Beretta	Armas	Itália
1623	Zildjian	Címbalos	Turquia
1630	Kikkoman	Molho de soja	Japão
1734	Taittinger	Champanhes	França
1748	Villeroy & Boch	Porcelanas	Alemanha
1802	DuPont	Produtos Químicos	Estados Unidos
1853	Levi Strauss	Vestuário	Estados Unidos
1886	Coca-Cola	Refrigerantes	Estados Unidos
1892	GE	Produtos Elétricos	Estados Unidos
1975	Microsoft	Tecnologia	Estados Unidos
1977	Apple	Tecnologia	Estados Unidos
1998	Google	Tecnologia	Estados Unidos

Fonte: *Centuries of Success*, William O'Hara

Insight 1: CROCS
A história de um crescimento rápido, por três homens em um barco

O crescimento da Crocs é fantástico sob qualquer ângulo. Não se trata dos répteis de pele áspera e mandíbulas enormes, mas do um tanto feio e multicolorido modelo que tomou de assalto o mundo dos calçados.

Islas Mujeres, México. 2002

Três caras de Boulder, Colorado, decidem sair pelo mundo velejando. Lyndon Hanson, Scott Seamans e George Boedecker deixam empregos estressantes e vão para o Caribe. Na mala, um deles leva um par de tamancos de espuma que encontrou em uma viagem ao Canadá.

À medida que os dias, as ondas e as cervejas passam, eles se inspiram para montar um negócio em torno desses nada charmosos calçados de espuma, cujos buracos lembram um queijo suíço. São incrivelmente confortáveis, antiderrapantes, leves, laváveis e nunca cheiram mal. São calçados perfeitos para navegação.

Eles precisam de um nome. "Crocs" foi o escolhido porque os crocodilos são resistentes, fortes e não têm predadores naturais. São bons tanto em terra como na água e vivem por um período muito longo.

Fort Lauderdale, Flórida. 2003

Os três amigos estão abalados com seu impressionante sucesso: US$1.2 milhões de vendas no primeiro ano e ainda continuam a tratar o negócio como um trabalho secundário. Eles lançam seus calçados na exposição de barcos de Fort Lauderdale, porém, logo todos, de médicos a jardineiros e garçons, também os querem.

Para poderem combinar negócios com prazer, alugam um depósito na Flórida, mas ainda lutam para atender a demanda. Celebridades como Brad Pitt e Britney Spears adotam os Crocs.

As crianças os adoram. Subitamente, os Crocs passam de um calçado meramente funcional a um acessório fashion.

Sydney, Austrália. 2004

Os Crocs crescem rapidamente, com US$13,5 milhões de faturamento ao final do segundo ano, embora com uma pequena perda financeira. A campanha boca-a-boca continua a espalhar o desejo pelos Crocs.

Um ex-colega de faculdade, Ron Snyder, entra como principal executivo da empresa. Anteriormente, ele havia administrado os negócios globais da Flextronics e geriu seu crescimento de US$ 3 bilhões para US$16 bilhões em quatro anos. Ele vê potencial semelhante com os Crocs.

Snyder decide comprar a empresa canadense Foam Creations, que fabrica os Crocs a partir de uma "resina de células fechadas" chamada Croslite. Antes, a Crocs basicamente distribuía seus próprios produtos; agora, ela dispõe de seu próprio processo exclusivo, materiais, *design* e sistema de distribuição.

A Crocs está pronta para um crescimento ainda mais rápido e lucrativo.

Pequim, China. 2005

A receita salta para US$108,6 milhões e os lucros para US$17 milhões. Os tamancos e os chinelos emborrachados podem ser encontrados em mais de 40 países. A variedade e as cores também são diversificadas – com preços variando de US$30 a US$60 o par, sendo suficientemente baratos para as pessoas comprarem dois, três ou quatro pares.

Um forte trabalho de marca e patrocínios importantes que se conectam ao público alvo ajudam a aumentar a curiosidade, a visibilidade e o desejo – do baseball ao futebol americano, de corridas de automóveis aos últimos lançamentos de filmes infantis da Disney.

Uma lição que Snyder trouxe consigo foi "pense maior do que você é". Ele registra a Crocs como marca registrada em muitos países pelo mundo e, para apoiar um crescimento ainda mais rápido, instala suas unidades industriais do México à China. Entretanto, eles ainda continuam lutando para equilibrar-se com a demanda.

Wall Street, Nova York. 2006

Fenômeno global, todos querem um Crocs. As lojas vendem seus estoques antes da chegada das reposições.

FAIXA 1 Conduzindo e acelerando o crescimento dos negócios 39

As vendas também são fantásticas, com 20 milhões de pares, triplicando a receita para US$354,7 milhões e as margens de lucro crescendo até 18%.

As pessoas amam os seus Crocs. A Jibbitz, por exemplo, começou como uma pequena coleção artesanal de pecinhas de porcelana fria e *strass* que fixavam-se nos sapatos, permitindo a personalização dos Crocs. Ela então cresceu ainda mais rapidamente do que a empresa de calçados, de forma que a Crocs acabou a abocanhando pela quantia de US$ 20 milhões.

A Crocs decide abrir seu capital por meio de um IPO, no qual a empresa é avaliada inicialmente em US$1 bilhão, crescendo muito rápido. Alguns dizem que o valor é ultrajante e que a companhia está numa tendência de moda que não pode durar e que os investidores foram seduzidos por uma marca "descolada". Somente o tempo dirá quem está com a razão.

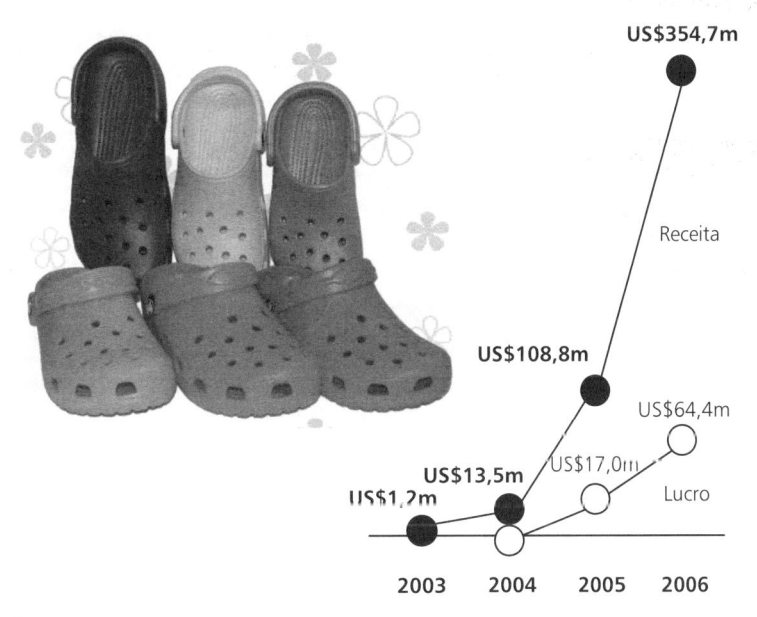

O CRESCIMENTO RÁPIDO E LUCRATIVO DA CROCS

Niwot, Colorado. 2007

No site Lovemarks.com, a Crocs rapidamente se torna uma escolha popular entre os consumidores. Rachel é uma defensora típica:

> "Certamente os calçados mais confortáveis que já experimentei. Rapidamente, eles se adaptaram ao formato de meus pés, apoiaram minhas costas; exigem poucos cuidados e são feitos nos mais coloridos padrões de cores, tal como o arco-íris. Um par para cada roupa."

Entretanto, nenhuma marca é unanimidade:

> "Oh nãããão, eu não suporto os Crocs! Eles podem até ser confortáveis, mas são muito feios. Eu não usaria nem morto."

Mas como diz Scott Bedbury, o publicitário da Nike e da Starbucks, "uma grande marca polariza as pessoas – o produto tem atitude e provoca –, alguns o amarão e outros o odiarão."

De volta ao Colorado, os três amigos têm um barco cheio de ideias e inovações a desenvolver de modo a acelerar ainda mais o crescimento. As vendas continuam a aumentar rapidamente e a lucratividade e o valor de mercado batem em U$5 bilhões. Nada mau para uma empresa com menos de cinco anos de idade.

1.2 O MOTOR DA CRIAÇÃO DE VALOR
Receitas e lucros por si só não são suficientes, valor é o que importa

Para quase todos os executivos, o crescimento é determinante. No longo prazo, não existe outra opção exceto crescer. Sim, você pode melhorar os lucros através da eficiência e da otimização ou encolher para um tamanho mais elegante, mas isso não é crescimento. Todos nós queremos nos sair melhor no ano presente do que no ano anterior.

Normalmente, medimos o crescimento pela receita – pelo faturamento ou pelo volume de produtos vendidos. Claro que nos sentimos melhor vendendo mais e mais – mas não se não formos lucrativos. Por vezes, decide-se manter as vendas não lucrativas como forma de firmar-se no mercado, mas em algum momento os resultados devem tornar-se positivos.

A continuação de vendas não lucrativas é uma receita para o desastre; mesmo assim, muitas pessoas o fazem pelo menos em parte de seus negócios, se não na sua totalidade. Portanto, a identificação de produtos, categorias, segmentos e mercados que permitam crescimento lucrativo é uma prioridade – da mesma forma como a eliminação dos não rentáveis.

O mercado de ações premia as companhias que apresentam resultados acima das expectativas. Se você é um acionista, sua expectativa é obter um retorno maior com ações do que manter seus recursos na segurança de uma caderneta de poupança de longo prazo. Esse é seu requisito básico – você quer mais retorno. Dessa maneira, o crescimento tem que ser ainda mais rentável e significativo.

Ele precisa também ser sustentável. Nesse circo, existem muitos cavalinhos de um só truque. Qualquer tolo consegue vender muito dando descontos em preços. Qualquer tolo pode contrair um grande empréstimo, comprar o negócio concorrente e duplicar a receita no curto prazo. Mas isso é sustentável? Frequentemente não. Por essa razão, o crescimento orgânico, sustentado pela melhoria e pela expansão de seu negócio principal é o que o torna bem-sucedido.

	% das companhias	Razão valor de mercado/valor patrimonial
Melhor desempenho em crescimento de receita ou lucratividade	12,8	
Melhor desempenho em crescimento de receita	2,8	1,9
Melhor desempenho em lucratividade	9,2	3,0
Melhor desempenho em ambos	0,8	4,1

Fonte: McKinsey Quarterly, 2007 (com base no desempenho de diversos setores em um período de 10 anos)

O crescimento sustentável e lucrativo é incrivelmente enganador, porém pesquisas mostram que as empresas que conseguem superar seus rivais em termos de crescimento e lucratividade alcançam os melhores desempenhos no mercado de ações. O crescimento do faturamento por si só não é suficiente; ele precisa também ser lucrativo.

Esse fato é demonstrado em uma pesquisa recente realizada pela McKinsey, na qual foi constado que somente 0,8% das empresas pesquisadas foram capazes de superar seus concorrentes no crescimento de receitas e lucros no período de uma década. Enquanto que 9,2% das empresas apresentaram melhor desempenho nos lucros em comparação a seus pares, somente 0,8% delas tiveram a capacidade de também apresentar crescimento da receita.

Mais importante, o estudo do desempenho do mercado de ações dessas companhias, considerando-se o mesmo período de tempo (comparando o valor de mercado com o valor patrimonial), mostrou que empresas que obtêm crescimento em receitas e lucratividade apresentam os melhores retornos aos seus acionistas.

Sustentar o crescimento se torna um sistema dinâmico.

A abordagem obsessiva e determinada de se obter o máximo de lucro no menor tempo possível para os proprietários do negócio, sejam eles seus fundadores ou acionistas, não é saudável. Os empregados logo perdem o encanto por trabalhar duro e a salários relativamente baixos enquanto os proprietários rolam no dinheiro. Os clientes também querem ver um fluxo constante de soluções melhores e inovadoras, com suporte e serviços de alta qualidade.

Os negócios baseiam-se na "troca de valores", criando valor para muitos *stakeholders* – cada um com uma parcela no sistema, através da qual eles dão e recebem algo em troca.

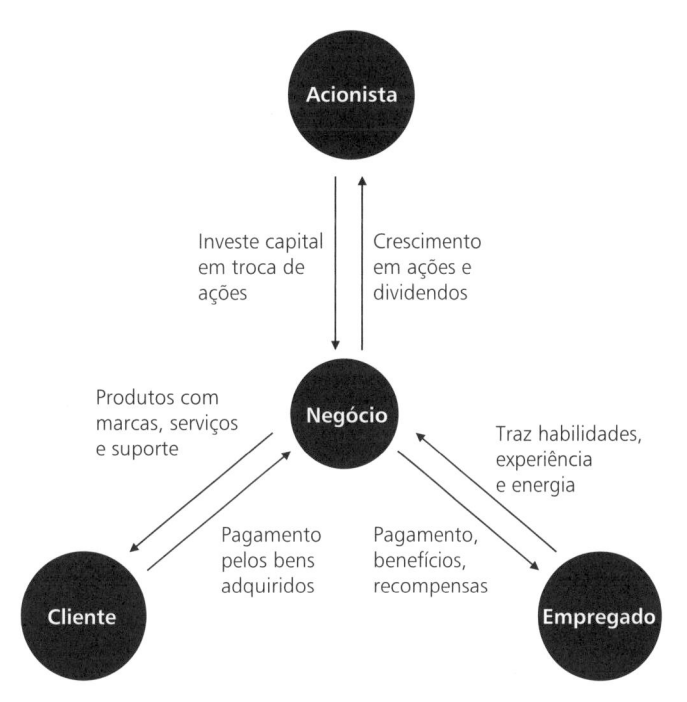

FAIXA 1 Conduzindo e acelerando o crescimento dos negócios

```
                    ┌──────────┐
                    │ Acionista│
                    └──────────┘
                         ↕
        Investe capital  │  Crescimento
        em troca de      │  em ações e
        ações            │  dividendos
                         ↓
                    ┌──────────┐
  Produtos com     │  Negócio  │   Traz habilidades,
  marcas, serviços │          │   experiência
  e suporte        └──────────┘   e energia
       ↙               ↑  ↑            ↘
              Pagamento    Pagamento,
              pelos bens   benefícios,
              adquiridos   recompensas
   ┌────────┐                      ┌──────────┐
   │ Cliente│                      │ Empregado│
   └────────┘                      └──────────┘
```

OS NEGÓCIOS COMO TROCAS DE VALORES ENTRE *STAKEHOLDERS*

Os clientes pagam mais por bons produtos e serviços, uma marca em que confiem e uma solução que melhor atenda as suas necessidades. Os empregados dispendem seu tempo e esforços, ideias e habilidades em troca de salários e outros benefícios. Os acionistas investem no negócio com a crença de que obterão retorno maior para seu dinheiro do que investindo em outro lugar.

A troca de valores requer equilíbrio. Se algum dos *stakeholders* sente que não está tendo um retorno justo para aquilo que investiu, todo a sistema começa a enfraquecer. Se os clientes sentem que não estão fazendo um bom negócio, vão para outro lugar; se não existem recursos suficientes para pagar os empregados, sua produtividade declina; e assim os acionistas decidem levar seus recursos para outro lugar. Sem um equilíbrio justo, o sistema fracassa.

A troca de valores também é dinâmica porque as expectativas de cada grupo continuam a aumentar – os clientes querem soluções melhores e preços menores, os empregados querem aumentos salariais além de mais benefícios e os investidores querem maiores retornos. Muitos outros *stakeholders* também representam papéis cada vez mais importantes – fornecedores, parceiros de negócios, governos, comunidades locais e a sociedade em geral.

A distribuição de um retorno justo aos *stakeholders* pode ser feita de duas maneiras – imaginando-se uma "pizza de valor" e o modo como ela deveria ser distribuída entre todos os que contribuem para o sucesso do negócio:

- O acionista ganancioso exige uma fatia cada vez maior da mesma pizza, para desgosto de todos os outros que ganham uma fatia menor.

- O acionista sábio reconhece que a maneira mais inteligente de ganhar uma fatia maior é fazer uma pizza maior, do qual todos podem ganhar uma fatia maior também.

Deixando de lado as analogias simples, o jeito como as empresas são administradas determina sua sustentabilidade e sucesso a longo prazo. A escolha de quanto dividendo devolver aos acionistas, quanto pagar em bônus aos empregados, quanto reinvestir no negócio é muito importante. O que é indiscutível é que as empresas devem manter um crescimento lucrativo para que seja criado um valor duradouro.

Nesse momento, a palavra-chave é "valor".

O "valor econômico" reflete a soma dos lucros futuros que a companhia provavelmente irá gerar. Mais precisamente, é o valor líquido presente desse desempenho futuro, levando em consideração a certeza (ou seja, o risco) que de fato entregará.

O valor econômico reflete o potencial futuro da organização e é resultado das escolhas estratégicas, do desempenho saudável e dos investimentos realizados com o objetivo de obter resultados futuros. Cada ação do negócio tem impactos de curto e de longo prazo que devem ser levados em conta. Particularmente, os negócios em crescimento podem precisar favorecer o desempenho de longo prazo, mesmo às custas dos ganhos de curto prazo.

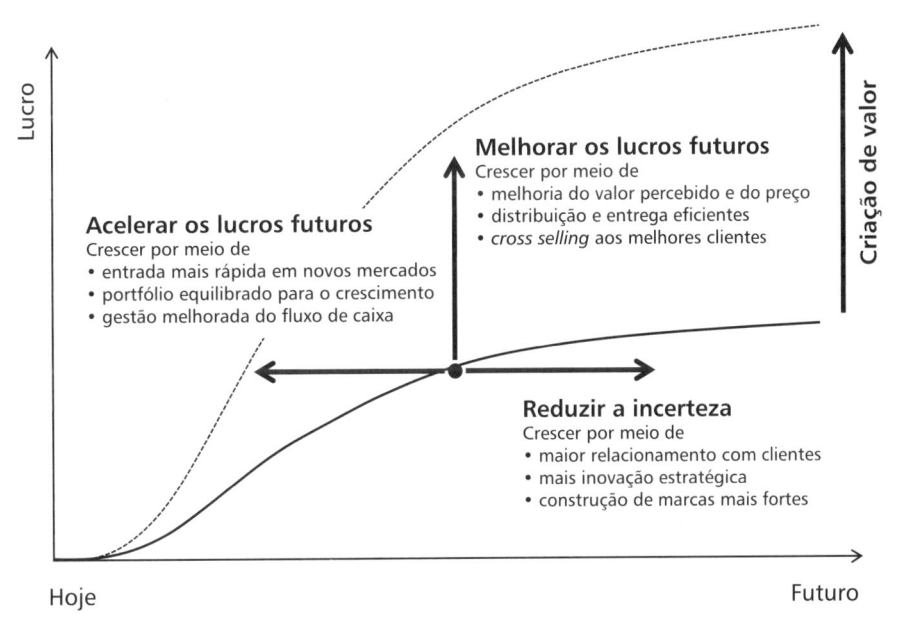

Acelerar os lucros futuros
Crescer por meio de
- entrada mais rápida em novos mercados
- portfólio equilibrado para o crescimento
- gestão melhorada do fluxo de caixa

Melhorar os lucros futuros
Crescer por meio de
- melhoria do valor percebido e do preço
- distribuição e entrega eficientes
- *cross selling* aos melhores clientes

Reduzir a incerteza
Crescer por meio de
- maior relacionamento com clientes
- mais inovação estratégica
- construção de marcas mais fortes

Eixos: Lucro / Criação de valor; Hoje — Futuro

VALOR ECONÔMICO, A SOMA DE PROVÁVEIS LUCROS FUTUROS

Os investidores, portanto, estão mais interessados no desempenho futuro do negócio – os mercados nos quais você entrará, os produtos que está desenvolvendo, a força das marcas e os relacionamentos que façam com que essas atividades futuras resultem em vendas lucrativas.

Os investidores também esperam maiores retornos para seus investimentos do que aqueles que obteriam com investimentos de baixo risco (cadernetas de poupança ou títulos de dívida pública de baixo risco).

Chamamos isso de custo de capital, devendo, portanto, ser incluído no seu planejamento. Eles querem o "lucro econômico", isto é, lucro operacional menos o custo do capital (o valor normal varia entre 8% e 12% dependendo das incertezas de seu mercado).

Apesar de isso tudo ser apenas uma projeção para o futuro, facilmente manipulável na caixa preta do diretor financeiro, é com base nisso que os negócios são avaliados e as decisões devem ser tomadas.

Portanto, o futuro potencial ou os lucros econômicos e o valor deveriam balizar nossas escolhas estratégicas nos negócios – em quais mercados, produtos e clientes investir. Esse deveria ser um comportamento de longo prazo e deveria nortear as ações e o desempenho dos empregados. As questões de curto prazo também são importantes, pois os negócios precisam gerar fluxo de caixa suficiente para a sua sobrevivência; assim, trata-se de um balanço que deve ser feito com cautela.

Analise sob outro ângulo o seu portfólio de negócios, marcas, produtos ou mesmo clientes. Você descobrirá alguns que "criam valor" e outros que "destroem valor". Todos podem parecer bons sob a perspectiva das receitas, ou mesmo do lucro operacional. Se essa é a maneira pela qual os gerentes têm sido avaliados, eles estarão muito felizes. Porém, se você olhar pela ótica do valor econômico, alguns poderão não estar tão sorridentes.

De forma semelhante, existe o "bom" crescimento e o "mau" crescimento. Procurar vender cada vez mais de um produto que não é economicamente rentável é fútil, mesmo que o desempenho da receita pareça ser bom. Entrar em um mercado com crescimento rápido no qual será difícil obter lucro econômico também é inútil.

O crescimento não é fácil e também não é óbvio. Ele não é algo que simplesmente acontece, nem é o resultado de se fazer negócios. É mais do que um resultado. Deve ser administrado – também precisa de processo e de estratégia. Existe somente uma maneira de apresentar resultados de longo prazo aos acionistas. O crescimento sustentável e lucrativo é a essência do negócio.

Insight 2: RED BULL
O crescimento empresarial da "cocaína líquida"

"Red Bull te dá asas."

Tinha sido um longo voo de Viena a Bangcoc e Dietrich Mateschitz estava sentado no bar do hotel, sentindo-se definitivamente sem asas. Perguntou à garçonete tailandesa o que ela recomendava para que ele se sentisse renovado. Ela riu e recomendou um copo de *Krating Daeng* (*red bull* ou touro vermelho em tailandês), popular entre os fazendeiros, construtores e motoristas de caminhões tailandeses que queriam combater a fadiga mental e física.

A bebida, desenvolvida em 1962 por Chaleo Yoovidhya, atualmente o principal executivo da TC Pharmaceutical, baseava-se no Lipovitan, originalmente trazido do Japão. Com sabor cítrico e de ervas, contendo o dobro de cafeína de uma lata de Coca-Cola, seu consumo cresceu rapidamente na Ásia.

Mateschitz achou a bebida uma verdadeira cura para o *jet lag*, embora um pouco doce demais. Como diretor de marketing internacional da Blendax, empresa alemã de cremes dentais, ele estava na cidade para negociar um novo acordo de licenciamento com Chaleo; em vez disso, os dois conversaram sobre o potencial da bebida energética.

Em 1984, eles começaram a levar a bebida asiática para a Europa, cada um investindo US$500 mil de suas economias na Red Bull GmbH. O teste inicial de mercado não foi bom. A cor levemente marrom foi vista como totalmente desestimulante e a sensação de "repuxar a boca" e o gosto residual eram repulsivos. O conceito de "estimular corpo e mente" foi considerado irrelevante.

Nenhum produto submetido a testes havia tido um desempenho tão ruim.

Entretanto, Mateschitz, que conduzia os negócios, estava determinado. Durante três anos ele conviveu com os maus tratos dos consumidores e com as infindáveis disputas com as autoridades de saúde do governo sobre o conteúdo do produto. "Foram os piores anos da minha vida", afirmou mais tarde.

Finalmente, ele jogou fora suas cartilhas e ignorou as convenções. Essa era uma bebida que criaria uma nova categoria – um estimulante legal e ainda refrescante. Seu aspecto e sabor nunca tinham sido vistos anteriormente. Em vez de competir com refrigerantes, o preço do produto foi colocado próximo ao das bebidas alcoólicas especiais, de 8 a 10 vezes mais que a Coca-Cola.

Em 1987, ele lançou a versão austríaca do Red Bull. A bebida era carbonatada e menos doce que a versão original, porém envazada na sua lata característica de 250 ml. Em alguns mercados, como a Alemanha, levou até cinco anos para as questões levantadas pelas autoridades da saúde serem superadas – apesar de nem sempre Mateschitz ter ajudado com suas brincadeiras, como "tive que viajar a Pamplona para pesquisar os testículos dos touros".

Um jovem cliente do México entusiasmou-se:

> "Red Bull é uma bebida chocante. Adoro a maneira como me faz sentir sempre, e realmente me dá mais energia. Bebo após exercícios, em festas com amigos ou quando trabalho até tarde. Quando acordo pela manhã ainda sonolento e descubro que estou atrasado para as aulas, sempre tomo um Red Bull, o que me mantém acordado. Eu amo Red Bull!"

Suas campanhas de marketing eram radicais e provocativas, indo de inserções no Play-Station ao patrocínio de corridas da Fórmula 1, da competição "A Arte da Lata", para fazer esculturas com latas vazias, ao Red Bull Festival Air Days. A marca procura fazer parte da vida das pessoas em vez de somente criar imagens inspiradoras, se comunicando com as personalidades que gostam de adrenalina.

A construção do mito e as controvérsias fizeram parte do plano, como Jeff Edwards mencionou em seu livro sobre o crescimento desse negócio, *Liquid Cocaine*:

> "Esse é um produto gerido para adquirir a reputação de uma anfetamina vendida legalmente, um elixir que garante momentos selvagens, ao mesmo tempo em que abria seu caminho para os bares como se fosse último lançamento da Anheuser-Busch (...) uma bebida para festas, um estimulante,

um afrodisíaco, uma 'bebida inteligente' e da moda para *ravers* (...) a Red Bull, cautelosa e intencionalmente, cultivou o mistério em torno de seus produtos e o público preencheu as lacunas com especulação e insinuações."

Enquanto isso, o Red Bull vende e vende.

Em seu escritório com vista para o lago austríaco Fuschl am See, Mateschitz pode olhar para trás e pensar na sorte que teve em aceitar o conselho da garçonete tailandesa. Ele lidera uma empresa de quatro mil pessoas com pouca hierarquia e muito "caos organizado" que não perdeu seu espírito empreendedor. É um negócio movido à cafeína e com uma missão, que não é uma declaração de objetivos, mas o simples desejo de vencer.

Uma polonesa, também entusiasta do Red Bull, foi mais longe:

"Para mim, o Red Bull é como uma poção. Realmente não me interesso na energia adicional que fornece a meu corpo. Quando bebo, sinto-me como a Alice no País das Maravilhas. Uso como um reforço para o bom humor. Faz eu me sentir melhor e diferente. Por alguns momentos, posso esquecer completamente de mim mesma. Adoro seu sabor e seu cheiro. Não é delicioso, é específico – e é exatamente esse gosto que deve ter um verdadeiro 'líquido milagroso'."

Por volta de 2006, mais de três bilhões de latas haviam sido vendidas em 130 países. Mateschitz redefiniu o mercado para bebidas energéticas e também amealhou uma fortuna pessoal de US$5 bilhões. Chaleo, seu sócio tailandês, fez ainda mais, pois a bebida original Krating Daeng continua a crescer por toda Ásia.

1.3 PLATAFORMAS PARA ACELERAR O CRESCIMENTO
Maneiras inovadoras e incrementais de desenvolver seu negócio

Embora as opções para o crescimento sejam normalmente agrupadas em orgânicas e inorgânicas – crescimento de origem interna e externa –, hoje essa distinção está cada vez mais turva.

O crescimento orgânico baseado na ideia de "construir em cima do que você tem" é geralmente o caminho mais fácil e rápido, mas apresenta pequenos incrementos de melhoria. Claro que esse não precisa ser o caso – passar de um modelo que empurra produtos aos clientes para um modelo que vende soluções pode aumentar rapidamente a receita, trazer lucros relativamente maiores, adicionar diferenciação as suas ofertas e engajar mais fortemente os clientes. Por exemplo, a Boeing descobriu isso quando passou a oferecer o *leasing* de aviões e contratos baseados em serviços. Assim também o fez a IBM, ao começar a oferecer soluções em consultoria de negócios em vez de somente tecnologia.

O crescimento inorgânico, no sentido de "adquirir alguma coisa diferente" é mais frequentemente visto na forma de aquisições de negócios, apesar de também se apresentar na forma de fusões amigáveis (as regras americanas determinam que uma das empresas deve ser a compradora). Essas transações são cheias de perigos: se irão ou não trabalhar juntas ou ter sinergia, não somente em termos de economia de custos, mas em termos de fundirem suas competências e portfólios para fazerem algo melhor do que poderiam fazer separadas. Os problemas de fusões e aquisições de empresas semelhantes, como a Daimler e a Chrysler, a AOL e a Time Warner, ou a HP e a Compaq, são bastante conhecidos. Enormes somas de dinheiro e reputações estão em risco.

Claro que algumas vezes as operações de fato são bem sucedidas – como o caso da fusão da Procter & Gamble e da Gillettte – quando há razões positivas e claras para o casamento: competências complementares (a P&G era constituída por cientistas e a Gillette por engenheiros), portfólios de produtos (os produtos da P&G destinavam-se principalmente às mulheres e os da Gillette aos homens), penetração de mercado (P&G dominava as grandes lojas de varejo de mercados maduros, enquanto que a Gillette tinha maior distribuição em pequenas lojas e mercados emergentes). Os resultados logo apareceram. Elas aprenderam uma com a outra, fundiram seus melhores pedaços eliminando outros, o que ocasionou um crescimento real (incremental aos seus volumes somados), com crescimento dos lucros e, o mais importante, do preço das ações.

Existem três plataformas amplas para o crescimento. Elas não devem ser vistas como alternativas, mas como uma variedade de oportunidades a partir das quais a organização deve selecionar uma quantidade a cada nível. As plataformas se distinguem pelo tempo e esforços necessários para apresentar crescimento bem como pelo risco e as vantagens envolvidas.

FAIXA 1   Conduzindo e acelerando o crescimento dos negócios

Crescimento Operacional	Crescimento por Inovação	Crescimento Estratégico
Crescer pela forte diferenciação e pelo profundo envolvimento do cliente:	Crescer pela redefinição do contexto e pelo desenvolvimento de novos conceitos:	Crescer transformando mercados com ideias disruptivas e inovadoras
• Novos clientes • Novos canais • Novas proposições • Novos produtos • Nova comunicação • Nova precificação	• Novos conceitos • Novas aplicações • Novos mercados • Novos parceiros • Novos processos • Novas estruturas	• Novas *ventures* • Novas categorias • Novos negócios • Novas aquisições • Novas competências • Novos modelos de negócios

PLATAFORMAS PARA O CRESCIMENTO LUCRATIVO E SUSTENTÁVEL

As três "plataformas de crescimento" são:

1 **Crescimento operacional.** Fazer mais do mesmo.

- **Somar.** Fazer os clientes comprarem mais – a ampla variedade de alimentos e acessórios da Starbucks incentiva compras maiores e com maior regularidade.

- **Manter.** Manter seus melhores clientes – a Lexus foca no atendimento pessoal para manter clientes para serviços e futuras renovações.

- **Ampliar.** Engajar novos segmentos de clientes – a Coca-Cola busca novos segmentos de clientes oferecendo novos produtos e novas razões para beber.

- **Estender.** Ir além por meio de novos canais – a Top Shop aumenta o seu alcance com os jovens ao redor do mundo por meio de franquias e parceiros dentro das lojas.

- **Globalizar.** Entrar em novos mercados geográficos – a Zara está estendendo rapidamente seu portfólio de lojas por todos os cantos do planeta.

- **Diferenciar.** Comunicar uma nova proposta – a Skoda revitalizou sua marca, considerada "um balde velho enferrujado e comunista" para "carros fortes com atitude".

- **Remodelar.** Melhorar a eficiência do negócio – a Delta re-estruturou sua empresa aérea de modo a reduzir custos e melhorar eficiências.

2 **Crescimento por inovação.** Fazer o mesmo, de forma diferente.

- **Inventar.** Desenvolver novos produtos e serviços – o HSBC busca constantemente desenvolver novos serviços financeiros para seus diversos públicos.

- **Reaplicar.** Criar novas aplicações aos produtos – a Philips explora o modo como seus produtos e tecnologias atuais podem ser utilizados de novas maneiras.

- **Colaborar.** Desenvolver soluções por meio de novos parceiros – a Disney trabalha constantemente com seus licenciados para levar suas licenças a novos mercados.

- **Diversificar.** Lançar novas marcas de difusão – a Versace reconheceu que precisava de marcas secundárias para atingir diferentes públicos.

- **Conceituar.** Desenvolver novo modelo de negócios – a Boeing reprojetou seu modelo de negócios para focar em em serviços colaborativos.

- **Dividir.** Formar alianças para compartilhar recursos – a Cisco formou alianças com parceiros na área de comunicações em todo mundo.

- **Parceirizar.** "Pegar carona" de um parceiro de afinidades – a Samsung alcança novos mercados utilizando parceiros que tenham forte base de clientes.

3 **Crescimento estratégico.** Fazer coisas diferentes.

- **Formatar.** Formatar novos mercados de acordo com sua visão – a Apple fundamentalmente repensa os mercados e o modo como formatá-los na sua própria visão.

- **Focar.** Tornar-se especialista numa área – a ICI desmontou seus negócios para focar em seu *core business*.

- **Estender.** Diversificar para categorias adjacentes – a Nike expande sua marca continuamente para esportes diferentes.

- **Adquirir.** Comprar seus concorrentes diretos – a HP comprou a Compaq na expectativa de dominar os computadores pessoais e impressoras.

- **Conectar.** Encontrar um negócio complementar – a P&G ligou-se à Gillette para oferecer a homens e mulheres o melhor que podem obter.

- **Arriscar.** Criar novas *ventures* – o Google testa constantemente novos negócios, criando equipes exclusivas para isso.

- **Mover.** Mudar o foco do negócio para novos mercados – a IBM reconheceu que seu passado não era mais seu futuro, abandonando o negócio de computadores pessoais.

No todo, essas iniciativas formam um "portfólio de crescimento" – um conjunto de iniciativas diferentes que geram crescimento no curto e longo prazos, com níveis de esforço e risco variáveis. A forma como eles são alcançados depende da organização, mas a maioria pode se tornar fator interno ou externo, dependendo do que é bom para o mercado e a organização.

O crescimento é muito simples – de que forma você pode utilizar os recursos disponíveis, incluindo marcas e relacionamentos, combinando-os com as melhores oportunidades de mercado para o crescimento lucrativo?

Combinar ativos e oportunidades é um processo criativo, principalmente combinar os ativos mais fortes com as melhores oportunidades, explorando de forma inovadora como as diferentes combinações podem resultar em crescimento.

As melhores iniciativas, formatadas e avaliadas em conjunto, formam um portfólio de iniciativas. O "crescimento operacional" normalmente dá resultados mais rápidos, porém com impacto menor. Um pouco disso é desejável para mostrar o que está sendo gerado. O "crescimento por inovação" leva um pouco mais de tempo, mas tem o potencial de fazer a diferença. Um pouco disso também é desejável. O "crescimento estratégico" é um processo ainda mais lento, mas os resultados fazem com que as pessoas se surpreendam. Um pouco disso também é, definitivamente, desejável.

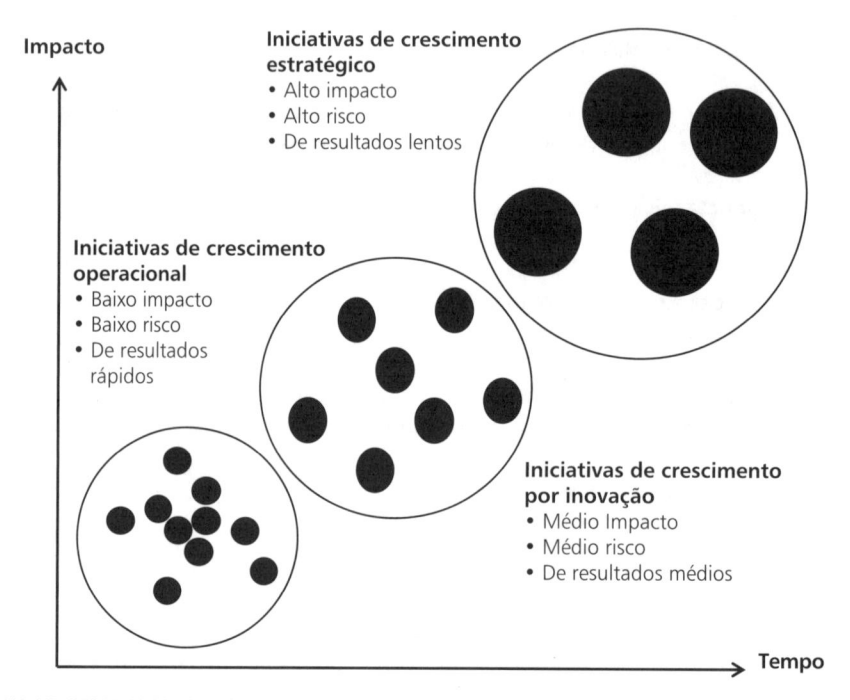

Iniciativas de crescimento estratégico
- Alto impacto
- Alto risco
- De resultados lentos

Iniciativas de crescimento operacional
- Baixo impacto
- Baixo risco
- De resultados rápidos

Iniciativas de crescimento por inovação
- Médio Impacto
- Médio risco
- De resultados médios

UM PORTFÓLIO DE CRESCIMENTO EQUILIBRA IMPACTO, RISCO E TEMPO

Como qualquer portfólio administrado, o desafio está em criar um equilíbrio entre as situações menos complexas com as "apostas altas" mais estratégicas. O crescimento requer maior planejamento estratégico, no qual são colocadas todas as alternativas sobre a mesa e avaliadas com relação aos seus pontos fortes e fracos.

Somente dessa maneira o portfólio se revela, e somente dessa maneira o crescimento pode ser administrado.

Quem deve administrar o crescimento no negócio?

Como normalmente o crescimento é visto somente como um resultado ou uma medida, em vez de um processo e uma atividade gerenciável, ele normalmente deixa de ser administrado ou fica sob a responsabilidade do CEO ou do diretor financeiro.

O crescimento precisa ser administrado com dedicação por pessoas voltadas para ele – aquelas mais próximas das oportunidades do mercado e com habilidade de conduzir a inovação e as vendas. O "principal executivo de crescimento" mais indicado normalmente é o "diretor comercial". Embora seja um papel ainda emergente nas organizações, é uma atividade que pode combinar o foco em vendas e o marketing, a precificação e a lucratividade, o hoje e o amanhã – e ser o defensor do crescimento em todo o negócio.

Aceleração

Na busca contínua pela criação de maior valor, existem três maneiras de fazer crescer o valor econômico do negócio e os prováveis fluxos de caixa futuros. Uma delas consiste na melhoria das margens, a outra na redução do risco, enquanto que a melhor opção é acelerar o crescimento.

Acelerar o crescimento pode parecer óbvio – simplesmente trabalhe com mais afinco que o resultado aparecerá mais cedo. Entretanto, os negócios funcionam no passo dos mercados, mesmo que possam ser influenciados.

Um portfólio para o crescimento administrado de maneira efetiva pode ser acelerado de diversas maneiras. As três plataformas de crescimento podem ser comparadas com as hélices propulsoras de uma turbina. Em vez de fazer as coisas fáceis primeiro e depois passar para as mais complexas, a aceleração pode ser obtida fazendo-se tudo ao mesmo tempo.

As hélices do "propulsor"' criam um *momentum*, e da mesma forma que um avião impulsionado pelas hélices, a curva do crescimento começa a avançar de modo exponencial.

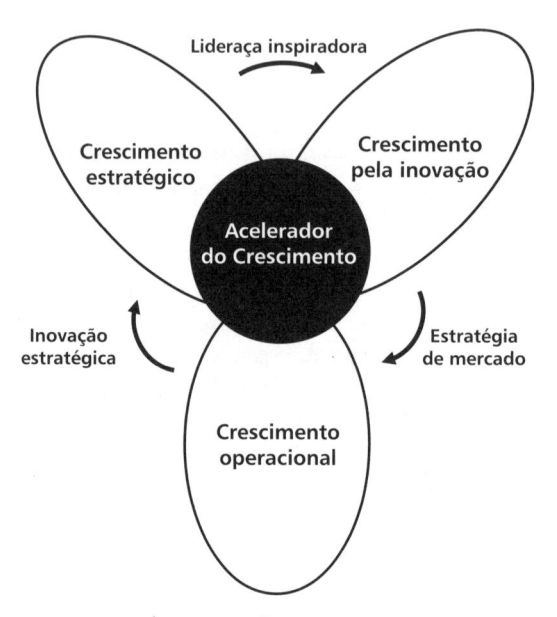

ACELERAR O CRESCIMENTO POR MEIO DE ESTRATÉGIA, INOVAÇÃO E LIDERANÇA

Os exemplos dos "aceleradores" do crescimento incluem:

- Decisões mais rápidas – as grandes organizações são notoriamente lentas em agarrar oportunidades, particularmente quando o assunto crescimento é tratado apenas nos círculos ligados ao planejamento.

- Desenvolvimento rápido – reduzir o tempo de comercialização de novos produtos, processos e sistemas pela sobreposição de etapas, terceirização de atividades, testes no mercado e evolução.

- Percepção de mercado – analisar mais rapidamente as mudanças do mercado, percebendo e respondendo às mudanças das necessidades dos consumidores, ações dos concorrentes e novos mercados.

- Segmentação dual – avaliar os públicos potenciais não somente quanto as suas características, motivações e valores, mas também sua evolução.

- Aproveitar o vácuo – conduzir as inovações de tal forma que as melhorias dos produtos e serviços possam ser lançadas em paralelo com, por exemplo, uma *venture* estratégica que pode levar mais tempo para apresentar resultados.

- Criatividade interna – envolver seu pessoal na busca do crescimento, abraçando suas ideias e dando-lhes espaço e responsabilidade para que desenvolvam suas próprias partes do negócio.

- Parceria inteligente – buscar parceiros que sirvam a uma necessidade, por exemplo, entrar em um novo segmento, mas com quem você possa aprender mais e também trabalhar de outras maneiras.

- Foco nos recursos – focar nos mercados e oportunidades que mais importam, fazendo menos coisas melhor, com mais recursos e maior comprometimento com os resultados.

- Agilidade organizacional – desenvolver processos e cultura que queiram e assumam mudanças contínuas em vez de procurar constâncias e mesmices.

- Acesso ao capital – ter acesso fácil e rápido ao capital quando necessário, ter a mentalidade dos *venture capitalists* que estão sempre prontos para investir quando identificam a oportunidade certa.

- Equilíbrio do portfólio – garantir o equilíbrio entre iniciativas estratégicas e operacionais em andamento e que os investimentos e recursos estejam alocados adequadamente.

- Gerenciamento dedicado – fazer do crescimento uma atividade com claros parâmetros de avaliação e com responsabilidade, recursos, foco e recompensas a ela dedicados.

As exigências para o crescimento se tornarão maiores e mais rápidas. À medida que os mercados globais se conectam, que a concorrência se intensifica, que a tecnologia acelera tudo e os clientes se aborrecem mais rapidamente, as organizações têm que procurar estratégias de crescimento mais expressivas e com resultados mais rápidos.

Como Chris Zook diz em seu livro *Unstoppable*:

> "Ao longo das próximas décadas, duas em cada três companhias se defrontarão com o desafio de suas vidas corporativas: redefinir seus *core businesses* como forma de se manter. Esmurrados pela competição global cada vez mais árdua, por alterações da dinâmica global, por mudanças aceleradas, os líderes de negócios se deparam com um futuro incerto. Mais e mais os executivos se darão conta de que precisam fazer mudanças fundamentais no principal negócio de suas empresas para impulsionar o crescimento no futuro – mesmo ao continuarem entregando os produtos ou serviços que mantiveram suas empresas nos negócios até hoje."

Insight 3: GE
Impulsionando a empresa mais admirada do mundo

Quando Jeff Immelt tornou-se conselheiro e CEO em setembro de 2001, assumiu o comando de uma máquina já ajustada com precisão. A GE sempre teve uma cultura voltada à inovação, porque desde os tempos do seu famoso Livro Azul, nos anos 50, Jack Welch introduziu no negócio uma formidável disciplina voltada a resultados. Immelt se concentrou em dois pontos fortes da GE – processo e execução – e passou a perseguir o crescimento orgânico.

Na reunião dos principais executivos da GE em Baton Rouge, em janeiro de 2006, Immelt disse aos seus administradores que a empresa não sobreviveria se continuasse a crescer nas taxas que vinha apresentando. "Outra década com crescimento de 4% e a GE deixará de existir", disse. "Mas se pudermos impulsionar nossa taxa de crescimento sem perdermos nossa vantagem em produtividade, a GE se manterá como a empresa mais admirada no próximo século."

"Estamos, no momento, vivendo em um mundo de crescimento lento. As coisas eram diferentes 25 anos atrás. Os mercados globais de hoje são empurrados pela inovação, e as ações *premium* do mercado de ações são de empresas capazes de gerar seu próprio crescimento."

Numa recente entrevista para a *Harward Business Review*, Immelt foi além na descrição de sua crença de que uma cultura de produtividade, dependente da expansão e de aquisições como forma de crescimento, é insuficiente. A inovação deve estar no coração do crescimento orgânico e da criação de valor.

Ele acredita que essa abordagem permitirá à GE ter um crescimento médio do faturamento em torno de 8%, o dobro do alcançado na década anterior (e duas ou três vezes maior do que o crescimento da economia mundial), e que isso resultará em um aumento maior do que 10% nas receitas e 20% nos lucros.

Para crescer mais rapidamente que a economia global, a GE transformou o crescimento orgânico em um processo, e não simplesmente em um objetivo.

> "Se você dirige uma grande empresa multinacional com inúmeros negócios como a GE, e se você tenta liderar um processo de mudança transformadora, então o objetivo deve ser o de alavancar todos os negócios e mantê-los dessa forma o tempo todo."

Em carta a seus acionistas, Immelt apresentou o desafio e a oportunidade:

> "Uma empresa voltada ao crescimento confiável deve ter a coragem de investir e a disciplina de fazer. Foi necessária muita coragem para investir mais de US$ 1 bilhão no desenvolvimento de uma turbina para jatos como a GE90, com retornos mínimos durante mais de 10 anos. Hoje em dia, por causa desses investimentos, a GE desfruta de um sucesso excepcional na aviação comercial. A turbina GE90 deve ainda gerar US$ 40 bilhões de receitas nos próximos 30 anos."

Ele continuou a encorajar os investidores a "pensar sobre a empresa por um período maior do que 10 anos, da mesma forma que um proprietário o faria" e a buscar a percepção para investimentos estratégicos necessários à construção do negócio, como demonstram aqueles que apresentam resultados em vez de se focarem em retornos de curto prazo. "Somos construtores de negócios (...) e temos uma equipe que está centrada na construção de uma empresa de valor duradouro e que faz do mundo um lugar melhor."

A GE está agora focada em estabelecer as qualidades necessárias que criarão e sustentarão esse crescimento orgânico – principalmente o foco nos clientes, na inovação e na globalização.

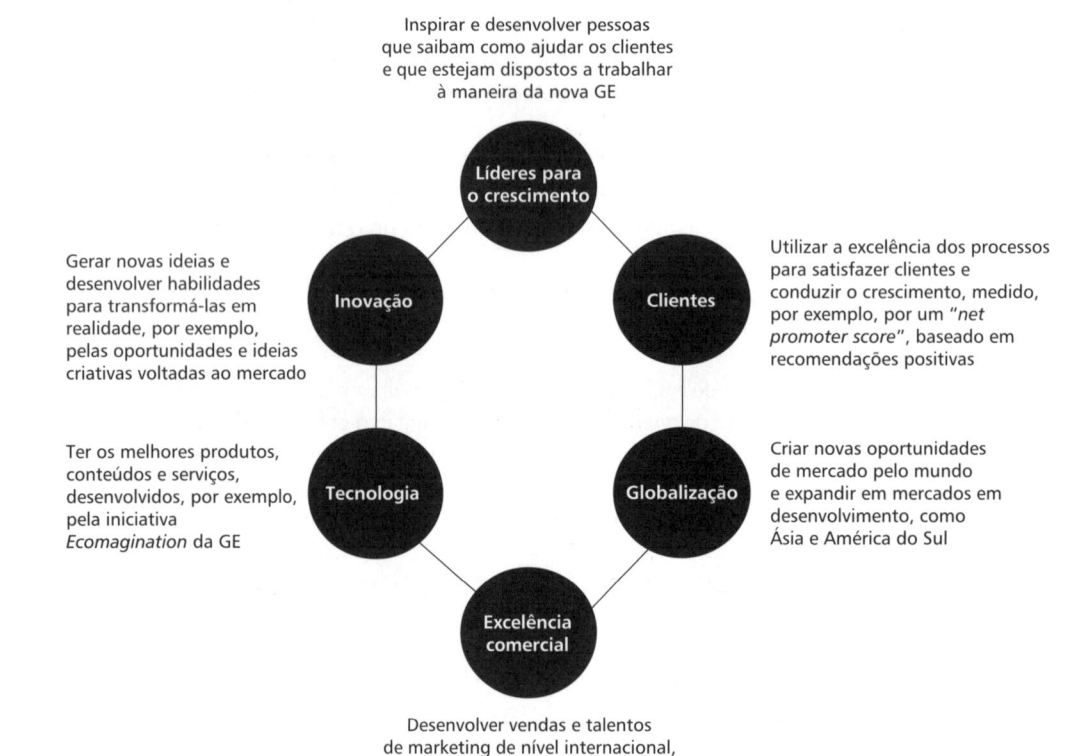

PARTE I   Hemisfério direito, hemisfério esquerdo

Líderes para o crescimento: Inspirar e desenvolver pessoas que saibam como ajudar os clientes e que estejam dispostos a trabalhar à maneira da nova GE

Inovação: Gerar novas ideias e desenvolver habilidades para transformá-las em realidade, por exemplo, pelas oportunidades e ideias criativas voltadas ao mercado

Clientes: Utilizar a excelência dos processos para satisfazer clientes e conduzir o crescimento, medido, por exemplo, por um "*net promoter score*", baseado em recomendações positivas

Tecnologia: Ter os melhores produtos, conteúdos e serviços, desenvolvidos, por exemplo, pela iniciativa *Ecomagination* da GE

Globalização: Criar novas oportunidades de mercado pelo mundo e expandir em mercados em desenvolvimento, como Ásia e América do Sul

Excelência comercial: Desenvolver vendas e talentos de marketing de nível internacional, demonstrando o valor de uma "GE única", com vendas e marcas integradas

A ESTRUTURA DA GE PARA O CRESCIMENTO LUCRATIVO

O processo *Execute for Growth* foi desenhado como um círculo, sem começo ou fim definidos. Abrange novas abordagens e técnicas, linguagem e comportamento.

- O *Growth Playbook* redefine o processo de planejamento estratégico, reconhecendo que ele deve ser mais um processo criativo do que financeiro, que encoraje mais a colaboração e o raciocínio do que a elaboração de orçamentos incrementais.

- *Customer Dreaming Sessions* junta pessoas influentes e criativas ligadas ao setor para sonhar o futuro e, através da diferença de perspectivas e de opiniões, inspirar novas ideias e estratégias.

- *Imagination Breakthroughs* focam a alta gerência nas melhores ideias que trarão novos fluxos de receita, não importando a sua origem.

- *Innovation Labs* apoiam a estratégia do negócio, o desenvolvimento de produtos e outras iniciativas, com materiais e recursos especializados de modo a estruturar e conduzir a inovação de produtos, negócios e mercados.

- *At the Customer, for the Customer* trata de abrir e transferir suas abordagens administrativas às empresas clientes de modo a ajudá-las a resolver seus problemas em vez de somente fornecer produtos e serviços.

- *CECOR Marketing Framework* assegura que as oportunidades de mercado e dos clientes levem ao crescimento e à inovação. A sigla significa "Calibrar, Explorar, Criar, Organizar e Realizar" o crescimento estratégico.

- *Growth Traits* são os atributos esperados dos futuros líderes de negócios da GE. Existem cinco fatores para o crescimento profissional na companhia: foco externo, raciocínio claro, imaginação, integração e conhecimento especializado.

A nova abordagem não está cheia de longas propostas escritas ou apresentações em *PowerPoint*; trata de pessoas trabalhando juntas – pessoas com experiências, habilidades e perspectivas diversificadas (o próprio Immelt se envolve pessoalmente em cerca de oito seções de *Breakthrough* mensalmente) – focando nas melhores ideias e oportunidades, colocando a essência das ideias em desenhos ou protótipos, comunicando em pequenos resumos e ação prática.

Os voos altos do CEO se refletem na sua nova GE, altamente motivada e de crescimento rápido:

> "Esse não é o local para tempos pequenos. Trabalhar na GE é a arte de pensar e jogar grande. Nossos gerentes precisam trabalhar entre funções, regiões e empresas. Temos que ter grandes objetivos."

Ele lembra às pessoas que, se elas falharem, o pior que pode acontecer é saírem e encontrarem um emprego maior em outro local. Mas, se vencerem na GE, "sentarão na primeira fila da história, criando o futuro."

Os resultados são impressionantes. Desde 2005, o crescimento orgânico atingiu a média de 8%, maior que de seus concorrentes e o dobro da média histórica da GE. Existe, no momento, uma fila de 40 produtos com receita prevista de US$ 1 bilhão a ser introduzida nos próximos anos e 60 *Imagination Breakthroughs* que gerarão US$ 25 bilhões e muitos outros mais a caminho. As receitas fora dos Estados Unidos atualmente superam os valores domésticos e sua previsão de crescimento é de 15% ao ano. A gestão mais eficaz da base instalada deverá gerar décadas de crescimento baseado em serviços.

Em entrevista para a CNN, Immelt afirmou que acredita que o crescimento é um desafio humano:

> "Alcançar esse tipo de crescimento depende de transformá-lo em uma missão pessoal para todos. Se você quiser, pode se cobrir com o manto do mito do gerente profissional e esconder qualquer problema no fluxograma do processo. Mas se quer que as pessoas assumam maiores riscos, resolvam problemas maiores e façam o negócio crescer de um jeito nunca feito antes, deve torná-lo uma missão pessoal."

Faixa 2 Bolhas de negócios

As melhores oportunidades em um mundo veloz e frágil

"Os chineses usam dois caracteres para escrever a palavra 'crise'. Um significa perigo; o outro, oportunidade. Em crise, esteja consciente do perigo – mas reconheça a oportunidade."

John F. Kennedy

Uma abordagem mais **inteligente** às **oportunidades** que envolva maior reflexão com o *hemisfério esquerdo*.	Uma abordagem mais **criativa** às **oportunidades** que envolva maior reflexão com o *hemisfério direito*.
• Compreender os condutores das mudanças de forma a influenciá-los.	• Ter uma visão de mundo melhor, maior e mais ampla do que os outros.
• Acompanhar constantemente o ambiente de negócios e suas mudanças.	• Ver o mundo através de perspectivas novas e interessantes.
• Definir o contexto para seu negócio, sabendo o que é relevante.	• Compreender a complexidade e aprender a viver com o aparente paradoxo.
• Identificar novas oportunidades de conduzir o crescimento lucrativo e sustentável.	• Definir as possibilidades antes de serem moldadas pelas convenções existentes.
• Avaliar os potenciais de curto e longo prazos de mercados emergentes.	• Identificar espaços não articulados que poderiam ser novos mercados.
• Identificar os melhores ativos e como utilizá-los.	• Fazer conexões incomuns entre mercados, tendências e oportunidades.
• Conectar as melhores oportunidades às prioridades de hoje.	• Comprometer pessoas no futuro de maneira a transmitir otimismo e confiança.

Vivemos e fazemos negócios em um momento extraordinário. Estamos na fronteira de dois mundos diferentes. Um é mais elegante, mais rico e mais sofisticado. O outro é dividido, desequilibrado e insustentável.

Se não compreendermos a situação, nos depararemos com consequências imprevisíveis e destrutivas.

Nosso mundo percorreu um longo caminho num período muito curto de tempo – quando começamos a dirigir automóveis e a voar? Como conseguimos sobreviver antes dos telefones e dos emails? Parece dramático sugerir que os dois próximos séculos poderão ser os últimos da humanidade – mas as decisões que tomarmos na próxima década podem marcar um novo renascimento da forma como vivemos, trabalhamos e alcançamos o sucesso.

Algumas estatísticas apresentadas no Fórum Econômico Mundial servem para reflexão:

- Destruímos anualmente 17,8 milhões de hectares de florestas, criando um desequilíbrio crescente no modo como a natureza produz e absorve o gás carbônico.

- Anualmente, perdemos 40 milhões de hectares de terra cultivável derrubando árvores, alterando a irrigação natural e criando 6 milhões de hectares de novos desertos pelo mundo.

- Utilizamos 160 bilhões de toneladas anuais de água a mais do que é reposto pelas chuvas, quantidade suficiente para um comboio de 450 mil km de caminhões.

- A cada ano, nossa população se aproxima dos 9 bilhões de pessoas, crescendo principalmente nos países pobres, o que aumenta ainda mais a demanda por alimentos e água.

- A cada ano, os ricos ficam mais ricos. Se a produtividade continuar crescendo a taxas anuais de 2,5%, em termos reais, dentro de 100 anos a sociedade será 12 vezes mais rica.

- Principalmente nos países ricos, todo ano nosso consumo aumenta, aumentando ainda mais a demanda nas já sobrecarregadas fábricas e áreas agrícolas dos países mais pobres.

Essas podem parecer como as estatísticas que vemos na televisão ou lemos nos jornais, mas são de nossa responsabilidade. Entretanto, elas parecem não estar ligadas ao nosso ambiente de trabalho. Elas o impedirão de alcançar seus objetivos de vendas este ano? De trazer inovações? Os analistas do mercado de ações realmente se importam com elas?

Na realidade sim, talvez não neste trimestre, mas com certeza no futuro a médio e longo prazos. E embora seja fácil dizer que as grandes empresas, o capitalismo e a busca cega pela riqueza provocaram muitos desses problemas, eles também nos oferecem as melhores soluções.

Como negócios, podemos ter maior impacto, fazer uma diferença maior e positiva do que as pessoas individualmente. Provavelmente, podemos também fazer uma diferença maior do que os governos. Não através da caridade, mas por soluções comerciais, fazendo negócios de maneiras melhores. Inovar de modo a contemplar algumas dessas questões, comprometer as pessoas de tal forma que escolham a sua empresa por mais motivos e ganhar dinheiro fazendo as coisas certas.

Como líderes empresariais, somos os poucos indivíduos que realmente podem mudar o mundo.

A lista de desafios é grande e assustadora, porém muitos desses desafios estão interligados e também ligados aos *inputs* e *outputs* dos negócios. O grande problema é que vivemos acima de nossos meios. Considere alguns dos fatores abaixo:

- O aquecimento global provocará grandes mudanças no clima; a falta de água aumentará à medida que os rios secarem e frustrarem as safras agrícolas. A desertificação se acelerará à medida que os solos forem erodidos e aquecidos. A destruição da vida marinha reduzirá a biodiversidade e ameaçará as cadeias alimentares.

- A fome nos países mais pobres crescerá à medida que as safras agrícolas fracassarem e os preços aumentarem. Haverá extrema pobreza com o aumento da distância entre os ricos e os pobres; as pandemias se espalharão mais rapidamente em um mundo cada vez mais conectado. Ocorrerá migração global para as áreas mais ricas com o consequente crescimento das áreas mais pobres e violentas das cidades.

- O terrorismo está cada vez mais imprevisível e seus líderes não conseguem ser localizados. O extremismo religioso cria desconfiança e afastamento entre as pessoas. As experiências genéticas e científicas terão cada vez menos controle e o acesso fácil a armas atômicas e biológicas aumentará.

No filme premiado pelo Oscar *Uma Verdade Inconveniente*, Al Gore documentou de forma fantástica sua percepção para algumas dessas mudanças. Ele foca no clima e nas consequências de não agirmos na mesma velocidade de suas mudanças, ocasionadas principalmente pelo efeito do crescimento das economias:

> "Nossa crise climática pode muitas vezes parecer acontecer lentamente, mas o fato é que acontece de forma muito rápida – tornando-se uma verdadeira emergência planetária.
>
> A palavra chinesa que expressa crise é formada por dois ideogramas. O primeiro é o símbolo para perigo; o segundo é o símbolo para oportunidade. Para podermos enfrentar e superar o perigo que nos está encurralando, precisamos, em primeiro lugar, reconhecer que estamos diante de uma crise.
>
> Qual a razão de nossos líderes parecerem não ouvir essas fortes advertências? Estarão eles resistindo à verdade porque, no momento que a aceitarem, terão de enfrentar o dever moral de agir? É simplesmente mais conveniente ignorar essas advertências?
>
> Talvez, mas as verdades inconvenientes simplesmente não desaparecerão porque não as vemos. Quando não reagimos a elas, sua importância não diminui, mas cresce...
>
> Temos tudo de que precisamos para começar a resolver esta crise, com exceção da nossa própria vontade de agir."

Em um mundo complexo, em constante evolução e que muda rapidamente, as melhores oportunidades para criar e manter o crescimento estão ligadas aos grandes desafios globais que enfrentamos.

2.1 SURFAR AS ONDAS DO CRESCIMENTO
Mercados em evolução exigem soluções inovadoras

É muito difícil para as empresas superar o crescimento de seus mercados.

A receita média de uma empresa constante da lista *Fortune 100* gira em torno de US$ 30 bilhões. Portanto, para alcançar a cifra de dois dígitos de crescimento (como vocês devem ter notado, é a frase favorita no jargão de qualquer executivo da área de TI), são necessários pelo menos US$ 3 bilhões em receitas adicionais a serem alcançados a cada ano. Não se trata de tarefa fácil quando a economia americana está crescendo somente 5% ao ano, que é, portanto, o crescimento médio de suas empresas.

Uma empresa medianamente bem-sucedida provavelmente não crescerá mais que 5% ao ano.

Entretanto, se olharmos a nossa volta, veremos que a velocidade do crescimento é fenomenal. Olhando os últimos 100 anos, podemos ver a constante alta do mercado de ações, com ciclos de picos e depressões, mas de alta efetiva.

Se mapearmos o surgimento de algumas inovações e marcas mais conhecidas nessa linha de tendência, veremos como as empresas inovaram rápida e constantemente para aproveitar as ondas de mudança, crescendo rapidamente ao ponto em que estão hoje.

PARTE I Hemisfério direito, hemisfério esquerdo

Crescimento do mercado de ações
(Méda Dow Jones)

- 21 anos
- 8 anos de crescimento
- 17 anos
- 19 anos de crescimento
- 18 anos
- 18 anos de crescimento

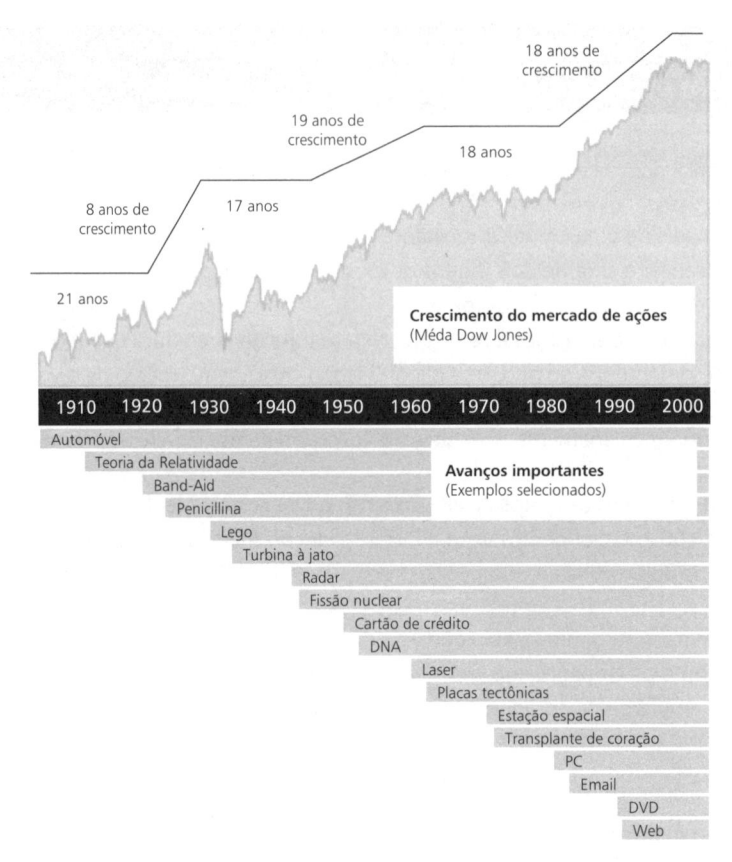

1910 1920 1930 1940 1950 1960 1970 1980 1990 2000

Avanços importantes
(Exemplos selecionados)

- Automóvel
- Teoria da Relatividade
- Band-Aid
- Penicillina
- Lego
- Turbina à jato
- Radar
- Fissão nuclear
- Cartão de crédito
- DNA
- Laser
- Placas tectônicas
- Estação espacial
- Transplante de coração
- PC
- Email
- DVD
- Web

100 ANOS DE INOVAÇÃO E CRESCIMENTO

O mercado de ações continuará a crescer indefinidamente?

Durante nossa existência, é provável que sim, com o crescimento e o estouro de bolhas especulativas ao longo do caminho. A realidade do nosso mundo começa a se voltar contra nós, e para mantermos o crescimento no futuro, precisamos de um novo modelo de inovação e de negócios mais cuidadosos.

À medida que o mundo se transforma à nossa volta, as pessoas vivem e trabalham de jeitos diferentes. Respeitamos diferentes formas de autoridade – jovens em vez de velhas, ideias em vez de experiência – e nos apegamos a diferentes lealdades – pessoais em vez de coletivas, virtuais em vez de físicas.

Como líderes empresariais e consumidores individuais, vivemos de novas maneiras: queremos aprender em vez de ser ensinados, raciocinamos em vez de acreditar em um conhecimento absoluto, acessamos o Google em vez de nossas memórias, sabemos que nossa experiência de vida nos leva mais longe do que a qualificação acadêmica.

Como empresas, também trabalhamos de forma diferente: a grandes velocidades e distâncias graças às tecnologias instantâneas, como organizações virtuais em vez de sentir que temos que fazer tudo sozinhos, como redes planas em vez de pirâmides hierárquicas. Mantemos o controle através da liderança e da influência em vez de pela administração e pelo poder.

Insight 4: KIKKOMAN
O segredo japonês de uma vida longa

De acordo com o folclore japonês, a tartaruga vive por 10 mil anos e é símbolo de vida longa e prosperidade. No mundo do molho de soja, não existe nada mais antigo ou mais bem sucedido do que a Kikkoman. "Kikko" significa o casco da tartaruga e "man" o número 10 mil.

As famílias Mogi e Takanashi iniciaram a produção de molho de soja em Noda, uma pequena cidade japonesa às margens do rio Edo. Em 1603, criaram um tempero natural e delicioso transportado rio abaixo até Tóquio, onde se tornaram os fornecedores oficiais da família imperial japonesa.

Em 1917, oito empresas familiares se juntaram para formar a Noda Shoyu Co., com um capital de ¥7 milhões. Em 1957, o molho chegou a São Francisco, nos Estados Unidos, atendendo à grande comunidade oriental local. A produção no país começou logo após, no estado de Wisconsin, coração das zonas produtoras de trigo e soja.

A empresa se tornou Kikkoman Shoyu Co. em 1964, e em 1980 mudou para Kikkoman Corporation. Atualmente, o negócio engloba muitas empresas associadas e subsidiárias que juntas oferecem um portfólio que vai de produtos farmacêuticos a alimentos. Uma das aquisições foi a JFC que ofereceu 8,5 mil produtos alimentícios orientais e marcas como a Dynasty, o arroz Nishiki e o saquê Ozeki.

De acordo com sua linha publicitária, a Kikkoman representa "sabores que unem as pessoas".

O molho de soja, que permanece como o coração do negócio, é feito a partir de grãos de soja, trigo e sal. Na verdade, o molho de soja tem uma tradição de mais de 2,5 mil anos e hoje é indispensável nos pratos chineses e japoneses, sendo também o ingrediente "secreto" de muitos *chefs* pelo mundo. Atualmente, é produzido em muitos outros lugares do mundo além das margens do rio Edo.

A Kikkoman permanece como líder global da categoria, gerando mais de US$ 2 bilhões anuais de receita – e é objeto do livro de Ronald Yates *The Kikkoman Chronicles: A Global Company with a Japanese Soul*.

Na próxima vez que fizer uma refeição oriental, procure na garrafa Kikkoman o logo de seis lados que representa o casco da tartaruga com o ideograma chinês, ou kanji, para o número 10 mil.

Linha do tempo da Kikkoman

1603   Mogo e Takanashi iniciam a produção do molho de soja em Noda, Japão.

1873   Kikkoman ganha o prêmio internacional de alimentos da Feira Mundial de Viena, Áustria.

1917   As empresas familiares se fundem para formar a Noda Shoyu Co. Ltd.

1925   Fusões adicionais de famílias para ampliar a distribuição.

1957   A Kikkoman entra no mercado norte-americano em São Francisco.

1964   A empresa é rebatizada como Kikkoman Shoyu Co. Ltd.

1969   Adquire a JFC International Ltd. e uma ampla variedade de produtos alimentícios.

1972   Inicia a produção nos Estados Unidos, em Wisconsin.

1980   A companhia é rebatizada Kikkoman Corporation.

2.2 HOTSPOTS DE NEGÓCIOS
Aprender a viver em um novo mundo de negócios

O ano de 2000 deveria anunciar um novo amanhecer, mas para o mundo dos negócios, parecia a explosão de um admirável mundo novo, um sonho glorioso que se tornara um pesadelo: a "bolha pontocom" havia explodido.

Na época, esse mundo novo parecia ser governado por novas leis – a Lei de Moore, prevendo a duplicação da potência dos computadores a cada 18 meses, a Lei de Gilder, dizendo que a banda larga triplicaria a cada 12 meses, e a Lei de Metcalfe, dizendo que o valor de uma rede é proporcional ao quadrado de seus nós.

Também em 2000, em meio ao colapso das estruturas virtuais e da confiança nos negócios, foi publicado um novo livro. *The Cluetrain Manifesto* era um trabalho seminal, mas que se perdeu em meio às discussões exageradas sobre as expectativas dos últimos anos da década de 90. Ele tratava do impacto real de um mundo rápido e conectado, e agora talvez seja o momento de retornar ao assunto:

"'Habitantes da Terra

Começaram as discussões sobre o poder global...

Os mercados amparados em redes estão começando a se organizar em uma velocidade muito maior do que as empresas que tradicionalmente prestavam serviços a eles. Graças à web, os mercados estão ficando melhor informados, mais específicos e mais exigentes quanto às qualidades faltantes na maioria das organizações de negócios.

O céu está aberto às estrelas. As nuvens passam sobre nós dia e noite. Os oceanos sobem e descem. Independente do que você possa ter ouvido, esse é o nosso mundo, o lugar onde devemos estar. Independente daquilo que lhe contaram, nossas bandeiras voam livres. Nosso coração segue em frente para sempre. Lembrem-se, habitantes da Terra.

Pela Internet, as pessoas estão descobrindo e inventando novas maneiras de dividir conhecimentos relevantes com grande velocidade. Como consequência direta, os mercados estão se tornando mais espertos – mais rapidamente do que a maioria das empresas.

Esses mercados são os diálogos. Seus membros comunicam-se numa linguagem natural, aberta, honesta, direta, engraçada e, algumas vezes, chocante. Seja explicando ou reclamando, seja de brincadeira ou séria, a voz humana é sem dúvida autêntica. Não pode ser falsificada.

Por outro lado, a maioria das empresas sabe falar apenas na monotonia apaziguadora e sem graça da declaração da missão, do folheto de marketing e dos sinais de telefone ocupado 'sua-ligação-é-importante-para-nós'. O mesmo velho tom e as mesmas velhas mentiras. Não é de surpreender que os mercados web não têm respeito por empresas incapazes ou relutantes de utilizar a sua linguagem.

Mas aprender a falar com voz humana não é um truque, nem as empresas nos convencerão de que são humanas com serviços 'da boca para fora' sobre ouvir os consumidores. Elas somente soarão humanas quando derem poder a seres humanos reais de falarem por elas.

Embora muitas dessas pessoas já trabalhem para as empresas hoje, a maioria das companhias ignora a habilidade delas de fornecer conhecimentos autênticos, optando pela conversa fiada, estéril e prolixa, que insulta a inteligência dos mercados.

Os empregados, entretanto, estão se tornando hiperconectados da mesma maneira que os mercados o estão. As empresas devem ouvir a ambos com atenção. Devem, basicamente, deixar o caminho livre para que os empregados conectados via intranet possam conversar diretamente com os mercados conectados via Internet.

> Os *firewalls* corporativos têm mantido os empregados realistas do lado de dentro das empresas e os mercados realistas do lado de fora. Será muito doloroso derrubar essas paredes, mas o resultado será um novo tipo de diálogo. Será a conversação mais emocionante em que as empresas já estiveram envolvidas.
>
> Se você só tiver tempo para uma dica este ano, esta é a que deve apanhar...
>
> Não somos assentos ou olhos ou usuários finais ou consumidores. Somos seres humanos e nosso alcance excede sua capacidade de agarrar. Conviva com isso."
>
> Fonte: www.cluetrain.com

Metcalfe é sinônimo de Robert Metcalfe, o técnico sênior da 3Com. Ele estava trabalhando em algo, mas foi totalmente ignorado na corrida online.

Com a Web 2.0, houve um recente ressurgimento do interesse dos negócios online, que passaram a ser importantes. A ascensão de sites de troca online como o eBay e de redes sociais como o MySpace refletem o poderio que Metcalfe havia previsto. A Internet começa a ser utilizada em todo o seu potencial e de uma maneira que realmente muda o modo pelo qual fazemos negócios e nos comportamos como pessoas reais.

Com o tempo para refletir e com o surgimento da Amazon e do Google como modelos de negócios admirados do século XXI, as empresas finalmente começam a explorar o potencial das redes em seus modelos vencedores de negócios.

Os novos hotspots

Os técnicos se dirigiram em bandos ao Vale do Silício, os fabricantes ficaram ricos no Japão e no Extremo Oriente, a indústria automobilística convergiu para Detroit, os revolucionários da indústria se focaram nas Midlands inglesas e os caçadores de ouro correram para a Califórnia em outros momentos de loucura.

Atualmente, estamos focados nos países que compõe o BRIC, países em desenvolvimento e crescimento rápido como Brasil, Rússia, Índia e China. Mas existem também muitos outros *hotspots* no mundo dos negócios. Os países bálticos estão deixando para trás seu passado comunista e abraçando o futuro – visite as cidades de Tallinn e Riga, adaptadas para o sistema WiFi, para ter uma ideia. Ricos em petróleo, os países do Golfo também estão explodindo com uma gama cada vez maior de negócios.

Se considerássemos o crescimento médio do valor de mercado por regiões do mundo, novos nomes começariam a surgir. De acordo com a *World Federation of Exchange*, o valor das empresas em Xangai cresceu cerca de 320% no período 2006/7. Shenzhen não ficou muito atrás, com 180%, seguida por países pequenos como o Peru e a Eslovênia, com 120%. Compare esses números com os pequenos, mas ainda impressionantes, crescimentos de Nova York, com 9%, e Londres, com 18%.

Portanto, o que cria um *hotspot* de negócios? De Abu Dhabi a Bangalore, de Macau a São Paulo, quais os segredos para esse crescimento dos valores de mercado? São fatores óbvios, como boa infraestrutura de comunicações e transportes, centros de pesquisa e tecnologia próximos, empregados qualificados, boas instalações de vida e acesso ao mercado de capitais. Também há o apoio dado pelos governos, como subvenções a empreendimentos, concessões fiscais e apoio prático.

Entretanto, provavelmente a maior diferença está em quem está instalado lá. Embora as empresas não precisem mais que seus fornecedores estejam próximos, como faziam os fabricantes de carros, os inovadores se sentem mais produtivos junto a outros inovadores. Talvez dividam recursos práticos ou mesmo encontrem maneiras de colaborar comercialmente, mas por vezes isso se deve simplesmente porque respiram o mesmo ar da criatividade.

O Vale Medicon, da Escandinávia, é o *hotspot* mais importante nas ciências médicas.

A área que vai de Copenhagen, na Dinamarca, a Skåne, na Suécia, tem provavelmente a maior concentração de empresas farmacêuticas na Europa, e é o centro mundial de vanguarda no desenvolvimento de tratamentos para diabetes e câncer e nas neurociências. Numa área de aproximadamente 100 quilômetros quadrados, estão instaladas cerca de 115 empresas, cercadas por sete parques científicos, 12 universidades, 26 hospitais, 5 mil pesquisadores de ciências médicas, 41 mil pessoas empregadas nesse setor da economia, 140 mil estudantes de nível superior e uma população de 3,2 milhões de pessoas. O fluxo de produtos da região é maior do que a soma de todos os outros lugares, além de existirem mais parcerias acadêmicas, de negócios e de recursos para apoio clínico do que em qualquer outro local.

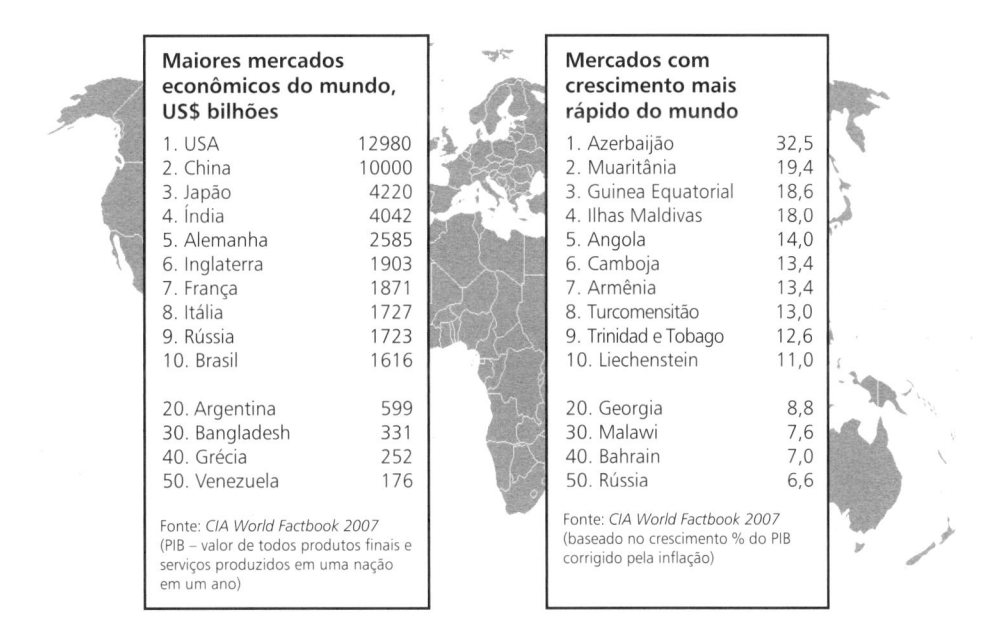

Maiores mercados econômicos do mundo, US$ bilhões		Mercados com crescimento mais rápido do mundo	
1. USA	12980	1. Azerbaijão	32,5
2. China	10000	2. Muaritânia	19,4
3. Japão	4220	3. Guinea Equatorial	18,6
4. Índia	4042	4. Ilhas Maldivas	18,0
5. Alemanha	2585	5. Angola	14,0
6. Inglaterra	1903	6. Camboja	13,4
7. França	1871	7. Armênia	13,4
8. Itália	1727	8. Turcomensitão	13,0
9. Rússia	1723	9. Trinidad e Tobago	12,6
10. Brasil	1616	10. Liechenstein	11,0
20. Argentina	599	20. Georgia	8,8
30. Bangladesh	331	30. Malawi	7,6
40. Grécia	252	40. Bahrain	7,0
50. Venezuela	176	50. Rússia	6,6

Fonte: *CIA World Factbook 2007*
(PIB – valor de todos produtos finais e serviços produzidos em uma nação em um ano)

Fonte: *CIA World Factbook 2007*
(baseado no crescimento % do PIB corrigido pela inflação)

MERCADOS MUNDIAIS DE ALTO CRESCIMENTO

PARTE I   Hemisfério direito, hemisfério esquerdo

Mercados mais inovadores do mundo	
1. Japão	6.02
2. Suíça	5,89
3. Alemanha	5,85
4. USA	5,75
5. Suécia	5,66
6. Finlândia	5,65
7. Dinamarca	5,40
8. Israel	5,40
9. Taiwan	5,38
10. Inglaterra	5,36
Austrália	4,66
Índia	4,60
Brasil	4,09
China	3,75
Rússia	3,55

Fonte: World Economic Forum Global Competitiveness Report 2006-2007 (com base na sofisticação dos negócios e na capacidade de inovação)

Mercados mais amigáveis aos negócios do mundo	
1. Dinamarca	8,77
2. Finlândia	8,72
3. Singapura	8,69
4. Canadá	8,69
5. USA	8,68
6. Holanda	8,64
7. Inglaterra	8,63
8. Suíça	8,60
9. Hong Kong	8,60
10. Irlanda	8,57
Austrália	8,41
Japão	7,45
Brasil	6,78
China	6,36
Rússia	6,06

Fonte: Economist Intelligence Unit 2006 (com base no ambiente político e econômico, nas políticas de investimentos externos, impostos, mercado de trabalho e infra-estrutura).

MERCADOS MAIS INOVADORES DO MUNDO

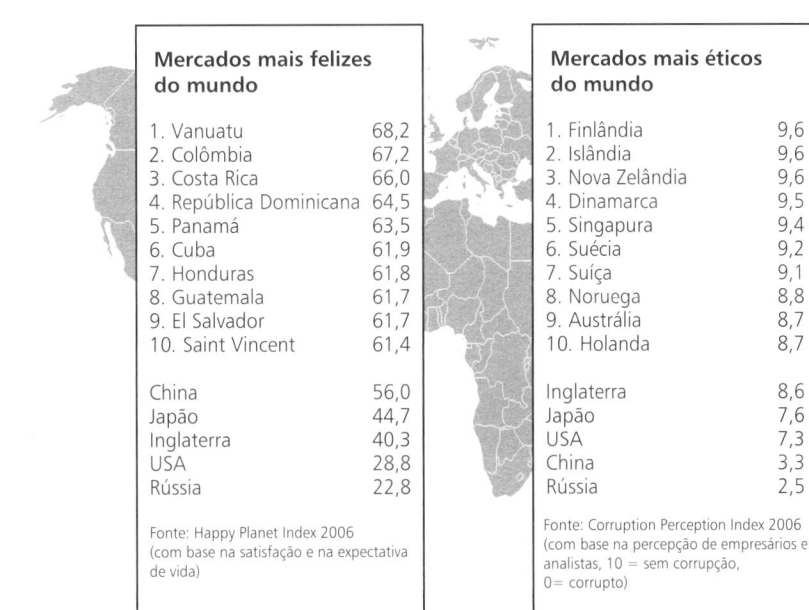

Mercados mais felizes do mundo		Mercados mais éticos do mundo	
1. Vanuatu	68,2	1. Finlândia	9,6
2. Colômbia	67,2	2. Islândia	9,6
3. Costa Rica	66,0	3. Nova Zelândia	9,6
4. República Dominicana	64,5	4. Dinamarca	9,5
5. Panamá	63,5	5. Singapura	9,4
6. Cuba	61,9	6. Suécia	9,2
7. Honduras	61,8	7. Suíça	9,1
8. Guatemala	61,7	8. Noruega	8,8
9. El Salvador	61,7	9. Austrália	8,7
10. Saint Vincent	61,4	10. Holanda	8,7
China	56,0	Inglaterra	8,6
Japão	44,7	Japão	7,6
Inglaterra	40,3	USA	7,3
USA	28,8	China	3,3
Rússia	22,8	Rússia	2,5

Fonte: Happy Planet Index 2006 (com base na satisfação e na expectativa de vida)

Fonte: Corruption Perception Index 2006 (com base na percepção de empresários e analistas, 10 = sem corrupção, 0 = corrupto)

OS BONS MERCADOS DO MUNDO

Insight 5: SECOND LIFE
Agora você pode ser quem quiser

O romance *cyberpunk Snow Crash*, de Neal Stephenson, foi a principal inspiração de Philip Rosedale para o desenvolvimento de um mundo virtual, em 2002.

O livro descreve um ambiente futurístico onde as pessoas vivem e trabalham virtualmente. Elas criam os personagens que desejam ser e fazem qualquer coisa que queiram fazer. Elas trabalham nesse mundo, montam empresas virtuais que fazem transações com outras pessoas virtuais, criando uma economia virtual. Seus melhores amigos também fazem parte desse mundo virtual – não amigos reais, mas pessoas criadas por outras pessoas. Esse é o lugar onde gostam de ficar juntos e onde cada vez mais gastam seu tempo.

Nada era impossível nesse mundo. Não havia regras ou convenções. Uma pessoa que se sentia velha, gorda ou com falta de autoconfiança podia viver a vida de seu alter-ego. Ela poderia ser jovem e descolada, bater papo com as garotas, dirigir os carros mais velozes e administrar o seu próprio bar. O funcionário de escritório estressado podia gerir seu próprio negócio ou desfrutar luxuosamente sua própria ilha tropical. Se você fosse velho poderia ser jovem, se homem, poderia ser mulher, se ruivo, poderia ter cabelos loiros. Mas esse mundo também tinha o seu lado negativo, com crimes virtuais, ameaças e terrorismo virtual.

Cinco milhões de pessoas reais já aderiram a esse mundo virtual.

O *Second Life* é um mundo virtual baseado na Internet que virou notícia no final de 2006, sendo uma das inúmeras comunidades online que oferecem uma forma sofisticada de networking social.

Fundado por Philip Rosedale, ex-principal executivo de TI da RealNetworks, e por sua empresa Linden Lab, o *LindenWorld* era inicialmente um site para desenvolvedores web. Em seguida vieram as versões Beta, que introduziram uma moeda virtual, o Linden Dollar – embora na época a moeda não tivesse valor de conversão para o dólar americano.

O objetivo da Linden Lab é criar um mundo parecido com o *Metaverse* descrito por Stephenson: um mundo definido pelo usuário, de uso geral, no qual as pessoas podem interagir, jogar, fazer negócios ou comunicar-se.

O *Second Life* é um programa gratuito que pode ser baixado da Internet e que permite aos usuários, chamados "residentes", interagir entre si por meio de "avatares" por eles mesmos criados. Os usuários podem optar por diferentes níveis de interação, sendo que os níveis mais altos exigem o pagamento de uma taxa anual, mas também fornecem uma quantidade inicial maior dos Linden Dollars. A moeda hoje pode ser convertida em dólar americano, permitindo às pessoas adquirir mais ou converter as fortunas obtidas virtualmente em dinheiro real.

Assim como no mundo real, as comunidades começam a se desenvolver em torno dos locais mais convenientes, e as pessoas começam a interagir mais formalmente, comprando e vendendo, socializando e se divertindo.

Os preços do imóvel nas cidades mais populares aumentam, e se você teve sorte de comprar um no momento e local certos, pode revendê-lo com um bom lucro. Você também pode contratar um *web designer* real para melhorar ainda mais seu avatar, ou pode ganhar dinheiro abrindo um café virtual onde as pessoas da moda se encontram.

À medida que o mundo virtual cresce, também cresce a economia. Quando a demanda pelos Linden Dollars aumenta, também aumenta a taxa de conversão para dólar americano.

Muitas marcas reais entraram no mundo virtual. A Adidas foi uma das primeiras, oferecendo suas roupas virtuais com as três listras para os avatares mais esportivos. De serviços bancários a cervejas, seu avatar pode comprar as coisas que você também gosta. Lembre-se: as marcas definem as pessoas, que por sua vez pagam mais por elas.

Artistas do mundo da música fazem apresentações regulares no mundo virtual como forma de melhorar suas credenciais para o mundo real. Leo Burnett formou uma agência criativa para explorar as ideias das pessoas (e você pode ter um emprego virtual assim como um real). A IBM também realiza regularmente seminários virtuais nos quais os representantes podem explorar e testar novos conceitos de negócios com base nas aspirações desinibidas das pessoas em vez de em suas necessidades influenciadas pelas convenções do mundo real.

As redes sociais com conceitos diferentes podem se espalhar como fogo. Em outubro de 2006, o site atingiu o número de um milhão de contas registradas. Após dois meses, esse número duplicou e após outros dois meses, duplicou novamente para quatro milhões. Cerca de 10% das contas estão sempre ativas; a maior parte das contas é ativada em torno das 22 horas (hora local) e o horário de menor acesso é às 10 horas, quando a maior parte das pessoas está de volta ao mundo real.

Enquanto o *Second Life* e seus concorrentes *Active Worlds* e *Cyberpark* são encarados como jogos online por algumas pessoas e como um ambiente que promove práticas antiéticas e ilegais por outras, eles também ilustram o surgimento de novas formas de comunidade global e de novos modelos econômicos para os negócios. Mas definitivamente não é um jogo. Não existe pontuação, notas, ganhadores, perdedores ou estratégias de término no *Second Life*.

2.3 LIBERTAR OS PROPULSORES DO CRESCIMENTO
Encontrando o crescimento duradouro, evitando as bolhas que explodem

De acordo com os CEOs, quais são as tendências globais mais importantes nos próximos cinco anos para os negócios?

Importância para o negócio ↑	
Mercados para talentos e mão de obra cada vez mais globalizados Troca de atividade econômica entre e dentro de regiões Crescente limitação no fornecimento e na utilização de recursos naturais Envelhecimento da população nas economias desenvolvidas Instabilidade geopolítica	Crescimento do número de consumidores nas economias emergentes Crescimento na disponibilidade do conhecimento e na capacidade de explorá-lo Desenvolvimento de tecnologias que empoderem consumidores e comunidades Aumento do ritmo das inovações tecnológicas
Aumento da sofisticação do mercado de capitais Mudança na estrutura dos setores da economia com novas formas de organização Forte reação social contra as atividades das corporações Crescimento do setor público	Adoção de técnicas de gestão científica

Impacto nos lucros →

A PAUTA DO CEO (FONTE: *MCKINSEY QUARTERLY*, 2007)

Embora a maioria dos executivos sentisse que os mercados emergentes fossem uma oportunidade importante, poucos lhes deram a devida atenção. Da mesma forma, a maioria das empresas deu pouca atenção a oportunidades como no mercado de talentos, no contingenciamento de recursos e no envelhecimento das populações.

De uma maneira geral, a mudança no ambiente de negócios é fortemente impulsionada pela tecnologia, mas também por fatores sociológicos e econômicos. Os fatores de impulsão incluem:

- O crescimento da capacidade de processamento, a interatividade e as redes virtuais.

- A compressão da distância e do tempo e a velocidade das mudanças.

- A irrelevância geográfica, das fronteiras e de hierarquias.

- A ascenção do hemisfério sul e a maturidade dos mercados do leste.

- Economias sem atrito e transparência corporativa.

- A imitação rápida de novos produtos e seus ciclos de vida mais curtos.

- Globalização da cultura ao lado das diferenças religiosas.

O ambiente de negócios em transformação vem acompanhado de novas rotinas, questões e regulamenções, trazendo novos desafios aos negócios e ao marketing. O crescimento das abordagens mais agressivas do telemarketing, como as gravações de mensagens irritantes que atrapalham as rotinas domésticas a qualquer hora do dia com informações enganosas do tipo "você acaba de ganhar um prêmio importante", levaram a maioria dos domicílios a proibirem tais práticas, registrando-as no site donotcall.com.

Mais exemplos gerais incluem:

- A exigência de privacidade do cliente e propriedade de informações pessoais.

- A reação dos clientes contra a avalanche de e a intromissão do marketing direto.

- O crescimento de questões sociais e éticas, do meio ambiente à transparência.

- O déficit de confiança do cliente e a prevalência da promiscuidade competitiva.

- A globalização de marcas, levando à mesmice cultural e à indiferenciação de classes.

- O aumento do apoio ao empreendedorismo nos mercados de capital e pelos governos.

- A importância da propriedade intelectual e do valor de ativos intangíveis.

Os clientes estão mais diferenciados e inteligentes, e suas expectativas são maiores. Estão mais poderosos do que nunca. Uma pesquisa realizada por Martin Lindstrom no *BRANDchild* mostrou, por exemplo, que as crianças podem enfrentar a complexidade melhor do que os adultos: podem realizar 5,4 tarefas simultâneas – olhar, jogar, falar, ler e comer – enquanto que os adultos podem realizar 1,7 tarefas (os homens ainda menos).

Algumas das implicações mais amplas são:

- As populações ocidentais são mais afluentes, mas dispõem de menos tempo para aproveitar isso.

- As pessoas idosas são mais ricas, com tempo disponível e querem viajar pelo mundo.

- As crianças crescem rapidamente, logo substituindo brinquedos por roupas da moda.

- O crescimento de comunidades online, grupos de compras e *lobbies* políticos mostra que os indivíduos têm mais voz ativa.

- Temos preocupações sobre saúde e obesidade, incluindo a queda de padrões nos esportes.

- Existe uma preferência por marcas pequenas e locais, em vez de marcas grandes e globais.

- Muitos de nós têm tudo de que necessita, mas ainda quer mais.

- Perseguimos a felicidade, o melhor estilo de vida e o bem-estar.

Essas mudanças estruturais e comportamentais remodelam fundamentalmente os mercados, tornando os lucrativos deficitários, exigindo novas formas de abordagem aos existentes, abrindo completamente novos espaços para competir. É útil desenhar um mapa ilustrativo de seu "espaço de mercado" ampliado, de seus mercados existentes e adjacentes – adjacentes em termos de competências em negócios e de aplicação aos clientes.

Retornando ao nosso ponto de partida, vemos que essa trilha nos deixa uma importante consideração.

Estamos parados diante de uma encruzilhada entre uma civilização mais rica e inteligente e uma nova Era das Trevas. Quando olhamos para além das convenções dos relatórios dos setores da economia, das prioridades de curto prazo dos negócios e do sobe e desce dos mercados de capitais, somos lembrados de que vivemos acima de nossas possibilidades.

Algumas bolhas econômicas da história que explodiram incluem:

- Tulipas – foram introduzidas na Europa a partir da Turquia no século XVI. Ao longo das décadas, a demanda por novas cores cresceu vertiginosamente, podendo um bulbo raro ser vendido pelo preço de uma casa em Amsterdã.

- Mississippi – no século XVIII, havia uma precipitação da Europa, principalmente da França, para as riquezas das Índias Ocidentais e da América do Norte, mas os investimentos em sua maior parte se tornaram imprestáveis.

- Mares do Sul – logo após, passou-se a acreditar que existia riqueza fácil nas colônias espanholas da América do Sul. A maioria dos investidores descobriu que seu dinheiro havia sido investido em empresas inexistentes.

- Ferrovias – investimentos excessivos em ferrovias na metade do século XVIII levaram a um excedente de oferta de capacidade de transporte. Ocorreu também o aumento exponencial das taxas de juros ocasionados pela diversificação dos investimentos em outros setores.

- Wall Street – em 1920, os preços das ações aumentaram 400% em cinco anos, totalmente desatreladas do valor patrimonial das empresas, levando os investidores a grandes dívidas, quedas bruscas e pânico de venda.

- Japão – o relaxamento dos controles implantados no período pós-guerra levou a uma corrida para a compra de ativos em 1985. Essas compras foram amparadas por empréstimos hipotecários e o aumento dos juros provocou o aumento das dívidas e uma estagnação econômica.

- Pontocom – os capitalistas de risco não estavam obtendo ganhos suficientes das inicipientes empresas de alta tecnologia, nem mesmo dos websites. Por volta de 2002, a Nasdaq apresentava uma queda em torno de 70%, levando consigo muitos sonhos.

É possível sustentar o crescimento durante o período de alguns anos, espremendo ainda mais os mercados existentes, os recursos e as variações de tolerância.

Uma empresa de pessoas esclarecidas não espreme uma esponja que está secando. Procura enxergar além. Estamos nos aproximando do fim da era industrial sob muitos aspectos. Embora as novas tecnologias e o setor de serviços tenham complementado os negócios de criação de produtos, ainda permanecemos muito focados em fazer e vender coisas. Quais são as consequências do fim da era industrial?

É possível que todo século passado tenha sido uma bolha da era industrial, já que saqueamos a terra de seus recursos naturais sem nos preocuparmos com o meio ambiente maior no qual trabalhamos e vivemos. Talvez isso também tenha sido uma bolha. Se não adotarmos as ações corretas, ela pode estourar. Certamente, ela será seguida por uma nova era, com novos vencedores e muitos velhos perdedores.

O caminho que escolhemos não é sustentável. A não ser que façamos algumas novas escolhas, encontrando novas maneiras de realizar nossos sonhos, as consequências serão inimagináveis e comprometerão nossa sobrevivência. Pode parecer dramático sugerir que este talvez possa ser o último século da humanidade, mas ele também pode marcar um novo renascimento do modo como vivemos, trabalhamos e nos tornamos bem-sucedidos.

Insight 6: LI & FUNG
Você pode fazer qualquer coisa em um mundo "plano"

Londres. Paris. Sydney. Nova York. Caminhe pelos shoppings em qualquer uma das grandes cidades do mundo e 30% a 40% dos varejistas e das marcas que você verá provavelmente dependem da Li & Fung para o sucesso de seus negócios.

A Li & Fung é a empresa líder no mundo das cadeias de fornecimento virtual. Em um mundo no qual você precisa somente de ideias e relacionamentos para ser bem-sucedido, essa empresa baseada em Hong-Kong pode fazer o resto. Sonhe com sua nova coleção de moda e a Li & Fung escolherá os fornecedores, a manufatura, a distribuição, o merchandising e até o escritório administrativo.

Tudo o que você precisa é ter uma boa ideia. O resto pode ser obtido através de parceiros. Você se torna um negócio invisível e o valor está em seus ativos intangíveis.

A Li & Fung, porém, não é nenhuma enorme fábrica asiática despejando confecções para o mundo antes de etiquetada a marca. É uma empresa enxuta, contemporânea e invisível também. Ela administra a cadeia de produção para você, procurando os melhores materiais, identificando os fabricantes certos, planejando a produção, assegurando a qualidade, encontrando os distribuidores mais eficientes e embalando os itens com sua marca.

A Li & Fung é uma empresa invisível com receitas anuais de US$ 7 bilhões e valor de mercado de US$ 12 bilhões. Seu negócio baseia-se em ideias e conexões.

Ela oferece para empresas como a Levi's uma rede de fornecimento customizada, o que é muito mais do que terceirizar a manufatura: seus escritórios em mais de 70 países identificam o lugar certo no mundo para encontrar qualquer material ou atividade a qualquer momento. De roupas a móveis, de artesanatos a brinquedos, presentes ou materiais promocionais, ela é o seu mais moderno local para compras.

As antigas cadeias de suprimento se baseavam no que as fábricas produziam. Atualmente, elas são projetadas para atender a demanda com base naquilo que as pessoas desejam comprar. No passado, era um negócio transacional; hoje é uma parceria com informações, pessoas, risco e recompensa compartilhados. As cadeias de fornecimento antigas entregavam os produtos a depósitos. Agora os embalam, etiquetam e entregam diretamente às lojas, prontos para serem vendidos.

Em um mundo "plano", as distâncias e fronteiras, economias e regulamentações não mais modelam o que você quer fazer ou produzir. A Li & Fung assume a maior parte dos custos, dificuldades e riscos de se ser um negócio globalizado. O modelo integrado verticalmente (em que você procurava ser dono e controlar sua cadeia de suprimentos) e o modelo de pólos (como, por exemplo, os fabricantes de carros em Detroit, em que os fornecedores eram encorajados a se instalar nas proximidades) são modelos desnecessários nesse novo ambiente de trabalho mundial.

Fundada em Guangzhou em 1906, a Li & Fung atualmente tem sua sede em Hong-Kong, sendo uma das empresas pioneiras a fazer da ilha o sucesso econômico atual. A ilha se transformou num local para manufaturas, mas seu sucesso tornou-a mais cara, fazendo a tendência se transferir para Taiwan, Coréia, Bangladesh, Índia e também de volta à Europa. De fato, faz cada vez menos sentido a ideia de um item ser *made in* determinado país. Imagine um casaco novo, cuja estrutura é feita na Coréia, o forro feito em Taiwan, o enchimento na China e os acessórios em Hong Kong. Qual é, efetivamente, seu local de fabricação?

Desde que a Li & Fung colocou suas ações em bolsas de valores, em 1992, o negócio conseguiu crescer a uma taxa anual de 22%. Levou 93 anos para atingir a receita de US$ 2 bilhões e somente 7 anos para triplicá-lo.

Em 2007, ao falar para o Wharton Alumni Forum em Hong Kong, o CEO Bruce Rockowitz disse "você aprende nas escolas de administração que quando suas cifras ficam grandes, seu crescimento diminui, mas temos visto o contrário em nosso negócio". Tendo se associado à Li & Fung quando seu próprio negócio foi adquirido por ela, em 2000, ele atribui esse crescimento econômico fenomenal ao "empreendedorismo ativo", ao planejamento firme e a uma visão clara do novo mundo das manufaturas.

Rockowitz também descreve a agilidade da Li & Fung, a habilidade de se reinventar, seu modelo de negócios que procura atender às necessidades de seus clientes antes que seus concorrentes. "A cada três anos damos especial atenção às mudanças fundamentais. Despendemos muito tempo pensando sobre o que podemos fazer melhor ou diferente. Desenvolvemos cenários antecipando a evolução dos negócios e quem enfrentará dificuldades. Saltamos em direção ao futuro e olhamos para trás para vermos como nosso negócio pode crescer rapidamente e mais.

FAIXA 3 Líderes empreendedores

De monges e feiticeiros a líderes e gerentes

"A cauda segue o rastro da cabeça. Se a cabeça se move rápido, a cauda manterá a mesma velocidade. Se a cabeça é lenta, a cauda cairá."

Konosuke Matsushita

Uma abordagem mais **inteligente** à **liderança** que envolva maior reflexão com o *hemisfério esquerdo*.

- Focar o negócio nas melhores oportunidades para a criação de valor.

- Desenvolver estratégias de negócios e definir prioridades.

- Gerenciar pessoas e processos, relacionamentos e reputação.

- Garantir que os orçamentos e recursos estejam disponíveis onde forem mais eficazes.

- Mensurar a entrega operacional e a melhoria do desempenho.

- Gerenciar ativos e portfólio de modo a maximizar seu valor de longo prazo.

- Articular resultados comerciais e o futuro potencial aos investidores.

Uma abordagem mais **criativa** à **liderança** que envolva maior reflexão com o *hemisfério direito*.

- Criar uma visão inspiradora do futuro e do papel do negócio nela.

- Envolver as pessoas nos propósitos e estratégias do negócio.

- Conectar as melhores pessoas e as melhores ideias internamente e externamente.

- Conduzir a inovação por todo o negócio e fazer as ideias acontecerem.

- Apoiar e treinar pessoas para executarem suas atividades.

- Energizar as pessoas para que produzam um grande desempenho nos negócios

- Construir uma organização para o hoje e o amanhã.

No livro *The Monk and the Riddle*, o empresário da área digital Randy Komisar descreve sua trajetória de pequenas a grandes empresas no mundo de negócios incipientes e obcecado por crescimento do Vale do Silício. A metáfora do monge que sai com sua moto pelo deserto para acabar retornando mais tarde ao ponto de partida significa que o resultado é menos importante do que aproveitar a jornada.

Komisar nos lembra que trabalhar somente pelo dinheiro nos deixa "uivando para a lua". Deveríamos integrar nossas paixões e valores – que para nós são as coisas mais importantes – com o nosso trabalho. "Trabalhe duro, trabalhe com paixão, mas empregue o tempo, seu ativo mais precioso, naquilo que é mais importante para você", escreve. "O que você gostaria de fazer pelo resto de sua vida?"

Para ilustrar isso, Komisar conduz o leitor ao Vale do Silício, onde um hipotético e ávido empreendedor chamado Lenny tenta levantar capital para um negócio online de venda de ataúdes fúnebres. À medida que Komisar ajuda Lenny a encontrar o propósito real do negócio, a paixão por trás das projeções das receitas, Komisar reflete sobre sua vida como empreendedor.

Komisar não é somente um empreendedor experiente, mas é também um grande contador de histórias. O tipo de pessoa com o qual você se sentiria honrado em dividir uma garrafa de vinho. Você passa a acreditar na conclusão dele: "Quando tudo já foi dito e feito, a jornada passa a ser o prêmio." É fantástico se você ganhar bilhões na jornada, mas o mais importante é que faça algo a que possa realmente se dedicar de corpo e alma.

O monge simboliza a sutil diferença entre o ímpeto e a paixão. (Resumidamente, "a paixão o *puxa* em direção a algo ao qual você não consegue resistir" e "o esforço o *empurra* em direção a algo que você se sente compelido ou obrigado a fazer".)

Nos negócios, trabalhamos porque somos pagos para isso e pelo desafio de fazermos um trabalho, de conseguirmos um emprego melhor ou de chegarmos em casa antes de as crianças irem para a cama. Nos importamos menos com a visão da organização ao reconhecermos que nosso papel é uma pequena parte do todo. Komisar chama isso de "Plano de Vida Deferido": passo um, viver a maior parte de sua vida fazendo o que você acha que deve fazer; passo dois, viver os últimos anos de sua vida fazendo o que quer fazer, quando normalmente já é muito tarde.

Outros de nós fazem o mergulho empresarial, abandonando a paixão por um negócio incipiente que ocupa seus sonhos. Após alguns anos de formalidades em grandes companhias, administrando fluxos de caixa, mantendo os acionistas felizes e se atolando no lodaçal logístico das cadeias de suprimentos, o brilho dos sonhos começa a diminuir.

A lição que o monge nos dá é que os negócios crescem e evoluem em estágios. Esse crescimento também traz aos líderes grandes desafios. Assim como na natureza e como com os seres humanos, eles requerem cuidados e apoio enquanto se desenvolvem. Reconhecer as fases de crescimento de um negócio – "As Sete Vidas dos Negócios", com seus desafios e oportunidades peculiares em cada estágio, uma das maneiras mais adequadas de liderar e gerenciar um negócio – é crucial para sustentar o crescimento.

3.1 SETE VIDAS, SETE LÍDERES
Desafios diferentes exigem líderes diferentes

Muitos líderes de negócios em crescimento esquecem, ou fingem esquecer, outra verdade inconveniente: a de que serão necessários diferentes estilos e tipos de liderança nas diferentes etapas da jornada. O empreendedor, com o objetivo de transformar um conceito em um novo negócio, raramente tem as habilidades ou a paciência para jogar o jogo político e as regras das organizações maiores.

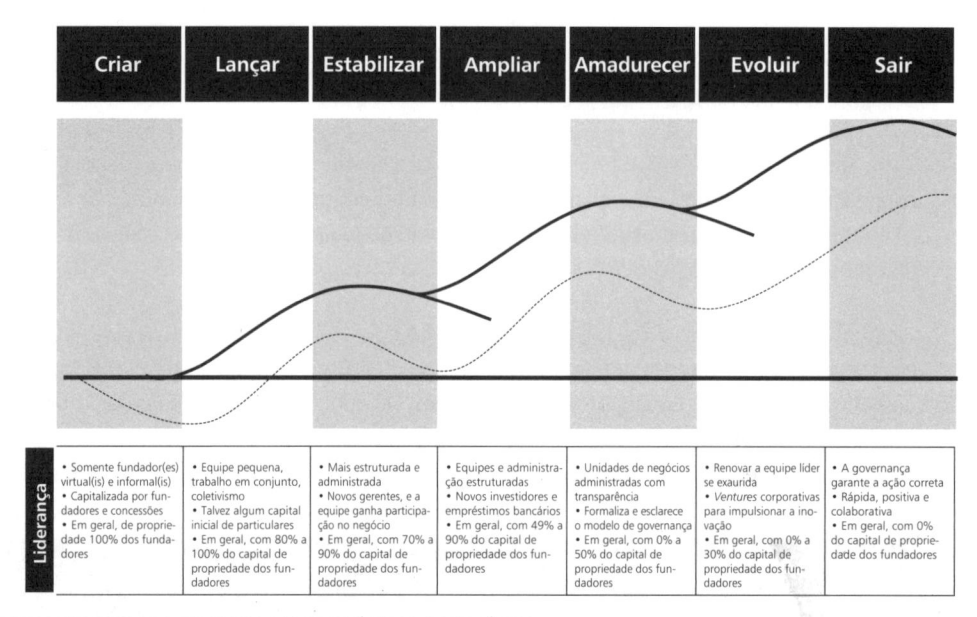

	Criar	Lançar	Estabilizar	Ampliar	Amadurecer	Evoluir	Sair
Liderança	• Somente fundador(es) virtual(is) e informal(is) • Capitalizada por fundadores e concessões • Em geral, de propriedade 100% dos fundadores	• Equipe pequena, trabalho em conjunto, coletivismo • Talvez algum capital inicial de particulares • Em geral, com 80% a 100% do capital de propriedade dos fundadores	• Mais estruturada e administrada • Novos gerentes, e a equipe ganha participação no negócio • Em geral, com 70% a 90% do capital de propriedade dos fundadores	• Equipes e administração estruturadas • Novos investidores e empréstimos bancários • Em geral, com 49% a 90% do capital de propriedade dos fundadores	• Unidades de negócios administradas com transparência • Formaliza e esclarece o modelo de governança • Em geral, com 0% a 50% do capital de propriedade dos fundadores	• Renovar a equipe líder se exaurida • *Ventures* corporativas para impulsionar inovação • Em geral, com 0% a 30% do capital de propriedade dos fundadores	• A governança garante a ação correta • Rápida, positiva e colaborativa • Em geral, com 0% do capital de propriedade dos fundadores

DESAFIOS DE LIDERANÇA EM CADA UM DOS ESTÁGIOS DOS NEGÓCIOS

Talvez o ponto mais difícil seja mover-se para além da etapa "estabilizar", mover-se de um modelo de mercado para o modelo secundário. Em um determinado ponto, o negócio se estabiliza, tornando-se um "pequeno" negócio bem-sucedido, mantendo suas receitas e lucros e garantindo um modo de vida confortável. Mas ele não cresce mais que isso. Esse é o ponto em que o empresário começa a se debater e um líder mais flexível vê novas e melhores oportunidades. Ao reconhecer esses limites, o empreendedor sente-se tentado a abrir seu capital com as consequentes exigências de uma gestão mais disciplinada ou a vender a empresa a outra organização maior, capaz de mover o negócio a uma nova fase de crescimento com novas ideias, recursos complementares e administradores mais experientes.

Da mesma forma, as empresas também lutam para mover-se além da etapa "otimizar". É o momento em que passam do médio porte para o grande porte e que estão bem sedimentadas nos setores e áreas geográficas em que escolheram atuar. Elas começam a sentir que suas participações nesses mercados estão próximas da saturação. A partir desse ponto, começam a otimizar seus portfólios existentes, obtendo o máximo de suas participações, de suas marcas e de suas linhas de produtos. Para ir além do ponto em que se encontram no presente, precisam de raciocínio ousado. Precisam que os líderes atuais e novos desafiem as estratégias e pressupostos vigentes e considerem a possibilidade de adotar medidas mais radicais, tais como entrar em categorias de produtos totalmente novas, formar novas parcerias, abandonar mercados velhos, mudando o foco para mercados emergentes, ou mudar o *core business*.

Alcançar a etapa "evoluir" é uma façanha, e a maioria dos negócios incipientes tomba muito antes disso, atolados em uma fase anterior, perdidos em um mundo em mudanças ou formalmente morrendo.

Essa jornada não foi feita para os fracos de coração, e é raro o empreendedor que a tenha trilhado desde a concepção do negócio a sua maturidade. Aqueles que conseguem, tais como Richard Branson e Bill Gates, se tornam famosos e ricos. Eles reconheceram que seus papéis precisavam mudar à medida que seus negócios mudavam. Da mesma forma que o monge motoqueiro de Randy Komisar, se realizaram pessoalmente tanto na jornada como no resultado. Para alguns, a etapa 7 será a saída, para outros, será um novo começo, um novo ciclo de vida, e para os poucos dotados de paixão ilimitada, não haverá linha de chegada.

A jornada requer atenção contínua e revisão, podendo abranger anos ou décadas, exigindo frequentemente mudanças, sacrifício, investimento e inovação. As oportunidades, entretanto, são ótimas, excitantes e incrementais. O crescimento pode parecer óbvio e fácil, mas sua manutenção é muito mais difícil.

Insight 7: APPLE
IPods, IPhones e o campo da distorção da realidade

Você é atraído pelo brilho do logo da Apple suspenso dentro de um enorme cubo de vidro na esquina da 5ª Avenida e com a Central Park South, em Manhattan.

Ofuscante, um templo à tecnologia, vitrine do desejo – "as pessoas não estão dispostas a investir tanto tempo e dinheiro em uma loja", disse Steve Jobs na inauguração, ao explicar por que a Apple colocou tanto empenho na inovação da loja quanto coloca na inovação de seus produtos.

Ela não é somente bonita – é também um sucesso comercial. As vendas nas lojas da região são impressionantes. Segundo a análise feita por Bernstein, as vendas da Best Buy, loja de artigos eletrônicos situada nas suas proximidades, geram US$ 8.773 anuais por metro quadrado, enquanto que as vendas da Tiffany & Co. atingem a impressionante quantia de US$ 25.151. A loja da Apple, porém, alcança o valor extraordinário de US$ 38.038 por metro quadrado. Esses números representam apenas médias. As 175 lojas da Apple atraem cerca de 14 mil visitantes por semana, enquanto a loja de Nova York está próxima de 50 mil pessoas semanais.

- Humanizar a tecnologia.

- Revolucionar a música.

- Tornar os fones objetos de desejo.

- As lojas mais "cool" da cidade.

- Uma marca para conduzir sua vida.

A Apple faz tudo isso.

Steve Jobs começou como estudante de física e literatura, mas desistiu dos cursos para fundar a Apple Computer com seu amigo Steve Wosniak, em 1976. A empresa tinha como sede a garagem da casa de seus pais e foi financiada com a venda de sua camionete VW. Aos 23 anos de idade, Jobs valia acima de US$ 1 milhão, aos 24, US$ 10 milhões, aos 25, US$ 100 milhões e, atualmente, é um bilionário maduro.

Ele desenvolveu seu negócio focando em nichos de mercado, cobrando um preço adicional por seus produtos originais. O ano de 1985 o viu perder uma disputa pelo poder com John Sculley, quando a Apple começou a se despedaçar ante o poderio competitivo da Microsoft. Isso o levou para os estúdios de animação da Pixar, que desde então criou as mais bem-sucedidas e amadas animações desde os tempos iniciais de Walt Disney, de *Monstros SA* a *Os Incríveis*.

De volta à Apple Computer e reconduzido à condição de líder, Jobs e a Apple reconheceram que o mundo dos computadores havia mudado. Da mesma forma como a Pixar tinha transformado o cinema, empresas como a Dell haviam modificado o mundo da computação. Jobs, entretanto, viu o futuro de forma diferente. Voltou a envolver-se em sua paixão por computadores bem projetados, dessa vez com sistemas abertos e com o lançamento dos iMacs multicoloridos. Mais importante, ele reconheceu que a indústria da música precisava desesperadamente de inovação.

Os formatos de música digital estavam lutando para ir além dos CDs e dos varejistas. O Napster era um website ilegal. Todos percebiam uma flexibilização do mercado, mas havia incerteza para onde o futuro os conduziria. Será que as gravadoras deveriam abandonar os formatos físicos? Será que os artistas deveriam abandonar as gravadoras? E as operadoras de telefonia ou os provedores de rede iriam ocupar o espaço?

Jobs viu a oportunidade e rapidamente transformou o iPod em um fenômeno cultural.

Com seu manejo fácil e seu estojo branco translúcido, ele rapidamente se transformou em objeto de beleza e desejo. O site de *downloads* iTunes logo se transformou no líder global de música que podia ser legalmente baixada, vendendo mais de 70 milhões de músicas no seu primeiro ano e rapidamente remodelando todo o setor da música física e real. *Upgrades* e novos modelos foram produzidos numa velocidade fantástica – e algo transformacional surgiu novamente.

Dessa vez, Jobs mirava em toda a indústria da comunicação. A MacWorld Expo 2007, realizada em São Francisco, viu o homem de camiseta preta de volta ao palco para o que os *insiders* chamam de suas stevenotes anuais. Aí ele foi apresentado como o CEO da Apple Inc.; o nome Computer já não existia mais.

A Apple TV foi lançada sem muita agitação, mas o que se seguiu causou quase que uma histeria global. O iPhone foi lançado. Como uma revolução, porém em outro mercado, ele imediatamente tornou-se o novo dispositivo eletrônico mais desejado do mundo.

A Apple é a marca mais mencionada no website Lovemarks, de Kevin Roberts, no qual as pessoas classificam suas marcas preferidas. A Apple, sem qualquer surpresa, se classifica no topo, com depoimentos do tipo:

> "A Apple melhora minha vida, tornando possível o que faço de uma forma que produtos similares de outros fabricantes não fazem. A história da Apple, seus mitos e seus mistérios são incontestáveis. Nunca deixo de ficar fascinado."

Como CEO, Jobs não é um executivo preso a sua mesa de trabalho. Nem tampouco um visionário, sem medo de tomar decisões necessárias para dar novo foco e levar à frente um grande negócio em um mundo em constante mudança. Em seu retorno em 1996, ele decisivamente cortou produtos e pessoas, mas somente porque acreditava que a Apple precisava mover-se em uma nova direção.

Ele é o executivo com o salário mais baixo do mundo, famoso por ganhar um dólar de salário anual, mas compensando generosamente com outras formas de premiação, mesmo que alguns de seus negócios tenham sido objeto de análises mais cuidadosas. Ele é temido e amado, exigente e apaixonado, mas sempre respeitado, e algumas vezes imitado, como aconteceu recentemente no blog que imitava Jobs e que manteve o Vale do Silício se perguntando quem seria seu verdadeiro autor. Teria sido um concorrente disfarçado, um jornalista brincalhão ou mesmo o próprio Steve?

Enquanto alguns o veem como egomaníaco, muitos o veem como um gênio. Porém, poucos não admiram o sucesso da Apple nos últimos anos, com Jobs no comando. De fato, seus próprios colaboradores o chamam de "campo de distorção da realidade".

"Os gênios sentam em uma casa de vidro", escreveu o artista suíço Paul Klee. Você a encontrará na esquina da 5ª Avenida com a Central Park South.

3.2 EMPREENDEDORES, LÍDERES E GERENTES
Ver a estrada à frente ou observar o carro atrás

O pessoal da Virgin tem um nome para Richard Branson: o chamam de Dr. Yes, porque ele geralmente não diz não. Ele encontra mais razões para fazer as coisas do que para não fazê-las. Seu lema pessoal (e título de seu livro) é "Screw it – let's do it" (em tradução livre, "Dane-se – vamos fazer isso") e reflete a postura de que sempre vale a pena dar às ideias um sinal verde e a crença de que a expressão "não pode" nunca deve impedir as pessoas.

"Se você opta por uma vida segura, nunca saberá o que é vencer". Essa afirmação reflete o homem que iniciou uma revista para estudantes, tornou-se empresário de vendas por correio, depois etiqueta de gravadora, empresa aérea, marca de estilo de vida, lojista de produtos multicategoria, negócio de comunicações convergentes e pioneiro em biocombustíveis e viagens espaciais.

Empreendedores

- Único
- Ambicioso
- Caça-riqueza
- Obsessivo
- Quebrador de regras

- Prático
- Persuasivo
- Temperamental
- Cérebro integral
- Assume riscos

Jean Baptiste Say, economista francês, cunhou, por volta de 1800, a palavra "'empreendedor" dizendo "o empreendedor muda recursos econômicos de uma área de baixa produtividade para uma área de produtividade e retorno maiores." Eles já nascem com a habilidade ou podem ser formados? Anteriormente, a palavra dava a ilusão de que os empreendedores natos ou formados tinham dinheiro para financiar seus negócios iniciais além da confiança para mudar o mundo.

Imagine que você é um capitalista de risco (normalmente se diz que os melhores empreendedores também são os melhores investidores) e que dispõe de US$ 50 milhões em dinheiro. Em qual ideia você investiria? Como escolheria um bom investimento? Os fatos abaixo são os que mais comumente determinam se você acredita ou não em um negócio:

- Mercado com alto potencial e capaz de gerar uma demanda boa e sustentável.

- Administração comprometida e equilibrada em habilidades e experiência.

- Proposta de fácil compreensão, focada, prática e inovadora.

- Clareza na forma como a empresa de capital de risco pode agregar valor e aumentar seu retorno sobre o investimento.

- Oportunidade de obter retornos bons e lucrativos, com uma estratégia clara de saída do negócio.

- Portfólio equilibrado entre pequenos e grandes investimentos, e de altos e baixos riscos.

Como o presidente de um fundo líder concluiu, todos os outros fatores podem ser facilmente encontrados ou articulados com relativa facilidade. Ele geralmente não lê os *cases* de negócios. Ao decidir se investirá ou não, olha em primeiro lugar para as pessoas, para ver se têm paixão e dedicação, qualificação e maturidade, resiliência e flexibilidade para se lançarem com todo o coração na transformação de uma ideia brilhante em um sucesso comercial.

Os empreendedores são impetuosos – eles têm motivação e disciplina para sair da cama toda manhã e começar o trabalho sem que ninguém os diga para fazê-lo. Também são dotados de uma energia obsessiva, que dificulta diminuírem o seu ritmo. Dedicam cada minuto, cada dia, cada semana a levar sua ideia física e mentalmente adiante, modelando-a, vendendo-a.

Ao mesmo tempo, não são fontes inesgotáveis de ideias. Tendem a focar obsessivamente em poucas coisas, até a sua realização. Arrastam pessoas com eles, persuadem e lisonjeiam e, por fim, inspiram quando alcançam seu objetivo. Reconhecem que precisam de pessoas com habilidades diferentes das suas próprias para alcançar o sucesso.

Com muita frequência, parecem irracionais, de comunicação difícil, mas, ao mesmo tempo, são capazes de viver com o paradoxo e a complexidade, porque essa geralmente é sua fonte de sucesso futuro. Podem ser difíceis de conviver socialmente, porque têm uma visão focada e que não contempla com alegria as ideias e interesses dos outros.

Sua obsessão os acompanha pelas longas horas de trabalho e nos momentos iniciais de seu investimento, gerando pouco retorno. Cria também a persistência, de tal forma que, quando fracassam, como provavelmente acontece no começo, continuam tentando até alcançarem o sucesso.

À medida que seus empreendimentos se desenvolvem, não veem necessidade de rótulos, estruturas ou processos que gerentes mais convencionais podem esperar. Isso começa a criar confusão e conflitos. Equipes grandes demandam uma gestão mais convencional, especialmente se não compartilham a visão e o caminho percorrido até o momento. Da mesma forma, quando do lançamento de ações, os mercados se preocupam sobre o controle e a sustentabilidade de negócios liderados pelos empreendedores, além de ficarem chocados e angustiados pelo aparente caos.

Para o empreendedor, esse caos nunca foi um problema, já que faz parte de sua caminhada. Para um executivo convencional, pode ser um pesadelo. Ao mesmo tempo, as grandes empresas disponibilizam um ambiente estruturado que permite aos executivos superiores atuar; ao empreendedor que desenvolveu o negócio desde o início, esse pode parecer um mundo hostil e frustrante.

Líderes e gerentes

Se de um lado os empreendedores têm uma paixão para criar e apresentar grandes feitos, a administração trata de "fazer com que as coisas sejam feitas". Portanto, trata-se de uma abordagem mais mecânica, linear e quantitativa, amparada por processos e controles, com tarefas claramente definidas e resultados mensuráveis. Baseia-se no planejamento, organização, entrega e controle.

Os administradores fracionam a visão estratégica em tarefas finitas, focando no detalhe e na praticidade de fazerem as coisas acontecer, passo a passo, dia a dia. É uma visão tática; trata do processo decisório eficaz, de resultados efetivos em relação ao tempo previsto e ao custo, impulsionando a receita trimestral.

Os gerentes tendem mais a dizer não.

Por definição, o sucesso de um gerente somente acontece por meio de outras pessoas. Portanto, a motivação é um atributo essencial. Também é importante entender o que move as pessoas, como se comportar para engajá-las, sejam elas seus subordinados, seus pares na organização ou seus próprios gerentes.

Muitas vezes, a "gerência intermediária" se torna o ponto de estrangulamento de uma organização, pois são essas pessoas que traduzem as visões em realidade, transformam prioridades estratégicas em tarefas diárias, comunicam mensagens importantes para cima e para baixo na organização, equilibram e conectam as múltiplas e diferentes atividades, alocando recursos escassos de forma a provocar maior impacto. Os gerentes intermediários são os facilitadores, os políticos e a casa de máquinas da organização. Ao fazerem as mudanças acontecerem, na melhoria da eficiência e na transformação dos sonhos em realidade, na maioria das vezes são as pessoas mais importantes e frequentemente menos reconhecidas no negócio.

A liderança é a outra face da administração.

A administração e a liderança são o yin e o yang das grandes organizações. Enquanto a administração baixa a cabeça para o foco e o controle, a liderança levanta a cabeça para a visão e as conexões. Os líderes fornecem visão inspiradora que faz as pessoas quererem segui-los. Eles puxam em vez de empurrar, comprometem e energizam as pessoas para um objetivo maior, para uma visão inspiradora, vendo o que é realizável.

A liderança pode ser barulhenta ou quieta, reagrupando as pessoas no pódio ou influenciando-as pessoalmente.

Da mesma maneira como a administração gosta de estrutura e processo, hierarquia e organogramas, a liderança é mais fluida. Agrupa as pessoas, muitas vezes originárias de diferentes partes e níveis da organização, conecta ideias e pessoas que podem fazer muito mais juntas do que separadas. O líder pode ser do tipo que coloca a mão na massa, que atua como especialista, principalmente nos estágios iniciais, ou então pode envolver-se somente como facilitador e treinador.

Nos negócios, você encontrará muitos tipos de líderes, alguns que tentam viver um estilo que acreditam ser o correto, outros que se adaptam ao que funciona para a organização e outros ainda que fazem o que lhes vêm naturalmente à cabeça.

Cada estilo de liderança tem seu lado forte e suas fraquezas:

Estilo de liderança	Força	Fraqueza
Carismático	Inspirar a mudança	Entediado pela rotina
Direcionador	Decidir rapidamente	Comprometer pessoas mais velhas
Comandante	Bom em crises	Raciocinar em prazos mais longos
Aristocrático	Tradicional e formal	Impulsionar a inovação e a mudança
Tutor	Manter a estabilidade	Evitar a mudança necessária
Intelectual	Estratégico e visionário	Compreender as pessoas comuns
Relaxado	Ouvir e facilitar	Evitar decisões difíceis

Não existe certo ou errado, embora uma pessoa que procure ser diferente do que é inevitavelmente será desmascarada e terminará frustrada. Os líderes de organizações de hoje precisam adotar algumas dessas características, até mesmo mudar seu estilo de tempos em tempos.

Como indivíduos, os líderes são os primeiros a antecipar e responder às mudanças, proativa e efetivamente, flexível e adaptavelmente, e são abertos a alternativas e desejosos de assumir riscos. Eles são mais agentes de mudanças do que as pessoas que administram o *status quo*. Não somente propõem mudanças, mas as fazem acontecer. Portanto, por diversas razões, os empreendedores são as pessoas certas para liderar organizações.

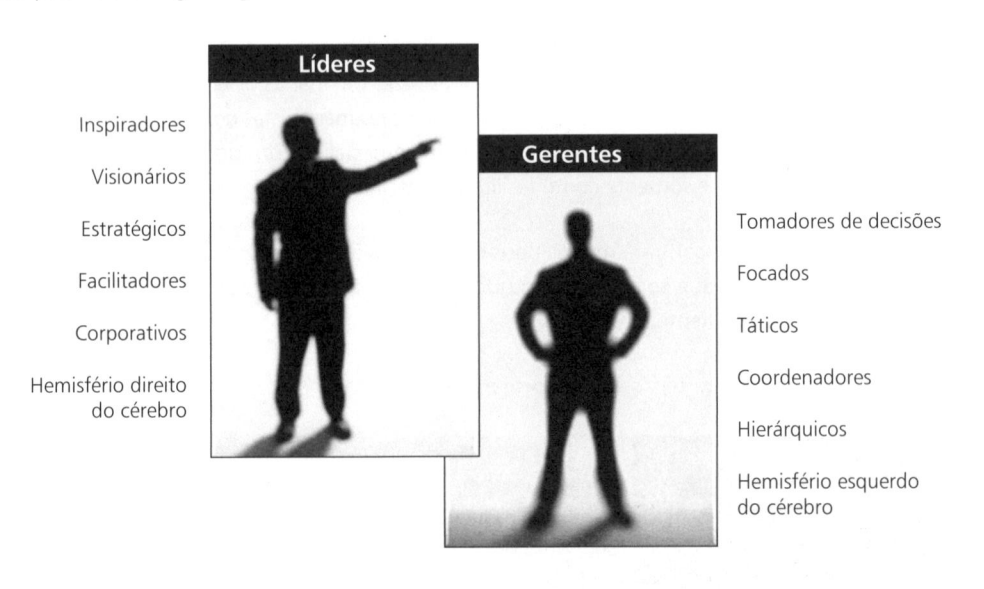

Líderes
- Inspiradores
- Visionários
- Estratégicos
- Facilitadores
- Corporativos
- Hemisfério direito do cérebro

Gerentes
- Tomadores de decisões
- Focados
- Táticos
- Coordenadores
- Hierárquicos
- Hemisfério esquerdo do cérebro

Gerentes e líderes não são necessariamente pessoas diferentes, mas podem ser atributos complementares da mesma pessoa. Mesmo que gerentes se concentrem mais nos aspectos da liderança, ainda precisarão ter foco e controle. Como provavelmente ninguém tem o mix perfeito de todos os atributos, as equipes devem ser montadas de modo a valorizar as diferenças de cada um de seus membros, mas também a força coletiva gerada pela combinação desses talentos.

Insight 8: SHANGHAI TANG
O nascimento da primeira marca de moda da Ásia

Xangai tinha um toque de glamour exótico, um espírito de oportunidade ilimitada, mas também um senso de perigo. As estrelas de 1920 e 1930, de Charlie Chaplin a Aldous Huxley, convergiram nesse ativo porto Chinês com seus navios de cruzeiro, hotéis *art déco*, estúdios cinematográficos e locais para consumo de ópio. Era um cadinho cultural onde emigrantes russos encontravam-se com empreendedores americanos e no qual o jazz japonês era apreciado junto com as mais finas champagnes francesas.

Uma das primeiras cidades realmente internacionais, era conhecida como a "Paris do Leste", a "Nova York do Oeste" e, algumas vezes, como a "prostituta do Oriente".

Quase um século depois, Raphael Le Masne de Chermont, o novo CEO de uma das marcas mais glamourosas e luxuosas da Ásia, acompanha o lançamento de sua nova coleção. Uma multidão se junta para ver seus últimos exemplos da elegância chinesa em estilo contemporâneo. Com os refletores ligados e a música em alto volume, as modelos asiáticas desfilavam na passarela distribuindo a sensualidade e o estilo característico de Xangai.

O que teriam feito os antigos guerreiros chineses? De que forma o Imperador teria reagido a tal exibicionismo feminino? Teria o Partido Comunista permitido tal evento alguns anos atrás? Provavelmente não. Entretanto, o público moderno adorou cada momento.

"A Shanghai Tang é o melhor de 50 mil anos de tradição chinesa, explodindo no século XXI" diz David Tang Wang Cheung, o filho educado na Inglaterra de um empreendedor chinês que lançou a marca em Hong Kong em 1994.

A marca representa uma nova China, na qual estilo, criatividade e riqueza estão rapidamente substituindo as imagens de tradição, produção de artigos de baixa qualidade e pobreza generalizada – mas não foi uma jornada fácil para Tang e sua empresa.

Em seu primeiro ano, a loja de Tang atraiu um milhão de visitantes, aumentando para quatro milhões em cinco anos. O foco estava nas roupas luxuosas feitas sob medida, empregando os melhores alfaiates de Xangai, e rapidamente se expandiu para as linhas de moda pronta, focando nos visitantes internacionais. As linhas eram inspiradas no artesanato e em trajes tradicionais chineses, indo de *qipaos* (vestidos de "Suzie Wong") de cores vibrantes a jaquetas de veludo ao estilo Mao para homens, bem como cumbucas de prata para arroz e lanternas pintadas.

Em 1997, a companhia vendeu o controle acionário do negócio para a Richemont, empresa suíça de artigos de luxo que também é proprietária da Mont Blanc, Chloé, Dunhill e Cartier. Tang queria investir de modo a levar sua marca às capitais do ocidente, mas mais urgentemente queria desafiar as marcas de luxo da Madison Avenue. Ele abriu sua loja com grande estardalhaço, mas a América não a aceitou. As vendas baixas, os aluguéis caros, a crise financeira e a gripe aviária na Ásia, além de novos proprietários exigentes, colocaram o fundador em apuros.

Em 2001, a Richemont trouxe Le Masne de Chermont, de formação clássica francesa em marcas de luxo, para recolocar o negócio de volta ao curso. Ele diminuiu a escala das ambições americanas, abandonou muitos outros planos internacionais e redirecionou o negócio de volta à China. Com o mercado de turistas crescendo rapidamente, e o número de americanos que visitam a China superando os que visitam a Europa, o mercado de artigos de luxo chineses é a verdadeira oportunidade.

Segundo um relatório recente da Bain & Co., em 1980 não havia milionários na China. Atualmente, eles superam os 250 mil, e seu número cresce rapidamente.

Le Masne de Chermont também contratou como sua diretora de criação e marketing uma americana de ascendência asiática de Cincinnatti cheia de impetuosidade e autoconfiança. Ela mergulhou na história, na cultura e na sociedade chinesa. Ficou fascinada. Percebeu que os modelos estavam com preços altos, não eram práticos e tinham pouca credibilidade com as pessoas locais.

Joanne Ooi reposicionou a Shanghai Tang como moderna e importante. A marca precisava mais autenticidade e força, então ela estudou profundamente a cultura chinesa para descobrir um tema para cada estação. Percorreu galerias de arte, museus, mercados de antiguidades à procura de inspiração.

Voltou-se também para a cultura popular; as roupas deveriam ser luxuosas e de prestígio, mas também usáveis. Ela descartou todas as quinquilharias destinadas a turistas. Seus modelos eram sutis e sofisticados, tendo como ponto alto os colarinhos mandarins e os botões em forma de nós, tomando emprestados os desenhos de dragões tradicionais ou mesmo roupões dos imperadores. Seu argumento era que cada peça deveria ser facilmente usada com jeans.

Le Masne de Chermont e sua equipe estão no topo. A economia chinesa está explodindo e as pessoas abraçam a moda sofisticada como se não houvesse um amanhã. David Tang também está feliz, pois criou a primeira marca de luxo importante da China.

3.3 OS NOVOS LÍDERES DE NEGÓCIOS
Líderes do século XXI para desafios do século XXI

Podem os grandes empreendedores permanecer em suas organizações, administrar equipes de pessoas e organizações mais complexas, adaptar-se às regras de governança corporativa e jogar os jogos políticos da sala da diretoria?

Claro que ajuda se eles forem empreendedores incrivelmente bem-sucedidos como Branson e Jobs, que ainda são donos de suas empresas. Quem é você para discutir com eles? Eles podem fazer o que bem entendem? Está claro que John Sculley não imaginou que Steve Jobs pudesse fazê-lo na Apple, embora Jobs tenha retornado mais tarde para provar que poderia ser um líder corporativo ainda melhor.

Por se tornarem líderes de negócios, os empreendedores precisam trocar seus jeans e camisetas por ternos da moda e gravatas listradas? Claro que não, pelo menos não sempre.

Warren Buffet, presidente da Berkshire Hathaway diz:

> "Ao recrutar pessoas, você deve procurar as que têm três qualidades: integridade, inteligência e energia. Se você não tiver a primeira, as duas outras o liquidarão. Pense nisso; é a verdade. Se você contrata alguém sem integridade, você realmente acaba desejando que eles sejam burros e preguiçosos."

Existem por aí poucos empreendedores preguiçosos ou idiotas, e menos ainda que alcançaram sucesso suficiente para fazer crescer suas empresas. O desafio aos empreendedores é jogar pelas regras vigentes, obviamente as legais, mas também pelas regras de etiqueta subentendidas, de como as pessoas querem ser administradas, como as diretorias querem ser amparadas e como os acionistas querem ser envolvidos.

Se conseguirem fazer isso, os empreendedores se tornarão grandes líderes de negócios.

Na verdade, cada vez mais os líderes empresariais precisam adotar um estilo empreendedor no mundo não linear de hoje. Jogar um jogo seguro, mantendo a cabeça abaixada e o *status quo* não é mais suficiente. Como diz Ray Davis no livro *Leading for Growth*, sobre a história de como transformou o Umpqua Bank na melhor empresa de serviços financeiros do planeta:

> "Se ouvisse um líder empresarial dizer 'queremos ficar aqui exatamente onde estamos, não precisamos mudar', eu venderia imediatamente minhas ações dessa companhia. As empresas nunca podem permanecer as mesmas. Liderar para crescer não é uma opção. O fato simples é: ou você melhora ou piora. Você não pode permanecer o mesmo. Não existe a porta número três."

Os líderes empresariais bem-sucedidos do século XXI, tanto de pequenas quanto de grandes empresas, têm uma característica em comum: combinam a paixão e a franqueza do empreendedor com o rigor e a disciplina do executivo corporativo.

O líder 5c

Catalisador	Impulsionar a mudança e a inovação
Comunicador	Inspirar as pessoas a acompanhá-lo
Conector	Facilitar melhores soluções
Consciente	Fazer a coisa certa
Coach	Obter o máximo das pessoas

Eles personificam os 5 Cs do novo líder de negócios:

- ***Catalisador** de mudanças*: constantemente à procura de novas possibilidades, desafiando a empresa a pensar de maneira diferente, a ser mais inovadora e eficaz, mais rápida e causando mais impacto. Isso pode ser feito através de ideias provocativas e desafios que perturbem o *status quo*. Ao mesmo tempo, deve estar preparado para assumir o papel de advogado do diabo em vez do de criador de regras.

- ***Comunicador** da visão*: mostra de forma clara e inspiradora o caminho a ser trilhado pelo negócio, aproveitando os valores e a personalidade da marca e envolvendo os *stakeholders* em diálogos ativos. Para o público externo, representa a face humana do negócio, agindo como embaixador da marca e também envolvendo os *stakeholders* e parceiros.

- **Conector** *de pessoas*: junta as melhores pessoas e ideias, tanto internas como de outras empresas e de especialistas, para gerar maiores e melhores ideias e soluções. Foca na montagem de excelentes equipes, nas quais as pessoas certas estão nos lugares certos e no momento certo. Também planeja sua futura sucessão.

- **Consciente** *do negócio*: decide o que é certo e errado, levando em consideração o quadro geral da empresa e seu papel, e de que forma ela pode ajudar a tornar o mundo melhor. Defende a ética do negócio, a responsabilidade corporativa, a diversidade cultural e a igualdade de oportunidades, permanecendo fiel ao propósito do negócio e aos valores da marca.

- **Coach (ou treinador)** *do alto desempenho*: trabalha e apoia todos os níveis da organização, da sala da diretoria ao chão de fábrica, bem como seus pares em outras companhias. O líder contribui com suas habilidades de especialista no negócio, seu cérebro, seu conhecimento técnico, sua experiência prévia, insights e intuição.

O novo líder empresarial, além de líder e gerente, é um executivo e empreendedor. Observe os CEOs mais bem sucedidos de hoje e você imediatamente identificará essas características. De Ray Davis a Jeff Immelt, de A.G. Lafley a Arthur Lenvinson da Genentech, de Meg Whitman da eBay a Anne Mulcahy da Xerox – grandes líderes e gerentes, empreendedores e pessoas bem-sucedidas, todos no topo das maiores e mais bem-sucedidas empresas. São os paradigmas dos papéis do novo líder empresarial.

De	Para
Cabeça baixa	Cabeça erguida
Liderar pelo controle	Liderar por inspiração
Administrar para manter o status quo	Administrar o crescimento sustentável
Assegurar a consistência	Catalisador da mudança
Reservado e controlador	Apaixonado e energizador
Cauteloso e corporativo	Aberto e pessoal
Supervisionar o trabalho	Fazer o trabalho
Administrar pela hierarquia	Facilitar as comunidades
Processos e tarefas	Conhecimento e inovação
Fazer o que sempre foi feito	Adotar ideias externas
Executar as regras vigentes	Reinventar as regras
Produtos e transações	Pessoas e relacionamentos
Avaliar o desempenho passado	Apoiar o desempenho futuro
Gerar mais vendas	Criar valor extraordinário

O novo líder de negócios é diferente. Fazer crescer um negócio envolve o crescimento pessoal e o dos negócios. O crescimento não é possível sem mudanças, portanto, o crescimento sustentável exige mudança contínua. A mudança organizacional raramente é possível sem também haver a mudança pessoal de seus líderes.

Insight 9: UMPQUA BANK
Criando o melhor banco do mundo

O rio Umpqua serpenteia prequiçosamente pelas florestas verdes e douradas e os profundos e acidentados cânions do estado de Oregon.

Essa é a terra de madeireiros onde, em 1953, foi fundado o South Umpqua State Bank para atender as pessoas de Canyonville, naquela época com uma população de 900 pessoas. Era um banco pequeno e tradicional, adorado pela população local e que tinha orgulho de sua reputação de bons serviços. Também era muito conservador, e somente começou a crescer após adquirir um ou dois pequenos bancos locais.

Ao longo de 40 anos, cresceu para seis filiais, com um valor de mercado de US$ 18 milhões. Por volta da metade da década de 90, o negócio de exploração de madeira entrou em declínio e o banco parecia estar se encaminhando na mesma direção. O banco parecia pronto para ser engolido por um gigante nacional, mas a diretoria estava determinada a manter sua independência. Quando o presidente decidiu se aposentar, eles pensaram em promover alguém de dentro da empresa, mas alguma coisa em seu sangue de pioneiros recomendou abordar o tema de forma mais abrangente.

Assumiram um grande risco ao contratar alguém que se parecia com tudo, menos com um típico gerente de bancos. Ele era dinâmico e cheio de energia, na casa dos 30 anos, com experiência como consultor de bancos em Atlanta, e argumentava que sua experiência permitia a ele diferenciar as grandes ideias das não tão boas. Queria trazer o melhor dos melhores a Canyonville. Na entrevista, falou diretamente: "Se quiserem que as coisas permaneçam as mesmas, não sou a pessoa indicada. Se quiserem grandes mudanças que criem valor ao acionista, provavelmente sou."

Ray Davis começou seu trabalho.

Sua primeira questão: como ser diferente? Os bancos são serviços notórios, estéreis, tradicionais, previsíveis e intimidadores. Davis reconheceu que a oportunidade de ser diferente estava no "como" e não nos produtos bancários propriamente. Focou em vendas e serviços. Procurou as empresas expoentes, tais como *Gap*, Starbucks e Ritz Carlton.

Seu argumento era que o Umpqua era muito mais do que um negócio varejista e muito mais do que um banco.

Nascia ali o conceito de "loja". Os empregados foram enviados em viagens de campo para experimentar serviços como clientes dos bons prestadores de serviços. Davis começou também a repensar todo o conceito de setor bancário. Por que as pessoas vão ao banco, para que vão, quais serviços o banco deveria oferecer, qual deveria ser a sua ambientação?

A ambição do Umpqua é simples:

> "Criar um ambiente bancário diferente e especial no qual os clientes percebam o banco como um parceiro indispensável para alcançar seus objetivos financeiros; no qual nossos funcionários possam alcançar um sucesso profissional e pessoal sem precedentes; nossos acionistas recebam recompensas excepcionais por sua participação e nossas comunidades se beneficiem de nosso envolvimento e investimento em seu futuro."

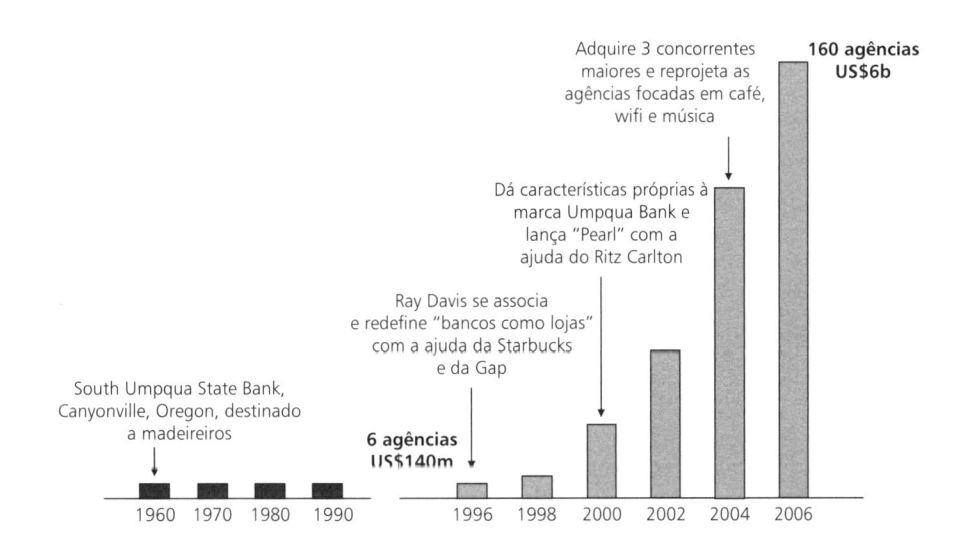

No prazo de um ano e com um investimento de US$ 4 milhões, o banco abriu a primeira "loja" em West Roseburg. Doze meses após, o Umpqua foi considerado uma das melhores empresas para se trabalhar. Mais um ano depois, a Umpqua Holdings estreou no marcado de ações. Através de diversas fusões e aquisições, o banco cresceu na região oeste americana. Com seu nome simplificado para Umpqua Bank, construiu sua reputação com agências descoladas e pouco convencionais que prestavam serviços como uma experiência diferente.

Por volta de 2004, o Umpqua havia crescido para 65 lojas e um valor de mercado de US$ 600 milhões.

Atualmente, a primeira pista de que o Umpqua é um banco diferente está em suas enormes janelas que imitam vitrines de lojas. Ao entrar, você é saudado por uma placa que diz "Bem-vindo ao melhor banco do mundo". Como pode ser? Curioso, você caminha entre pessoas que leem seus emails sentados em banquetas de bar, ou então tomam café sentados em grandes sofás de couro. Pelas paredes, pendem jornais e revistas e você pode assistir às últimas notícias em enormes monitores de TV de plasma. Uma iluminação suave e uma boa ambientação dão uma sensação relaxante.

Você percebe os grandes e coloridos painéis de parede com os mais recentes serviços financeiros – "your green account", "in your prime", "the business suite" (tematizados para o interesse público, não somente com produtos padrão promovidos a partir das taxas de juros anuais). Você também pode apanhar uma camiseta, boné de baseball ou xícara de café com o logotipo do pinheiro.

Onde estão os atendentes do banco? As mesas? Os guichês dos caixas?

O café é servido no local "Serious about Service", um balcão tipo recepção de hotel onde você também pode perguntar sobre serviços financeiros. Um associado o recebe para uma conversa particular em um sofá ou em uma sala mais privativa. Sirva-se de refrigerantes ou chocolate grátis enquanto estuda suas opções financeiras. Se precisar de mais inspiração, saiba mais sobre o proprietário bem-sucedido de um restaurante local, cuja história está descrita nessa semana no Hero Wall.

Beba. Surfe na rede. Leia. Compre. Use serviços bancários.

Quando tiver terminado, você pode ler o jornal, verificar seus emails e contar a seus amigos sobre o melhor banco do mundo.

Do futuro ao presente, do agora em diante

Parte II

Do futuro ao presente, do agora em diante

"É seu futuro. Os únicos limites são os da sua imaginação. Sonhe com o mundo no qual você quer viver – sonhe alto, em voz alta."

Bono

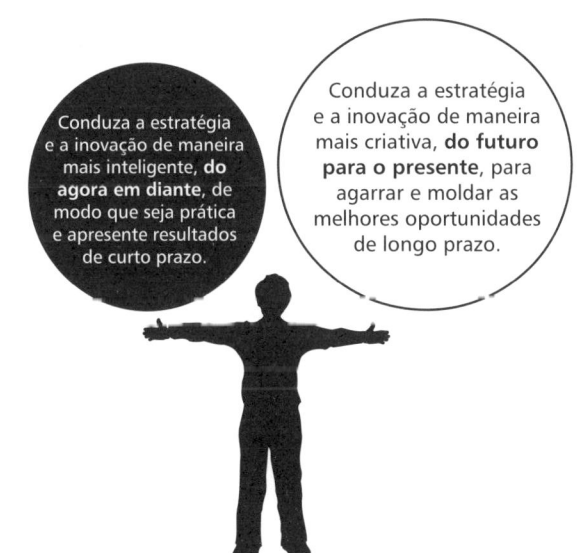

Conduza a estratégia e a inovação de maneira mais inteligente, **do agora em diante**, de modo que seja prática e apresente resultados de curto prazo.

Conduza a estratégia e a inovação de maneira mais criativa, **do futuro para o presente**, para agarrar e moldar as melhores oportunidades de longo prazo.

▶ O futuro é o lugar mais inspirador a partir do qual se pode liderar uma empresa, ver as melhores oportunidades para o crescimento e definir estratégias e prioridades de negócios.

▶ Planejar a partir do futuro em direção ao presente permite trabalhar sem as restrições das convenções de hoje. Permite também desenvolver soluções para futuros nichos de mercado, não somente com a vantagem da liderança, mas com uma melhor visão do futuro em relação aos concorrentes. Ter uma visão melhor do futuro do que seus concorrentes pode ser por si só uma vantagem competitiva.

▶ A integração do "futuro ao presente" e do "agora para frente" fará com que esse futuro também se torne uma realidade prática. Permite que sejamos bem-sucedidos no que fazemos hoje, enquanto criamos o amanhã.

Faixa 4 Mercados em crescimento

Encontrar os melhores mercados de hoje e de amanhã

"Nenhuma decisão prática pode ser tomada sem levar em consideração o mundo como ele é, mas também como o será."

Isaac Asimov

Uma abordagem mais inteligente aos mercados, que compreenda uma melhor orientação do *agora em diante*.

- Encontrar os melhores mercados existentes e seus propulsores de valor.

- Analisar o meio ambiente atual considerando a adequação estratégica e potencial.

- Identificar as melhores oportunidades de maximizar a lucratividade.

- Definir os mercados fisicamente, geograficamente e por sua categoria.

- Reconhecer os rumos definidos do mercado para permitir sua quantificação.

- Avaliar os portfólios de mercado existentes para decidir em qual focar.

- Compreender como competir de modo mais eficaz nos mercados escolhidos.

Uma abordagem mais criativa aos mercados, que compreenda uma melhor orientação do *futuro ao presente*.

- Explorar os novos espaços de mercado e como eles surgirão.

- Desenvolver modelos de cenários futuros baseados em tendências, padrões e possibilidades.

- Identificar as melhores oportunidades para a sustentação do crescimento futuro.

- Definir os mercados de novas maneiras, por clientes e conceitos.

- Perceber que muitos mercados não têm fronteiras ou se misturam uns aos outros.

- Avaliar os mercados adjacentes e quais deles oferecem as melhores oportunidades.

- Refletir sobre como moldar os mercados de forma mais eficiente, de acordo com sua visão.

Os mercados ascendem e caem continuamente, convergem e se fragmentam. Eles se modificam constantemente. Os mercados mais valiosos em um ano podem estar diferentes no ano seguinte. No passado, os mercados eram constantes, estáveis e previsíveis, e as empresas se digladiavam pela melhor posição dentro deles.

Atualmente, a vantagem competitiva encontra-se mais em fazer escolhas inteligentes sobre em quais mercados competir e em quais não.

A escolha de quais áreas geográficas, categorias, clientes você atenderá provavelmente tem muito maior impacto em seu desempenho do que um pequeno melhoramento de produto, serviço ou preço. Economicamente, os mercados podem parecer boas fontes de receita. Entretanto, os investimentos de capital e os custos operacionais podem rapidamente torná-los destruidores de valor em vez de oportunidades de criar valor.

É tentador querer atender a todos os clientes, nunca dizer não, estar presente no maior número possível de mercados e ser um *player* global. Mas raramente essa é uma escolha inteligente.

Essa abordagem exige um conhecimento profundo dos mercados atuais e do valor relativo dos diferentes clientes. Exige também uma compreensão de como os mercados evoluirão, particularmente em relação a categorias próximas, com ampla consciência das oportunidades e ameaças distribuídas pelas áreas geográficas e setores.

Os mercados por si só são instáveis, constantemente alterando sua forma, tamanho e composição. Não possuem limites entre si, misturando-se com outros. As tecnologias como comunicações, lazer, moda e mídia convergem rapidamente, enquanto que as necessidades dos clientes, como estilos e tendências, tornam-se mais individualistas e discriminatórias, divergindo de forma ainda mais rápida. Juntas, elas criam grandes espaços de mercado que não são facilmente definíveis.

O mundo há muito está conectado e mudando rapidamente. Os grandes exploradores, os impérios globais, as comunicações iniciais, as rotas de comércio, a migração das pessoas e a instabilidade política vêm ocorrendo há centenas de anos e é justo dizer que o mundo está mais complexo e interdependente do que nunca.

A natureza instantânea das comunicações, conectadas 24 horas por dia, sete dias por semana, significa que nunca desligamos. A disseminação e a interatividade da Internet fazem com que nossos clientes estejam em todos os lugares e que o mundo seja nossa casa. Isso cria uma enorme oportunidade e complexidade; poderíamos afundar na tentativa de fazer tudo ou no desejo de atender até mesmo nossos clientes não lucrativos.

Rápido e fragmentado, conectado e interativo, com preços transparentes e rápida comoditização, de grandes expectativas e nenhuma lealdade: esse é o nosso mundo de negócios.

Racionalizar essa complexidade requer inteligência. Bill Jenson escreveu o livro *Simplicity*, no qual procura colocar o mundo de hoje em dimensões que estejam ao alcance das mãos. Entretanto, assim como os físicos quânticos perceberam, os problemas complexos requerem soluções complexas. Enquanto o resultado parece admirável, as ramificações não são fáceis. Não existe certeza, tudo tem um nível de ambiguidade e risco.

É importante lembrar a relatividade e a incerteza no mundo de hoje. Não somente as maneiras antigas já não funcionam mais, mas a complexidade nos traz muitas novas oportunidades se você tem a atitude mental certa. Se, porém, o diretor que senta à mesa da diretoria diz "no meu tempo olhávamos essas coisas de forma simplificada", está provavelmente focando o ponto errado. O mesmo ocorre com o gerente de marketing que procura aplicar modelos simplistas e convencionais a desafios complexos.

Competir em mercados mutantes, em que não mais existem fronteiras e cujas regras são quebradas, pode ser uma experiência desnorteante. O seu modo de ver as coisas estabelece quem são seus concorrentes, qual seu conjunto de soluções, quem são seus clientes e qual seu potencial para o sucesso.

Os limites pouco claros dos mundos real e virtual e a fusão de setores anteriormente sem relação entre si tornam o desafio desestimulante, mas trazem uma fantástica oportunidade. As possibilidades criativas do mundo conectado de hoje são infinitas; quase todas as marcas podem trabalhar entre si ou umas contra as outras em mercados em que não havia conexão. Seja uma Time Warner juntando os mundos diferentes das revistas, do cinema e das redes, seja uma marca única como a Virgin, abrangendo muitos serviços aparentemente sem relação entre si, abre-se um imenso potencial a ser alcançado por aqueles que tenham sonhos e cérebro, autoconfiança e persistência de realizá-lo.

4.1 DESCOBRIR OS NOVOS MERCADOS PRIMEIRO
Explorar os espaços em alta, os espaços alternativos e os espaços vazios

"Noventa e sete porcento do crescimento nos próximos 25 anos virá de mercados emergentes", relata Michael White, presidente e principal executivo da PepsiCo.

Onde estão os espaços em alta, em que a competição é grande, a ação ocorre, o crescimento é elevado e os preços são compensadores? Onde estão os espaços alternativos, com alto potencial mas desconhecidos pela maioria dos competidores? Onde estão os espaços vazios, das novas oportunidades, que muitas vezes são formados pela fusão de fronteiras ou por novas tecnologias que ainda precisam ser definidas e formatadas? Onde estão os buracos negros, mercados de ontem, talvez familiares e nostálgicos, mas atualmente em declínio?

Dentro desse espaço, você pode marcar os locais onde provavelmente as melhores oportunidades estarão. A partir daí, pode começar a identificar:

- **Espaços em alta,** onde toda demanda converge e no qual todas marcas procuram jogar. Por exemplo, os fones multimídia e o computador integrado à TV.

- **Espaços alternativos,** onde os usuários de vanguarda vão em busca de novidade e diferenciação, criando nichos ou o próximo produto espetacular. Por exemplo, a comida coreana e os carros da moda.

- **Espaços vazios,** onde as novas oportunidades aparecem, frequentemente pela convergência. Ainda não foram explorados, como a TV interativa ou as carteiras sem dinheiro.

- **Buracos negros,** onde os mercados tradicionais secam e os competidores líderes se tornam passivos e marginalizados. Por exemplo, a indústria de filmes fotográficos ou os fabricantes de automóveis.

Apesar dessa classificação não parecer prática e estar distante das convenções dos mercados atuais, ela descreve claramente a morfologia de cada mercado de hoje. Mais do que nunca, os mercados estão cada vez mais conectados e influenciados por mudanças externas. Isso vale da criação de ovelhas às lojas de esquina, da manufatura industrial aos restaurantes.

Vale a pena explorar alguns dos mercados atuais de elevadas taxas de crescimento; eles provavelmente exigirão propostas e soluções exclusivas, talvez através de parcerias com marcas e distribuidores que com eles tenham fortes conexões. Eles incluem

- **Mercado verde** – os consumidores conscientes que querem fazer a coisa certa. Alguns se preocupam apaixonadamente com o futuro do planeta e de seu meio ambiente. Outros estão engajados em assuntos que envolvem suas comunidades, como segurança, educação e bem-estar pessoal.

- **Mercado prata** – os *baby boomers* estão atingindo sua melhor idade. De Bill Clinton a Paul McCartney, os usuários de *jeans* e os fãs de rock dos anos 60 estão se tornando sexagenários. São ricos e saudáveis, querendo iniciar novas carreiras e viajar pelo mundo. A última coisa que desejam é uma aposentadoria quieta – pelo menos não por enquanto.

- **Mercado pink** – os mercados destinados a gays não são novidade, mas as principais marcas estão lentas em enviar seus esforços nesse mercado grande e rico. Os gays compram mais produtos de alta tecnologia do que outros segmentos. É importante traçar uma linha cuidadosa entre atender e segregar públicos.

- **Mercados vermelhos** – os antigos países soviéticos da Europa Oriental ainda podem representar uma imagem reprimida para alguns de nós. A maioria desses países, alguns dos quais fazem parte da União Européia, são economias empreendedoras e em forte crescimento. De Riga a Praga, de Budapeste a Varsóvia, eles desejam as últimas tendências.

- **Mercados azuis** – enquanto o Leste pode se tornar o novo Oeste, o Sul é o novo Norte. Da África do Sul ao Brasil, da Índia a Dubai, os territórios do hemisfério sul estão ascendendo de economias produtoras de manufaturas de baixo preço a potências tecnológicas sofisticadas e impulsionadas pelo conhecimento, com grandes ambições pessoais e de negócios.

- **Mercado cinza** – são os entusiastas da alta tecnologia e compradores ingênuos de qualquer novo dispositivo que aparece. Geoffrey Moore os chama de "novidadeiros", mas muitas vezes eles são mercados diferentes. São aqueles que querem fazer mais com suas engenhocas do dia-a-dia, seja por produtividade pessoal ou porque está na moda.

- **Mercados marrons** – a tendência retrô da moda persiste, acompanhando um recorrente ciclo de moda, mas refletindo também uma busca por autenticidade e originalidade, que vai dos modelos iniciais de relógios digitais a sapatos de corrida originais Nike Cortez de 1972, de mobílias antigas a itens de segunda mão.

- **Mercados brancos** – são mercados de custos reduzidos, que incluem de empresas aéreas como a Ryanair e a Virgin Blue a varejistas como Aldi e TK Maxx. Refletem as necessidades dos menos ricos, mas também o gosto por barganhas. Mesmo as marcas mais sofisticadas estão desenvolvendo linhas de produtos de menor custo e menos fúteis.

- **Mercados dourados** – o mercado de produtos de luxo é provavelmente o mercado com o maior crescimento de todos. O apetite por marcas de luxo na Ásia está explodindo, assim como a aspiração dos principais mercados do mundo ocidental, mesmo daqueles que não têm capacidade financeira para fazê-lo.

Esses não são pequenos bolsões de oportunidades. São mercados gigantescos. Uma pesquisa realizada na Europa Oriental pelo Boston Consulting Group identificou uma população de 350 milhões de pessoas de classe média com enorme apetite por marcas que mostrem claramente seus progressos e aspirações. O mercado de artigos de luxo, por exemplo, vale US$ 168 bilhões por ano e está crescendo a uma taxa anual de 7% de acordo com uma pesquisa da Bain & Co., com muito espaço e desejo por mais produtos do que a Gucci e a Versace oferecem.

Insight 10: NIKE
"Não existe linha de chegada" no mercado de artigos esportivos

Eugene, Oregon. 1971

Phil Knight vendia sapatos de corrida na parte traseira de uma van em um evento de corrida na universidade local. O jovem estudante de administração de empresas era um apaixonado por corridas, embora não fosse o mais talentoso de sua equipe. Por essa razão, ele perseguia sua outra paixão: ganhar dinheiro. Também era criativo e importava os sapatos para velocistas da marca japonesa Tiger, tornando-se conhecido tanto pelos sapatos velozes como por sua própria velocidade.

Apesar de tudo, treinava com afinco, procurando alcançar o máximo de seu talento, sob a orientação do treinador Bill Bowermann, veterano da Universidade do Oregon. Certo dia, eles estavam na cozinha de Bill fazendo *waffles* após um árduo treino matinal. Phil descalçou seus sapatos e acidentalmente colocou um deles sobre a chapa quente de *waffles*.

O cheiro de borracha queimada chamou a atenção de todos.

Isso despertou a imaginação de Knight e Bowermann, que logo passaram a fabricar seus próprios sapatos de velocistas, com uma exclusiva sola com padrão de *waffle,* que proporcionava maior tração, maior velocidade e menor peso. Alguns anos depois, adicionaram a logomarca *swoosh*, que representava o ar em movimento e que foi criada de um dia para outro pela jovem designer Carolyn Davidson por US$35. Nascia o gigante esportivo.

Nike. Antiga deusa grega da vitória.

A missão da Nike é "trazer inspiração e inovação a cada atleta do mundo". Bowermann a qualificou ainda mais, definindo que "se você tem um corpo, é um atleta".

Por mais de 30 anos, com Knight como CEO, a Nike perseguiu sua missão de estar "a serviço do potencial humano", que, em termos esportivos, significa ajudar as pessoas a atingirem seu potencial no campo escolhido.

A Nike agora pode reinvidicar ser a empresa líder do mundo em esportes e condicionamento físico. Um participante importante em todos os esportes, em cada canto do mundo, que emprega aproximadamente 30 mil pessoas diretamente e cerca de um milhão indiretamente, todos dedicados à inspiração e à inovação dos atletas.

Seu crescimento nem sempre foi uma navegação fácil. Devido aos reflexos negativos da condução de suas operações de produção na Ásia, ela passou a se dedicar ao assunto. Como resultado, ela tornou-se provavelmente uma das empresas líderes em negócios sustentáveis e no relacionamento ético com seus empregados.

A marca da Nike cresceu para representar atitude e excelência no mundo do esporte. Nos últimos anos, tornou-se um ícone da marca. A Nike também dispõe de uma grande variedade de submarcas para alcançar públicos específicos, como a Nike Jordan, a Nike Golf, a Nike Running, a Nike Football e a Nike Woman.

Talvez a jogada de mestre de Phil Knight tenha ocorrido quando ele contratou o superastro do basquete Michael Jordan. O patrocínio de celebridades era um novo conceito para os esportes – ainda que nada se compare ao poder de um astro de demonstrar excelência e aspiração. Não foi meramente um acordo de imagem: a Nike trabalha junto com seus atletas patrocinados, ajudando-os a alcançar melhores desempenhos. Por sua vez, os atletas ajudam a Nike a desenvolver novos produtos e a promover a marca.

A Nike reconheceu que sua marca não pode representar tudo a todas as pessoas, por isso, em anos recentes, adquiriu e desenvolveu seu próprio portfólio de marcas. As crianças tendem a considerar fora de moda qualquer coisa que seus pais rotulam como da moda. Por essa razão, a Nike utiliza a Hurley como marca para materiais de surf e skate, de modo a se identificar com o estilo de vida dos adolescentes.

Da mesma maneira, para ser considerada uma marca de respeito nos mercados diferenciados dos escritórios e de lazer, a Nike utiliza a Cole Haan como marca para calçados formais. Utiliza também a G Series e a Bragano. Mais recentemente, a Converse, lendária marca americana, foi incorporada e o Exeter Brands Group foi criado para desenvolver linhas de produtos de baixo preço, como o Starter e o Shaq, para serem vendidas por grandes atacadistas.

A sede da Nike está localizada em Beaverton, não muito distante da universidade em que Knight demonstrou, pela primeira vez, sua sede por excelência nos esportes. Ao andar pela estrada que leva ao prédio Mia Hamm, em direção ao World Campus da Nike, você caminha à sombra das estátuas de seus mais famosos atletas, de Michael Jordan a Tiger Woods, de Alberto Salazar a Joan Benoit e de Carl Lewis a Sebastian Coe.

A Nike busca constantemente o limite para mover-se para frente, evoluir e "ampliar o que é bom, mudar o que não é", como está declarado no livro *Nike Maxims,* divulgado a todo pessoal da Nike.

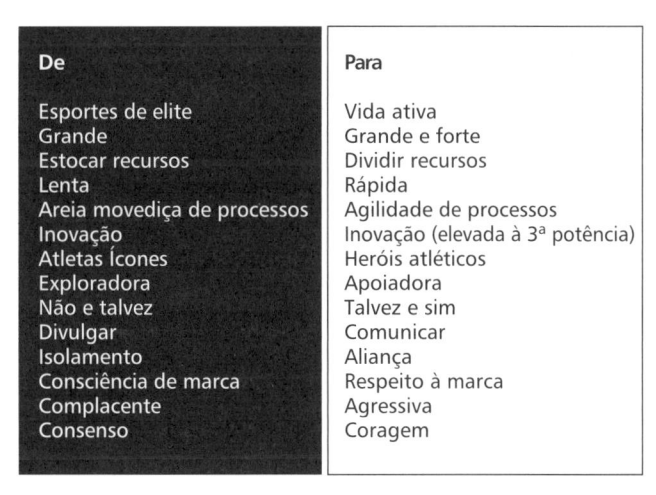

De	Para
Esportes de elite	Vida ativa
Grande	Grande e forte
Estocar recursos	Dividir recursos
Lenta	Rápida
Areia movediça de processos	Agilidade de processos
Inovação	Inovação (elevada à 3ª potência)
Atletas Ícones	Heróis atléticos
Exploradora	Apoiadora
Não e talvez	Talvez e sim
Divulgar	Comunicar
Isolamento	Aliança
Consciência de marca	Respeito à marca
Complacente	Agressiva
Consenso	Coragem

THE NIKE MAXIMS (FONTE: *BOOK OF NIKE MAXIMS*)

O relatório anual aos acionistas da Nike capta a essência de uma marca genial. Em vez de ser cheio de gráficos e números, o relatório é apresentado por fotografias e histórias. O objetivo em si não é produzir artigos esportivos nem dar os melhores retornos aos acionistas (a Nike mais que duplicou seu peso no cálculo do índice Standard & Poors na última década), embora isso também possa representar o resultado. Existe um objetivo maior, mais inspirador e mais determinante.

> "Velocidade: essa é nossa ideia de bom investimento... A diferença de tempos entre o primeiro e o quarto colocado numa corrida de 100 metros moderna é de 0,005 segundos... Nossos cálculos nos dizem que o material Nike Swift pode melhorar os tempos em 1,13%.
>
> A tecnologia Nike Swift nos consumiu 36 mil horas para ser desenvolvida. Portanto, não foi assim tão rápida no seu desenvolvimento. Mas é rápida em qualquer outro lugar. Essa é uma das inúmeras coisas que fazemos para ajudar os atletas a correrem mais rápido. Para muitos atletas, 1,13% a mais na velocidade pode ser a diferença de toda uma vida.
>
> Para nós é somente um bom negócio."

O relatório descreve o desempenho de uma marca genial, conduzida de fora para dentro com foco disciplinado para o que é importante aos clientes e acionistas, mas com espírito criativo de fazê-lo de forma diferente e melhor.

O relatório de 2004 foi o último apresentado por Knight, que transferiu o papel de CEO após ter construído um negócio de US$ 12 bilhões. Seu protegido, Mike Parker, cresceu com a Nike durante muitos anos e tomou as rédeas, enquanto Knight permaneceu como presidente. (Ele atualmente dedica seu tempo à Laika, seu novo negócio de animação, junto com seu filho Travis). Ele se retirou da Nike com esta pequena história:

> "Em seu coração, a Nike ainda é uma criança. Poucas semanas atrás, na *Pista de Michael Johnson*, em nossa Sede Mundial, comemoramos o cinquentenário da primeira quebra do tempo de 4 minutos para uma milha, por Roger Bannister.
>
> Naquela época, a Providência estava ao nosso lado. A corrida de uma milha foi vencida com o tempo de 3:59,4, coincidindo exatamente com o tempo que o bom doutor havia estabelecido 50 anos antes... Foi um dia mágico para os mais de 2 mil funcionários barulhentos que lotavam a pista. Essa será sempre a Nike."

4.2 CRESCER COM A VIZINHANÇA
Muitas vezes, as melhores oportunidades estão próximas de nós

Na busca pelo crescimento, os mercados vizinhos podem oferecer as oportunidades mais fáceis, com resultados rápidos e de baixo risco. De que forma você pode criar uma solução mais abrangente a seus clientes, tais como alimentos com bebidas, seguros com viagens, sapatos com roupas? De que maneira você pode colaborar com parceiros que têm competências diferentes como produção e distribuição, *hardware* e *software*, chocolate e sorvete?

Pode parecer óbvio, mas ao avaliar os mercados do ponto de vista geográfico, as pessoas tendem a olhar longe antes de olhar perto. Antes de tentar conquistar os Estados Unidos ou a China, pense em entrar em mercados próximos, que tenham a mesma cultura, língua ou clima.

Os gerentes tendem a ver as oportunidades com uma visão equivocada; deveriam olhar ao redor para ver o que está acontecendo a sua volta. Em vez de investir bilhões em novas tecnologias, leve em consideração opções mais fáceis, como adaptar uma linha de produtos destinados a homens para mulheres ou criar uma versão para presentes de objetos de uso diário.

Existem três tipos primários de mercados vizinhos:

- ***Categorias adjacentes*** – definidas por tipos de negócios (exemplo, bebidas), tipos de produtos (exemplo, sucos) ou tipos de aplicações (exemplo, horários de refeições).

  Se você produz refrigerantes, poderia também produzir cerveja? Se produz complementos para refeições, que tal estender a marca para uma bebida esportiva?

- ***Clientes adjacentes*** – definidos por segmentos (exemplo, meninas adolescentes), áreas geográficas (exemplo, o sul da Europa) ou por canais (exemplo, supermercados).

  Qual é seu público mais próximo, senhoras mais velhas ou senhores da mesma idade? Quais os canais mais parecidos com supermercados, pequenas lojas ou varejistas online?

- **Competências adjacentes** – definidas por competências (exemplo, o gerenciamento de marcas), processos (exemplo, comércio varejista) ou ativos (exemplo, direitos de distribuição).

   Se você é bom administrador de marcas, também poderia ser bom administrador ou licenciador de outras propriedades. Se você é um varejista, poderia ser um atacadista.

Oportunidades de crescimento existem nos 360 graus de direção a partir de seu atual negócio principal. Em vez de trabalhar duro para vender mais do mesmo, talvez seja mais fácil e mais eficaz fazer outras coisas de outras formas ou em outros mercados.

Claro que algumas oportunidades adjacentes poderão ser tão atraentes que você vai preferir focar nelas em vez de em seu negócio principal. O movimento realizado pela IBM ao sair da produção de computadores para a prestação de serviços é um grande exemplo de uma empresa com estômago suficientemente forte para mover-se junto com o mercado. Ela focou seus recursos no que era inicialmente um mercado vizinho, mas que acabou tornando-se seu novo negócio principal.

Existem inúmeros exemplos de empresas que mantém crescimento sustentável durante muitos anos por entrarem continuamente em mercados vizinhos e mudarem novamente para outros mercados adjacentes. Com pequeno esforço e risco, elas construíram suas franquias a partir de seu público existente e estenderam-se a novos:

- A Disney criou personagens que as crianças adoram. Não foi difícil passar essa afeição para o cinema, para os shows de TV e os parques temáticos. A competência de administrar parques temáticos foi facilmente aplicada na administração de hotéis, clubes de férias e na empresa de cruzeiros marítimos.

- A Tchibo construiu uma cadeia de cafés por toda Alemanha. A partir daí, passou a vender outros itens de uso diário em suas lojas. Com sua expertise em café, apareceram muitas outras oportunidades de atingir novos públicos, de consumidores a negócios entre empresas.

O Google, a mais conhecida empresa de mecanismo de busca na Internet, pode também parecer uma mistura complicada e não planejada de muitos outros serviços, abrangendo de mapas a email e de compras a blogs. Entretanto, juntando esses serviços por assunto, vemos que eles refletem uma nova visão de mundo, individual e democrático, conectado e impulsionado por informação:

- *Buscar*: o Google gasta mais tempo aumentando a velocidade e a precisão de seus mecanismos de busca do que em qualquer outra atividade, desenvolvendo versões sob medida para empresas bem como aplicativos e ferramentas especializadas para serem integradas dentro de suas infra-estruturas.

- *Comunicar*: o Gmail é um concorrente bem consolidado de outros serviços de email grátis, como o Hotmail. O serviço de telefonia na Internet Google Talk está assumindo o lugar do Skype em um mundo em que as cidades cada vez mais estão sendo dotadas de serviços gratuitos do sistema Wi-Fi.

- *Comprar*: o Google Base é um site de anúncios classificados que muito em breve rivalizará com o eBay e o Craigslist. O Google Checkout é um novo sistema de pagamentos online que competirá com o PayPal, e pelo qual o eBay pagou US$ 1,5 bilhões.

- *Divertir*: o YouTube, outra aquisição de US$ 1,5 bilhões, agora está sendo integrado aos produtos Google, gerenciando grandes quantidades de música e vídeo comerciais e produzidos pelos usuários que precisam de venda e acesso mais fácil. O iTunes da Apple deve estar preocupado.

- *Navegar*: As pessoas estão pasmas com o Google Earth e cada vez mais dependem do Google Maps – mas esse é somente o começo. Imagine guias locais instantâneos nos quais as melhores lojas, serviços e restaurantes são classificados pelos usuários e localizados pelo seu telefone.

Enquanto você pensa que o Google é um mecanismo de buscas, com concorrentes como o Yahoo!, seu ambiente competitivo envolve todos, de Apple a Microsoft, de eBay a Blockbuster, de Amazon a guias Michelin.

Os mercados vizinhos da Nike são ainda mais pronunciados. Da paixão pessoal de seu fundador Phil Knight por corridas, rapidamente ampliou seu escopo de sapatos para vestuário, de corridas de velocidade ao basquete, de materiais para homens a itens especializados para mulheres, de vestuário a acessórios, de roupas esportivas a moda casual e roupas de trabalho. O "mapa do mercado" da Nike mostra como a empresa cresceu ao longo de seus eixos adjacentes – clientes, categorias e competências.

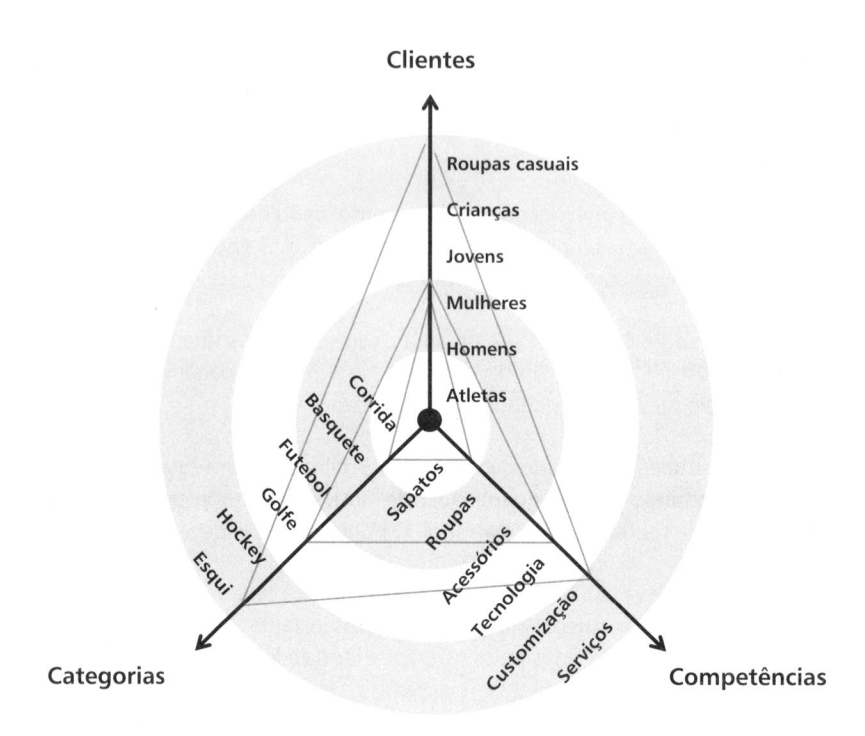

Clientes
- Roupas casuais
- Crianças
- Jovens
- Mulheres
- Homens
- Atletas

Categorias
- Corrida
- Basquete
- Futebol
- Golfe
- Hockey
- Esqui

Sapatos, Roupas, Acessórios

Competências
- Tecnologia
- Customização
- Serviços

MAPA DO MERCADO DA NIKE

A marca do "swoosh" se estendeu a quase todas essas categorias, embora em alguns casos, em que o público e os conceitos mudaram, foi criada uma marca alternativa. A *Nike Women* exigiu uma personalidade diferente do conceito de injeção de adrenalina de "Just do it", então foi desenvolvida uma marca mais calma e suave, com predominância de tons pastel e cujas lojas exclusivas têm chafarizes, velas e músicas ao estilo Zen. Da mesma forma, marcas como Hurley e Cole Haan eram mais apropriadas a outros segmentos.

Insight 11: DISNEY
No reino da fantasia, os sonhos foram digitalizados

Desde 1923, a Walt Disney Company permaneceu fiel ao compromisso de promover o melhor entretenimento baseado no seu rico legado de conteúdos criativos e de narrativa de histórias.

Dos primeiros dias, quando Roy e Walt Disney criaram Donald e Mickey, a empresa se tornou especialista em crescer através dos mercados adjacentes, desdobrando constantemente o negócio em outros a ela relacionados, utilizando seus personagens, públicos e competências como molas propulsoras. Se você é capaz de produzir filmes animados, pode produzir shows de TV. Se envolve os clientes com os personagens que eles amam, eles vão querer vê-los. Se é capaz de administrar parques temáticos, pode administrar empresas de cruzeiros marítimos.

Hoje, a Disney e seus 133 mil empregados estão divididos em quatro áreas principais de negócios, cada uma trazendo consigo uma variedade de marcas e atividades famosas, mas ligadas entre si dentro do grupo, para maximizar sua exposição, envolvimento e impacto.

Desde que Bob Iger substituiu Michael Eisner em 2005, a Disney tem rodando a todo vapor. O preço das ações subiu quase 50%. De acordo com analistas de investimentos, isso aconteceu em parte porque Eisner investiu sabiamente e em parte pelo estilo mais vigoroso de administrar de Iger.

Ele fez com que a Disney juntasse seus diversos ativos para provocar maior impacto. Mais importante, ele assegurou que os conteúdos fossem melhor trabalhados para um mundo multimídia e digital. Com tantas plataformas diferentes, a Disney pode pegar um filme, show ou personagem e apresentá-lo em diversos formatos, levando-o a mais pessoas e ao mesmo tempo, criando um fluxo contínuo e permanente de receitas.

A receita recorde de US$ 34 bilhões foi consequência de uma impressionante corrente de sucessos, de *Piratas do Caribe 4: A Lenda do Tesouro Perdido* (o filme e DVD de maior vendagem no mundo) a *Carros* (o filme animado mais vendido); shows de TV como *Lost*, *Desperate Housewifes* e o *High School Musical* do Disney Channel resultaram em ábuns de grande vendagem.

Como marca, a Disney tem sido tão consistente e bem-sucedida no marketing ao longo dos anos que se tornou "proprietária" de um punhado de palavras emotivas que talvez melhor definam sua marca do que qualquer slogan. As palavras Disney (palavras associadas por mais de 80% das pessoas à Disney segundo a pesquisa BrandSense de Martin Lindstom) incluem:

- Fantasia
- Sonhos
- Mágica
- Criatividade
- Sorriso

Os quatro negócios que fazem essas palavras se tornarem realidade são:

Disney Studio Entertainment

Os estúdios são os alicerces da empresa. De Mickey Mouse a *Branca de Neve e os Sete Anões* (primeiro filme de longa metragem animado), eles divertem toda a família. As produções são distribuídas na forma de filmes e músicas, gravadas e disponibilizadas para aluguel através de suas conhecidas marcas subsidiárias, como a Touchstone Pictures, a Miramax e a Buena Vista.

Disney Parks and Resorts

É o lugar onde a mágica mora, a casa dos amados personagens da Disney. Em 1953, a Disneylândia começou a se desenvolver em Anaheim, Califórnia, e desde então se espalhou pelo mundo com 11 parques, 35 hotéis e 2 navios luxuosos de cruzeiro. Do Magic Kingdom ao Epcot Center, a Disney cria uma série de ambientes de fantasia construídos a partir das produções de estúdio e que vendem ainda mais seus produtos de consumo.

Disney Consumer Products

A marca se estende a todo tipo de merchandising, desde brinquedos, roupas, jogos interativos, objetos de arte, objetos de decoração, alimentos e bebidas. A Disney é uma das maiores licenciadoras de marcas no mundo. Seu braço de publicações infantis é o maior do mundo, o Baby Einstein é o líder em jogos de desenvolvimento, enquanto a Disney Stores e sua área online e de marketing direto nunca estão distantes.

Disney Media Networks

A Disney juntou um enorme conjunto de marcas de televisão, cabo, rádio e Internet. A ABC agrega um amplo portfólio de estações de TV, enquanto o ESPN, o Disney Channel e a Fox Kids são algumas de suas empresas a cabo. Também nos negócios de mídia networks estão a televisão Buena Vista, a empresa líder em vendas através de agências, e o Disney Internet Group, que junta as atividades online de todos os seus negócios.

A cronologia do crescimento do portfólio da Disney mostra a compra gradual de múltiplas fontes de conteúdo e sua integração, mostrando a forma com que as marcas subsidiárias evoluíram para ficarem ao lado da marca principal Disney.

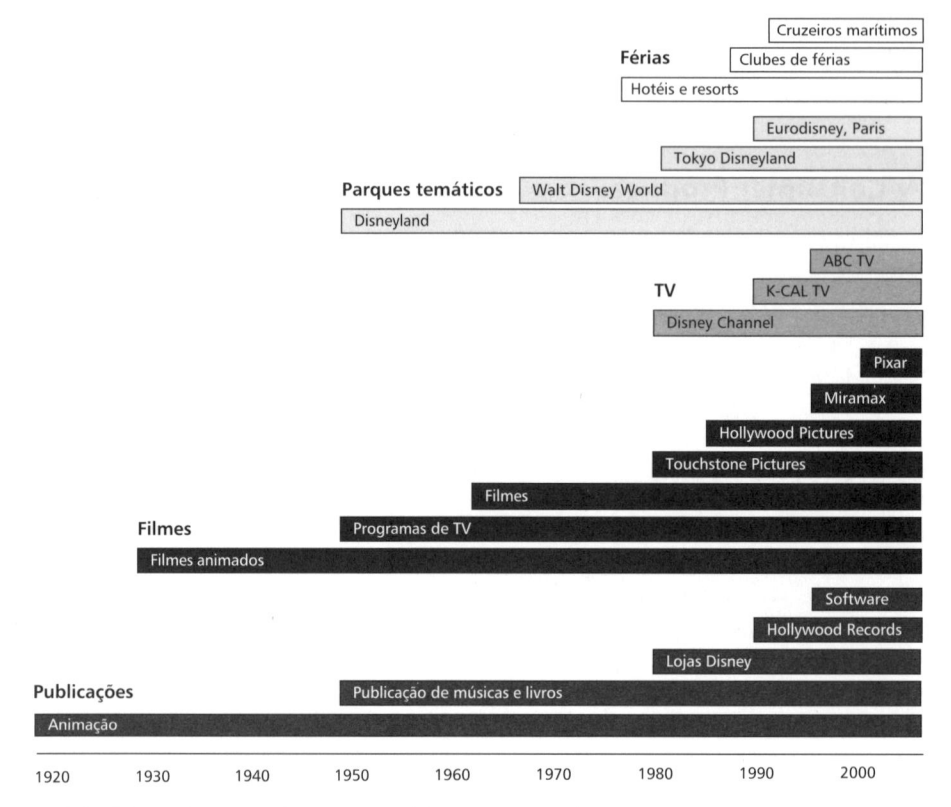

PARTE II   Do futuro ao presente, do agora em diante

								Cruzeiros marítimos	
					Férias		Clubes de férias		
						Hotéis e resorts			
								Eurodisney, Paris	
							Tokyo Disneyland		
			Parques temáticos	Walt Disney World					
			Disneyland						
								ABC TV	
					TV		K-CAL TV		
						Disney Channel			
								Pixar	
								Miramax	
							Hollywood Pictures		
							Touchstone Pictures		
					Filmes				
	Filmes		Programas de TV						
	Filmes animados								
							Software		
							Hollywood Records		
						Lojas Disney			
Publicações			Publicação de músicas e livros						
Animação									
1920	1930	1940	1950	1960	1970	1980	1990	2000	

CRESCIMENTO DA DISNEY NOS MERCADOS ADJACENTES (FONTE: DISNEY.COM)

A Disney também se beneficiou com a chegada de Steve Jobs à diretoria. Quando ela adquiriu seu estúdio de animação Pixar por US$ 7,4 bilhões, Jobs se juntou à diretoria e também se tornou o maior acionista individual da empresa. Enquanto a Pixar está dando um novo sopro de vida ao negócio cinematográfico, Jobs está causando um impacto ainda maior encorajando a utilização de plataformas digitais.

No final de 2005, a ABC da Disney se tornou a primeira fornecedora de programas de TV para a loja iTunes, vendendo a US$ 1,99 por episódio de série. Em 2006 foram os primeiros a apresentar episódios inteiros gratuitamente no site da ABC, aperfeiçoando o *video player* do site para um padrão próximo ao do cinema. A audiência pode votar online formatando a trama dos programas de TV, envolvendo-se mais profundamente neles.

Enquanto outras empresas de mídia estão preocupadas com a possibilidade de o conteúdo grátis afastar os clientes de suas audiências de TV, portanto de seus patrocinadores e anunciantes, a Disney vê isso de forma incremental. Alcançar novas audiências ou aprofundar o relacionamento com elas gera novas oportunidades. Podem ser feitas parcerias com anunciantes com coparticipação de marcas para criar versões web de shows. Está provado que essa modalidade causa maior impacto do que os formatos tradicionais de anúncios na TV.

Os resultados são impressionantes. Por volta de 2007, o iTunes forneceu 21 milhões de downloads dos shows da ABC da Disney, gerando uma receita adicional de US$ 41.790.000 dividida entre a Apple e a Disney, sendo a maior parte destinada ao fornecedor do conteúdo. No primeiro ano de downloads online grátis, 90 milhões de episódios de shows do Disney Channel foram vistos no site disneychannel.com e 76 milhões de episódios da TV ABC foram vistas no site abc.com.

4.3 OS MELHORES MERCADOS
Escolhendo os mercados para crescimento lucrativo e sustentável

Novos mercados podem ser avaliados em função de seu desempenho e de sua atratividade – os de maior crescimento e os mais rentáveis.

Isso é demonstrado com o exemplo da Coca-Cola. Líder no estreito mercado da categoria de refrigerantes carbonatados, ela descobriu, ao ampliar seu "mapa do mercado", que existiam categorias adjacentes que ofereciam crescimento e potencial de lucro mais significativos.

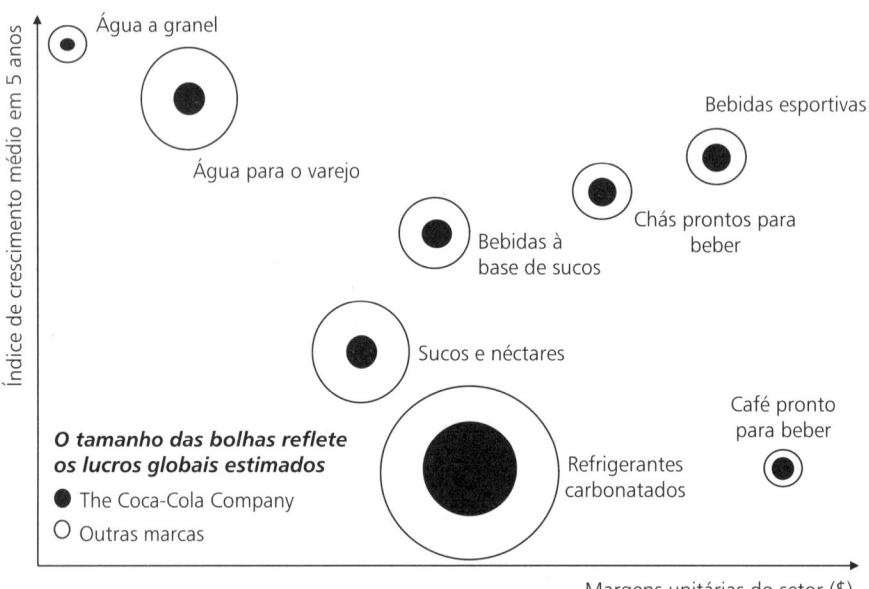

MAPA DO MERCADO DA COCA-COLA (FONTE: THE COCA-COLA COMPANY)

Além do enquadramento estratégico, um mercado também deve ser avaliado por seu enquadramento na direção estratégica do negócio.

Faixa 4 Encontrar os melhores mercados de hoje e de amanhã

Enquadramento estratégico ↑

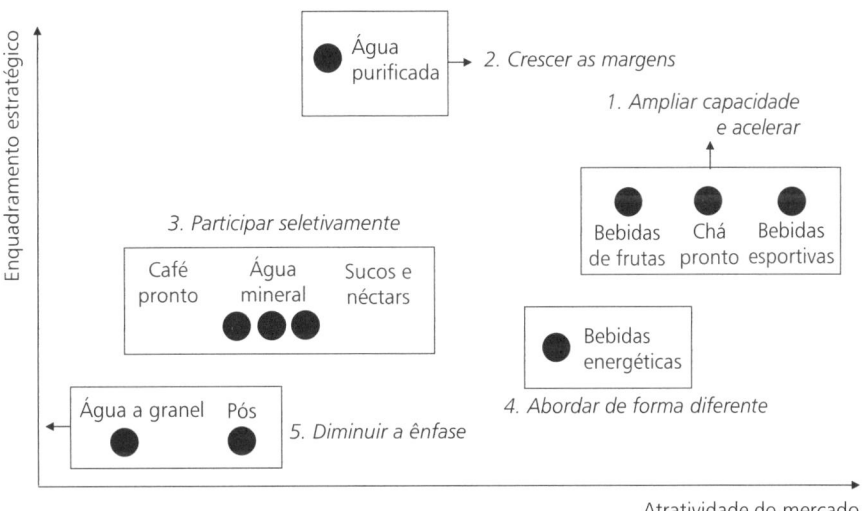

- Água purificada → 2. Crescer as margens
- 1. Ampliar capacidade e acelerar
- 3. Participar seletivamente: Café pronto, Água mineral, Sucos e néctars
- Bebidas de frutas, Chá pronto, Bebidas esportivas
- Bebidas energéticas
- 4. Abordar de forma diferente
- Água a granel, Pós ← 5. Diminuir a ênfase

→ **Atratividade do mercado**

ESTRATÉGIA DE MERCADO DA COCA-COLA (FONTE: THE COCA-COLA COMPANY)

Uma empresa não deve deixar de entrar em novos mercados por causa da falta de competências, já que elas podem ser rapidamente obtidas através de parcerias. As novas estratégias devem apoiar o objetivo e a estratégia da empresa.

As prioridades podem então ser identificadas e as atividades definidas para pegar essas novas oportunidades, utilizando os pontos fortes e conforme sua agenda.

Insight 12: TCHIBO
Muito mais do que uma cafeteria alemã

"Diário do capitão: 082007. A humanidade está se preparando para sua maior missão até o momento: limpar a lua de toda sua poeira e restaurar seu brilho original. Os equipamentos domésticos avançados da Tchibo são os melhores para esse tipo específico de trabalho. Que a força da Tchibo esteja com você!"

O email semanal da Tchibo chega. Uma passagem rápida pelo site leva para a mais recente linha de produtos de alta especificação, marcas próprias, preços baixos, incluindo de roupas a produtos eletrônicos, para crianças e adultos, com tamanhos que vão de artigos de bolso ao do tamanho de salas. O catálogo mensal da Tchibo chega logo a seguir, oferecendo uma gama ainda maior para você navegar em seus momentos de lazer. Um pouco mais tarde, caminhe pela rua principal da cidade e a loja da Tchibo também irá atraí-lo. Um café dá forma aos mostruários e vende as mesmas ofertas. Aprecie seu *Kaffe und Kuchen* enquanto se convence da necessidade de comprar os mais recentes utensílios em oferta.

Mas o mais importante é que você compre agora antes que o produto se vá. Na próxima semana, haverá uma variedade totalmente nova de ofertas.

A Tchibo foi fundada em 1949 na cidade de Hamburgo por Carl Tchilling-Hiryan e Max Herz. (Ainda mantém sua sede naquela cidade da Alemanha.) O nome Tchibo é uma abreviatura de Tchilling und Bohnen (grãos em alemão, como em grãos de café). A empresa mãe agora é chamada Maxingvest AG e representa um portfólio de negócios diversificados, incluindo a Beiersdorf, empresa de produtos de beleza e cuidados com a pele que inclui marcas como a Nivea.

Durante seus primeiros anos, a Tchibo focou na venda por correio de grãos de café recém tostados, e hoje o café Gold Mocca da Tchibo é marca líder de café na Alemanha. A empresa começou então a abrir lojas de café, inicialmente como balcões de degustação e posteriormente como cafeterias para consumo no balcão, onde você pode tomá-lo rapidamente durante suas compras. Os balcões de café tornaram-se uma característica de cidades por toda Alemanha e outros países.

Atualmente, a Tchibo é mais conhecida pela variedade de bens de consumo em oferta de troca semanal. São de 30 a 40 produtos por semana vendidos em enormes quantidades por preços baixos, de acordo com a estação do ano ou algum interesse especial. Tudo para o verão ao ar livre, para levar a família para esquiar, para o novo período escolar. Todos os produtos são de marca própria, bem projetados, mas com preços incrivelmente baixos. Nada dura mais do que uma semana à venda, portanto, compre agora ou nunca.

"Na Tchibo, os clientes são nossos hóspedes. Aqui, podem comprar o melhor café, apreciar uma variedade de bebidas à base de café e lanches longe do atropelo e da afobação do dia-a-dia, além de se deixarem inspirar por nossa grande variedade de bens de consumo em uma atmosfera agradável."

A empresa é um fantástico exemplo de diversificação gradual para categorias, canais, segmentos e geografia adjacentes, ainda mantendo um nítido propósito central e um modelo de negócios diferenciado. Como empresa de capital privado, a Maxingvest se dedica a uma abordagem de longo prazo para a criação de valor duradouro para seus clientes, empregados e donos.

"'Jede Woche eine neue Welt" – A cada semana um novo mundo – permanece o slogan da Tchibo.

Cronologia da Tchibo

1949   Max Herz e Carl Tchilling-Hiryan iniciam seu negócio de venda de café torrado por correio.

1955   A primeira loja de café é aberta no centro de Hamburgo como um balcão de degustação de cafés especiais.

1961   O Tchibo Man é lançado e se torna um dos ícones publicitários mais conhecidos da Alemanha.

1963   Lança o formato *shop-in-shop*, um balcão de café instalado dentro de padarias e confeitarias locais.

1973   Inicia em suas cafeterias a venda de bens de consumo cuja variedade é trocada semanalmente.

1973   O Tchibo Coffee Service fornece cafés e máquinas a fornecedores de refeições e empresas.

1980   Adquire a empresa de cigarros Reemstsma (mas a vende por não fazer parte da estratégia do seu *core business*)

1987   O formato *shop-in-shop* é ampliado a supermercados nacionais e cadeias de lojas.

1992	Expansão internacional, especialmente nos mercados pós-Soviéticos do leste europeu.
1996	Inicia o negócio de venda de bens de consumo fora das lojas, através de catálogos e encomenda postal.
1996	É lançada a revista de viagens Tchibo Reisen, sendo rapidamente seguida por uma empresa de viagens.
1997	Adquire a Eduscho, seu principal concorrente nas cafeterias, e inicia seu negócio online.
2000	Inicia a distribuição nas lojas da revista *Tchibo Magazine*, com fofocas, programação de TV e ofertas semanais.
2004	Adquire as participações majoritárias da Beiersdorf AG e da empresa francesa de vendas por catálogo l'Homme Moderne.
2004	Lança o Tchibophone em parceria com a O2, oferecendo aparelhos telefônicos e planos de serviços de baixo custo.
2005	São lançadas as máquinas de café Intelligent Cafissimo e o Arena, um sistema de lojas de formatos flexíveis.
2007	Maxingvest AG é o novo nome da empresa controladora, um negócio diversificado e internacional.

Faixa 5 Estratégias mais inteligentes

Molde seu futuro, não se deixe moldar por terceiros

"Sempre que você vê um negócio bem-sucedido é porque alguém, em determinado momento, tomou uma decisão corajosa."

Peter Drucker

Uma abordagem mais **inteligente** à **estratégia** que inclua uma orientação do *agora em diante*.

- Definir uma estratégia clara para o negócio, onde e como competir.

- Fazer as escolhas estratégicas sobre o que fazer e o que não fazer.

- Combinar os ativos mais valiosos do negócio com as melhores oportunidades de mercado.

- Quantificar as metas, sua forma de avaliação e os objetivos para alcançar um alto desempenho.

- Desenvolver um plano financeiro para o negócio – o orçamento de objetivos.

- Escolher a posição de mercado do negócio e sua disciplina de valor.

- Estabelecer um ciclo de planejamento periódico que inclua raciocínio e colaboração.

Uma abordagem mais **criativa** à **estratégia** que inclua uma orientação do *futuro para o presente*.

- Definir um propósito duradouro para o negócio, seu papel no mundo.

- Desenvolver uma visão do futuro e a inserção da missão do negócio nela.

- Mapear os horizontes estratégicos como etapas para se alcançar os objetivos estratégicos.

- Guardar os valores e os princípios pelos quais o negócio se guiará.

- Desenvolver um plano operacional para o negócio – as ações prioritárias.

- Escolher a postura de mercado a ser adotada pelo negócio – como ela moldará mercados.

- Estabelecer um ritmo ao negócio que dê velocidade e agilidade.

Estratégia envolve fazer escolhas.

É decidir onde e como competir e como ganhar dinheiro a partir disso. A estratégia dá às pessoas clareza de direção, foco, conectando todas as atividades pequenas e fragmentadas em um quadro coerente.

Você consegue descrever sua estratégia em uma folha de papel?

Se não conseguir, é muito provável que seu pessoal, incluindo seus principais gerentes, não entendam a direção e o foco do negócio, o que é importante e o que não é. Se os gerentes não compreendem, rapidamente suas ações perdem o foco e se tornam dispersas e táticas.

Pior ainda é a busca estratégica pelo dinheiro, "para maximizar os retornos aos nossos acionistas", como proclamam orgulhosamente tantas declarações de missão.

Deixando de lado a falta de inspiração dessa declaração, ela também não apresenta nenhuma forma de relacionamento com o mercado, o que não faz qualquer diferença. Trata-se de uma declaração comum e interna que conduz uma máquina de fazer dinheiro cega e irrefletida. Sem dúvida alguma é importante que as organizações comerciais atendam ao requisito de dar bons retornos aos seus proprietários, mas também deveria haver um propósito mais elevado.

Qual é o propósito mais elevado de seu negócio?

Há também o aspecto mais negativo da elaboração da estratégia e do planejamento. O planejamento estratégico normalmente é visto como uma negociação lenta e dolorosa, com objetivos financeiros e bases em planilhas que têm como produtos finais um plano financeiro e um orçamento. As escolhas e atividades que irão gastar esses valores e formar os números acabam se tornando notas de fim de página, argumentos de apoio, ou simplesmente são esquecidas.

Então, por que desenvolvemos os planos desse jeito? Argumentamos que precisamos de dinheiro para competir melhor e que, ao vendermos mais, fazemos crescer os números da linha das receitas na parte superior do balanço. Isso nos leva a crer que os mercados, os clientes, os concorrentes e as propostas serão exatamente os mesmos do ano anterior. Essa realmente não é uma ideia brilhante.

O planejamento estratégico pode ser uma atividade mais rápida e positiva?

A maioria das organizações gasta de três a seis meses em seus ciclos de planejamento, com seus gerentes distraídos e desmotivados pela enorme quantidade de papéis. Essa dificilmente é a maneira de obter grandes resultados, e não é um ambiente para o raciocínio criativo, para escolhas ousadas ou inteligentes, ou para se ver o todo, com suas oportunidades e desafios de um mundo em mutação – e muito menos para motivar as pessoas.

Qual é a melhor abordagem para se chegar à estratégia?

A estratégia deve começar com um claro propósito do negócio. Por que ele existe? Como ele adiciona valor ao seu mundo? O que se perderia se ele não existisse? A elaboração da estratégia deve ser uma oportunidade de raciocínio criativo e de engajamento dos gerentes de forma rápida e participativa para a avaliação dos mercados em mutação, de novas oportunidades e de maneiras mais inteligentes de trabalhar.

A elaboração da estratégia deve ser um processo mais inteligente de tomada de decisão, que avalia as maiores e melhores oportunidades de mercado do ponto de vista estratégico e financeiro, devendo durar somente de 3 a 4 semanas. Deve tornar claras as prioridades do negócio: onde você competirá, de que modo será diferente e impulsionará o desempenho financeiro. Você deve ser capaz de resumi-la em apenas uma página.

5.1 NEGÓCIOS COM PROPÓSITO ELEVADO
Enxergando além da busca por lucro

As empresas devem enxergar além de suas declarações de missão e visão. Devem buscar um "propósito maior", que dê à organização mais sentido e personalidade e que mostre o seu papel no mundo.

- *Por quê* – o propósito maior de sua existência.

- *O quê* – ambição ou missão e visão.

- *O caminho* – valores ou princípios e práticas.

Peter Senge, autor de *The Fifth Discipline*, recentemente argumentou que uma organização somente conhece a si mesma quando "existe uma clara demonstração de o que o mundo perderia se essa empresa não existisse".

Enquanto todas as organizações alardeiam suas declarações de missão de "como seremos grandes", elas na verdade estão voltadas para si – ser a melhor, a número um, vencer os outros, ser a mais rentável, a mais inovadora, a da primeira escolha do cliente, ou a que cria maior valor em seu setor. Esses slogans servem muito bem para grandes gritos de guerra motivacionais, mas não dizem quase nada. Falham em declarar o que a empresa faz para o mundo, para seus clientes, e como de alguma forma adiciona valor à vida das pessoas.

Hoje, as empresas precisam de propósitos maiores do que a simples busca por lucros, que justifiquem sua existência, que fixem sua personalidade, suas estratégias evolutivas e suas atividades diversas. Como disse Goethe, "É preciso ser alguém para se fazer alguma coisa".

UM PROPÓSITO DURADOURO QUE SUSTENTE O NEGÓCIO

Um propósito é como uma bússola moral para o negócio – é a razão de irmos ao trabalho todas as manhãs, de os investidores nos procurarem quando parece não haver uma lógica financeira para isso, ou de nossos clientes nos escolherem quando tudo mais ao nosso respeito é semelhante ao nosso concorrente.

Um propósito é duradouro, faz sentido e também faz a diferença no mundo. Algumas empresas, consciente ou inconscientemente, demonstram um propósito, o que fazem para o mundo:

- Disney – fazer as pessoas felizes

- Ford – máquinas para melhorar o mundo

- M&S – tornar as aspirações acessíveis a todos

- Nike – fazer com que as pessoas atinjam seu melhor desempenho pessoal

- Sony – inovar de maneira útil

- Wal-Mart – proporcionar um bom negócio ao consumidor

De maneira geral, as empresas tendem a se alinhar em torno de alguns tipos de propósitos. Algumas são fortemente orientadas à ação, ou seja, focam na inovação, na qualidade ou nos serviços e em fazer mais pelas pessoas. Outras, com razões mais internas, focam em comportamentos e valores:

- *Empresas desbravadoras* – procuram chegar onde nunca ninguém chegou antes. Civilizar um novo mercado, definir uma nova era tecnológica, permitir que as pessoas façam algo de novo. A IBM, criando um mundo de computadores, ou a 3M, constantemente em busca de novas soluções.

- *Empresas desafiadoras* – desempenham o papel de saco de pancadas, desafiando práticas e marcas maiores e melhor estabelecidas, tomando partido dos clientes e provocando autoridades e públicos a se levantarem e juntarem-se a elas. A Virgin é a mais recente desafiante, embora também esteja sendo desafiada pela Ryanair.

- *Empresas servidoras* – acreditam que os clientes devem vir em primeiro lugar e que todos são iguais. Acreditam também no universalismo, na justiça, na igualdade e nos direitos humanos. O Google é bem-sucedido pela democracia online, enquanto o Wal-Mart procura dar a todos um bom negócio.

- *Empresas voltadas à qualidade* – lutam para alcançar a perfeição, estabelecem padrões técnicos e acreditam que a excelência dos produtos vem em primeiro lugar. A revista *The Economist* se retrata como a publicação de negócios de mais alta qualidade; a BMW como "a melhor máquina de dirigir".

- *Empresas de heróis* – procuram mudar o mundo, ser pioneiras em dar melhores oportunidades a todos, ousam ser diferentes e proporcionar uma vida melhor. A Ford revolucionou o modo que viajamos, enquanto Bill Gates e o ano de 1985 são considerados pontos de referência "AG" e "DG" na sociedade moderna.

- *Empresas conscientes* – acreditam que as empresas devam ser uma força para o bem, colocando em primeiro lugar suas responsabilidades éticas, comunitárias e ambientais, plataformas a partir das quais procuram também ganhar dinheiro. Da BP a Innocent Drinks, elas colocam seus princípios acima dos lucros.

- *Empresas voltadas para as pessoas* – colocam as pessoas em primeiro lugar, cuidando de seus funcionários, de seus clientes e das comunidades locais onde atuam. Definem sua atuação como pessoas servindo pessoas, sejam elas a John Lewis Partnership ou a Starbucks Coffe Company.

Um propósito de negócios pode parecer como uma declaração da marca; de fato, ambos podem derivar de uma mesma ideia. O propósito do negócio é claro e duradouro e existe para a empresa. As marcas também deveriam ser claras e duradouras, pois são instrumentos que devem envolver os públicos externos e ser reflexo de suas aspirações, racionalmente e emocionalmente. A marca é um reflexo mais amplo, rico e estimulante do que o propósito do negócio.

Insight 13: DIAGEO
A empresa de bebidas que quer ser adorada

A Diageo é muito clara no que é, no que pretende alcançar e em como chegará lá. Enquanto as missões e estratégias de muitas empresas estão reduzidas a frases genéricas indecifráveis, irrelevantes ou insossas, a Diageo, ao contrário, trabalha arduamente para se descrever.

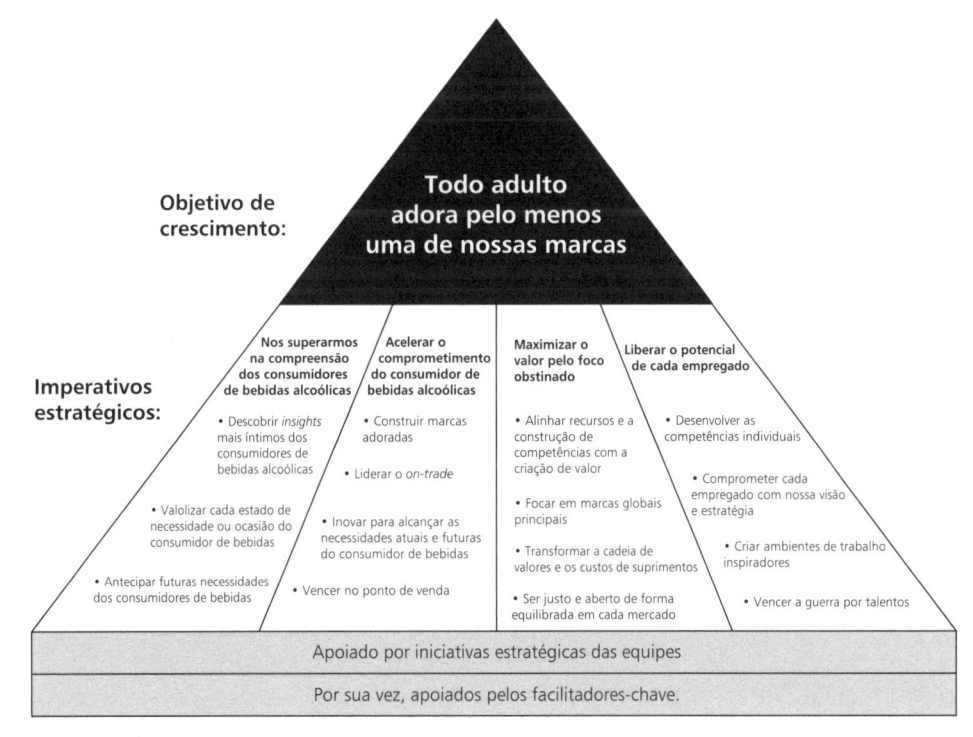

FAIXA 5   Molde seu futuro, não se deixe moldar por terceiros

Objetivo de crescimento: Todo adulto adora pelo menos uma de nossas marcas

Imperativos estratégicos:

- Nos superarmos na compreensão dos consumidores de bebidas alcoólicas
  - Descobrir *insights* mais íntimos dos consumidores de bebidas alcoólicas
  - Valorizar cada estado de necessidade ou ocasião do consumidor de bebidas
  - Antecipar futuras necessidades dos consumidores de bebidas

- Acelerar o comprometimento do consumidor de bebidas alcoólicas
  - Construir marcas adoradas
  - Liderar o *on-trade*
  - Inovar para alcançar as necessidades atuais e futuras do consumidor de bebidas
  - Vencer no ponto de venda

- Maximizar o valor pelo foco obstinado
  - Alinhar recursos e a construção de competências com a criação de valor
  - Focar em marcas globais principais
  - Transformar a cadeia de valores e os custos de suprimentos
  - Ser justo e aberto de forma equilibrada em cada mercado

- Liberar o potencial de cada empregado
  - Desenvolver as competências individuais
  - Comprometer cada empregado com nossa visão e estratégia
  - Criar ambientes de trabalho inspiradores
  - Vencer a guerra por talentos

Apoiado por iniciativas estratégicas das equipes

Por sua vez, apoiados pelos facilitadores-chave.

ESTRUTURA ESTRATÉGICA DA DIAGEO (FONTE: DIAGEO.COM)

Existem sete componentes para definir a Diageo:

- *Propósito*: a Diageo sabe exatamente o que é hoje, *"a fabricante de bebidas* premium *líder no mundo"*, com a mais ampla e reconhecida linha de marcas de bebidas *premium* do mundo.

- *Visão*: existe uma visão obrigatória voltada ao cliente, *"celebrar a vida, todos os dias, em todos os lugares"*. A palavra Diageo vem do latim para "dia" e do grego para "mundo".

- *Objetivo*: a Diageo tem somente um objetivo, que é similar à declaração da missão de outras empresas, *"todo adulto adora pelo menos uma de nossas marcas"*.

- *Estratégia*: tem também uma clara estratégia, representada em seu triângulo estratégico, que define os imperativos que atingirão o objetivo, reconhecendo as necessidades de todos os *stakeholders*, de empregados a clientes, investidores e sociedade.

- *Planos*: a Diageo reconhece que é feita de muitas partes, deixando as duas camadas inferiores do triângulo, iniciativas e facilitadores, para serem definidas de acordo com cada negócio da forma mais relevante.

- *Valores*: mostra os quatro alicerces que farão as coisas acontecerem, *"ser apaixonada pelos clientes"*, dando às pessoas *"liberdade de se tornarem bem-sucedidas"*, sendo *"orgulhosos do que fazemos"* e *"nós seremos os melhores"*.

- *Reputação*: a Diageo relembra no que ela quer ser famosa:

    - Pessoas. "Liberar o potencial de cada empregado".

    - Marcas. "Utilizar os grandes insights dos consumidores para fortalecer nossas marcas".

    - Desempenho. "Vencer onde competimos".

Em 2000, a Diageo começou seu realinhamento estratégico amparada por suas marcas *premium* de bebidas. Separou seus interesses anteriores em negócios não relacionados a bebidas, tais como a parceria com a General Mills. O crescimento orgânico de suas principais marcas *premium* é considerado o elemento chave para seu sucesso. A empresa reconhece que deve assumir a vanguarda no marketing responsável, particularmente no que diz respeito à saúde e ao mercado de jovens.

> "Nossas marcas ajudam as pessoas a marcar grandes eventos e abrilhantar os pequenos. Desfrutadas com responsabilidade, permitem às pessoas celebrarem a vida, a cada dia e em todos lugares."

Além de ser a sede da Guiness, a Diageo também administra 17 das 100 maiores marcas de bebidas alcoólicas do mundo, desde a Smirnoff, a vodca *premium* número um do mundo, à Johnny Walker, o uísque escocês líder. O licor mais vendido do mundo é o Baileys, enquanto que a José Cuervo é a tequila mais vendida.

A inovação também foi importante, focando em oportunidades específicas de se fazer mais em mercados e com marcas que criam alto valor. Isso se deu, basicamente, pela combinação de novas bebidas, refletindo, principalmente, a mudança para bebidas mais fracas e suaves. A Baileys Glide, a Guiness Extra Smooth e a Smirnoff Cranbury Twist são alguns exemplos.

As embalagens são igualmente importantes, não somente pelo reforço do apelo visual, mas por introduzirem materiais mais eficientes ou menores, com diversos formatos nos quais as margens são ainda maiores. Por exemplo, as Baileys Miniatures, o Smirnoff Icon e o Johnnie Walker Red Label.

De fato, os benefícios financeiros dessas mudanças são óbvios. Os drinques prontos contêm um teor alcoólico menor e, quando promovidos a bebidas da moda, podem ser vistos em bares descolados, aumentando o valor em até dez vezes do que a mesma quantidade de bebida alcoólica quando vendida fora do negócio. Quando associadas a gerações mais antigas, as bebidas alcoólicas também podem ser modernizadas. A diferença provocada por um cubo de gelo e um contexto mais jovem pode causar enorme impacto em termos publicitários.

A liderança de mercado não é a forma de medir o sucesso da Diageo. Publicamente (em seu relatório anual e em seu site), ela se classifica em relação a um grupo mais amplo de seus pares; utiliza como parâmetro de comparação o retorno total aos acionistas, que inclui a valorização do capital somado aos dividendos distribuídos nos últimos anos. A tabela dá uma visão muito mais representativa do real desempenho do negócio da empresa e em relação a outros, em vez de olhar por um parâmetro mais estreito e temporário.

CLASSIFICAÇÃO DO RTA DA DIAGEO COM SEUS PARES (RTA – RETORNO TOTAL AOS ACIONISTAS NO PERÍODO – 1 JULHO 2002 A 30 JUNHO 2005):

Pernod Richard	142%
SABMiller	128%
Allied Domecq	89%
Brown-Forman	57%
Cadbury Schweppes	47%
P&G	44%
Diageo	**35%**
Interbrew	33%
Nestlé	27%
Carlsberg	25%
Unilever	24%
Scottish & Newcastle	23%

5.2 FAZER AS ESCOLHAS CERTAS
A essência de uma estratégia de negócios inteligente

A estratégia não é um plano nem uma tática. Deve ser o comprometimento a uma linha duradoura de ação. "Qual é nossa estratégia para ganhar essa venda?"; "Qual é nossa estratégia para o próximo ano?". Ambas as questões envolvem a má utilização de uma palavra. As estratégias exigem uma abordagem sustentada: o comprometimento a determinado rumo de ação que pode exigir tempo e dinheiro para apresentar resultados.

Uma estratégia "corporativa" define o propósito global da organização, sua visão de futuro e missão. Estabelece o contexto para a empresa, definindo as áreas em que irá focar e as áreas representadas por negócios dentro da estrutura da organização. Os objetivos, os valores, as marcas e a cultura corporativa se alinham dentro dessa estratégia global.

Os componentes da estratégia corporativa são:

- **Propósito**: por que existimos e qual nosso papel permanente no mundo à nossa volta – o valor que adicionamos à sociedade, enriquecendo a vida das pessoas ou fazendo do mundo um lugar melhor.

- **Visão e missão**: decidir como vemos o futuro de nosso mundo particular, como ele será e o que as pessoas quererão. A partir disso, definir o sucesso de nosso negócio naquele mundo.

- **Objetivos estratégicos**: definir nossos objetivos e metas para cada grupo de *stakeholder*s, principalmente clientes, empregados e acionistas, bem como os parâmetros para avaliar o sucesso.

- **Definição de negócios**: os setores nos quais operaremos, sua coesão dentro da sua diferença e como apoiarão o propósito, a missão e os objetivos.

```
                    Estratégia de negócios
         ┌──────────────────┼──────────────────┐
    Onde              O que fazer           Como
   competir           de modo              ganhar
                      diferente           dinheiro
```

Escolher os melhores mercados	Escolher sua diferenciação	Escolher o modelo de negócios
• Geograficamente	• Liderança de produtos	• Fluxo de receitas
• Setor ou categoria	• Intimidade do cliente	• Fluxo de custos
• Segmentos de clientes	• Excelência operacional	• Investimento

Avaliar os mercados por	Oferecendo	Incluir parceiros para
• Crescimento	• Melhor produto	• Soluções
• Lucratividade	• Melhor relação	• Fornecimento
• Enquadramento estratégico	• Melhor preço	• Distribuição

COMPONENTES DE UMA ESTRATÉGIA DE NEGÓCIOS

Uma estratégia de *negócios*, ou estratégia de unidade de negócios, envolve escolhas mais específicas dentro de um negócio predeterminado. Mostra como e onde competir e de que forma fazer isso. Portanto, especifica em quais mercados o negócio irá se focar e como se posicionará de forma diferente neles. Também especifica como o negócio ganhará dinheiro: o modelo de negócios.

Os fatores que compõem uma estratégia de negócios são:

1. ***Onde competir.*** A escolha de mercados, definidos geograficamente e por categorias, clientes ou de outra forma, mostrará as melhores oportunidades de mercado para um crescimento lucrativo. Esses mercados são avaliados relativamente ao enquadramento estratégico do negócio, na direção escolhida e utilizando competentemente seus ativos. Esses ativos ou pontos fortes característicos da empresa se tornarão cada vez mais intangíveis, envolvendo marca, reputação, conhecimentos e habilidades, relacionamentos e redes. O foco pode se tornar ainda mais claro, pela definição de quais mercados em que a empresa não irá competir, principalmente quando a priorização reduz sua amplitude.

2. ***Como competir.*** A vantagem competitiva deve ser descrita com uma "posição" clara de mercado em relação aos principais concorrentes (mais caros, de maior qualidade, com mais pessoal, etc.) e, finalmente, por propostas de diferenciação. Embora produtos e serviços diferentes possam ter diversas razões para serem diferentes, o que realmente importa é a "disciplina de valor" para o negócio. As disciplinas são apresentadas mais claramente em um modelo no qual a organização tem "excelência nas três disciplinas, mas opta por ser a melhor em uma delas". Novamente, é exigida uma escolha.

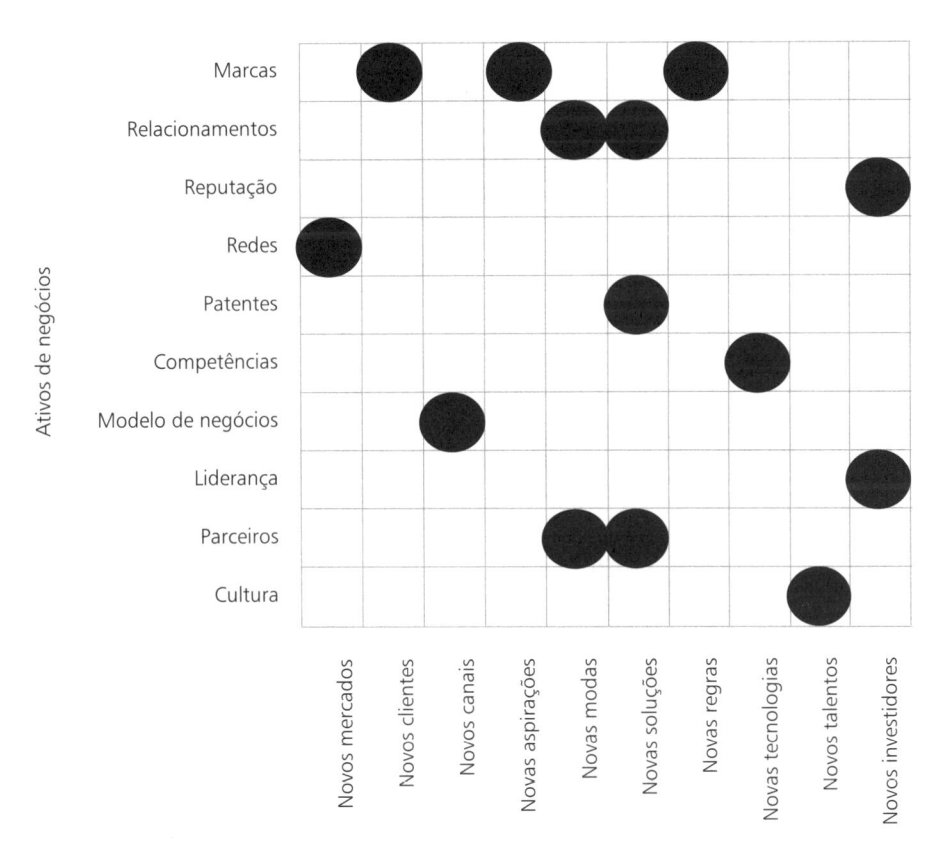

FAIXA 5   Molde seu futuro, não se deixe moldar por terceiros   151

	Novos mercados	Novos clientes	Novos canais	Novas aspirações	Novas modas	Novas soluções	Novas regras	Novas tecnologias	Novos talentos	Novos investidores
Marcas		●		●			●			
Relacionamentos					●	●				
Reputação										●
Redes	●									
Patentes						●				
Competências							●			
Modelo de negócios			●							
Liderança										●
Parceiros					●	●				
Cultura								●		

Ativos de negócios (eixo vertical)
Oportunidades de negócios (eixo horizontal)

COMBINAR ATIVOS COM OPORTUNIDADES

O modelo Disciplinas de Líderes de Mercado (Tracey & Wiersema) exige que o líder de mercado escolha uma disciplina em que terá excelência, permanecendo bom nas demais.

Liderança de Produtos

A Diageo, como empresa líder de produto, está estruturada em primeiro lugar em torno da inovação para oferecer os melhores produtos

A Net a Porter, como empresa íntima do consumidor, está estruturada primeiro em torno dos clientes para fornecer a melhor solução

A Aldi, como empresa operacionalmente excelente, está estruturada primeiro em torno da eficiência, de modo a oferecer o melhor preço

Intimidade com o consumidor

Excelência operacional

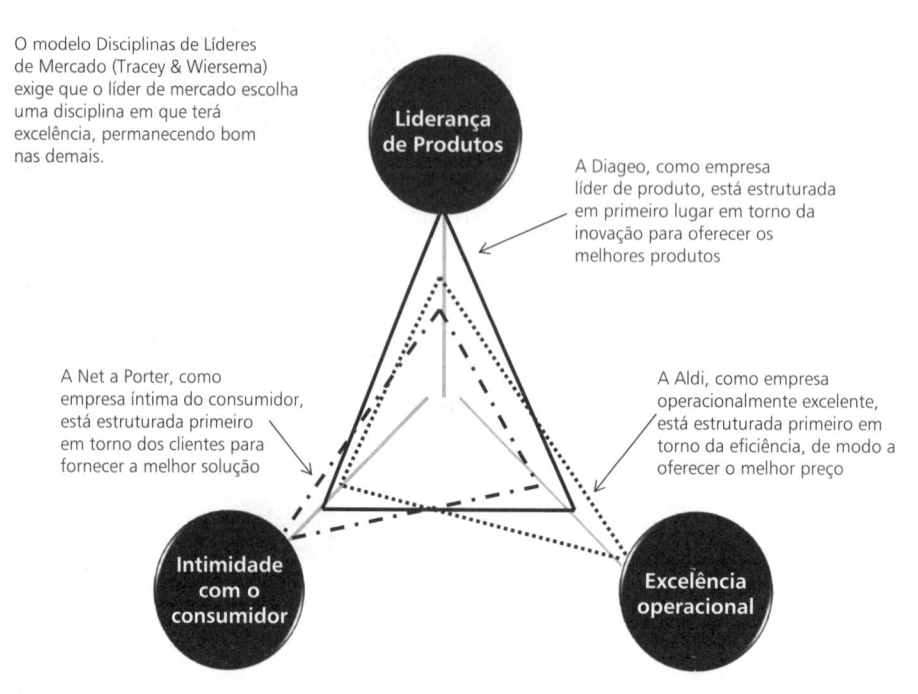

DISCIPLINAS DE VALOR (FONTE: TRACEY AND WIERSEMA)

3 ***O que fazer.*** O modelo de negócios estabelece a forma como a organização irá vender seus produtos ou serviços, quem pagará o que e os parceiros envolvidos. Isso nem sempre é óbvio, podendo exigir priorização e seleção dentro de um portfólio mais amplo de atividades existentes. Também a escolha de parceiros (por exemplo, uma franquia em vez da venda direta, a terceirização de serviços ao consumidor em vez de fazê-lo pessoalmente, vender ou alugar) afetará o negócio e os recursos necessários. Novamente, isso requer escolhas, do portfólio de produtos, de técnicas de distribuição ou de modelos de precificação.

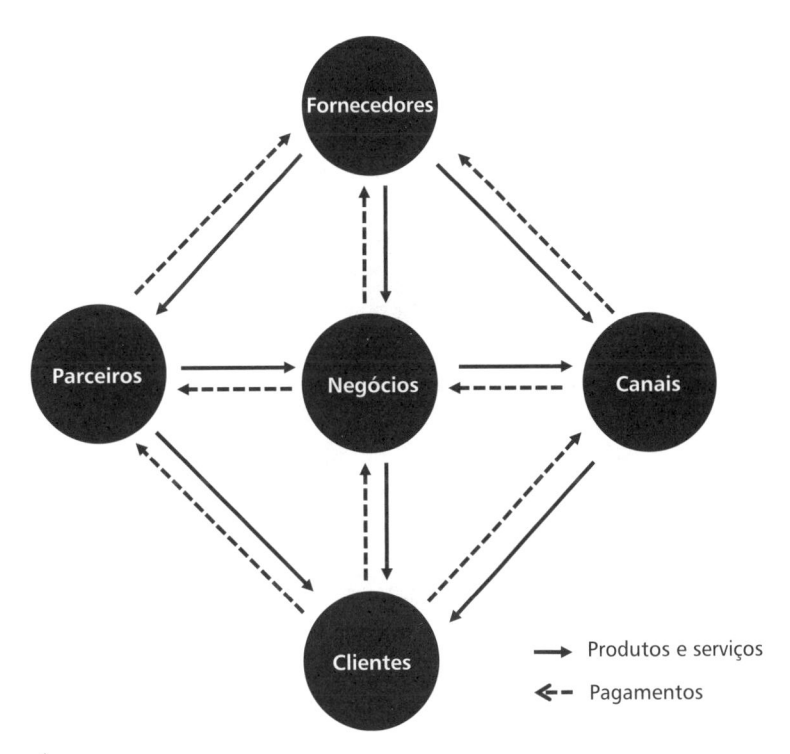

O MODELO DE NEGÓCIOS

Uma vez estabelecida a estratégia de negócios da unidade, o resto da organização e as áreas funcionais específicas podem desenvolver suas estratégias e planos. Esse deve ser um processo interativo, de modo que os gerentes funcionais possam ajudar a formatar a estratégia de negócios sem conciliações ou atrasos. As estratégias podem e devem ser desenvolvidas colaborativa e rapidamente. Ao final da elaboração, a organização não deve receber somente a soma das partes que a compõem, mas uma pauta clara e previamente combinada para o negócio.

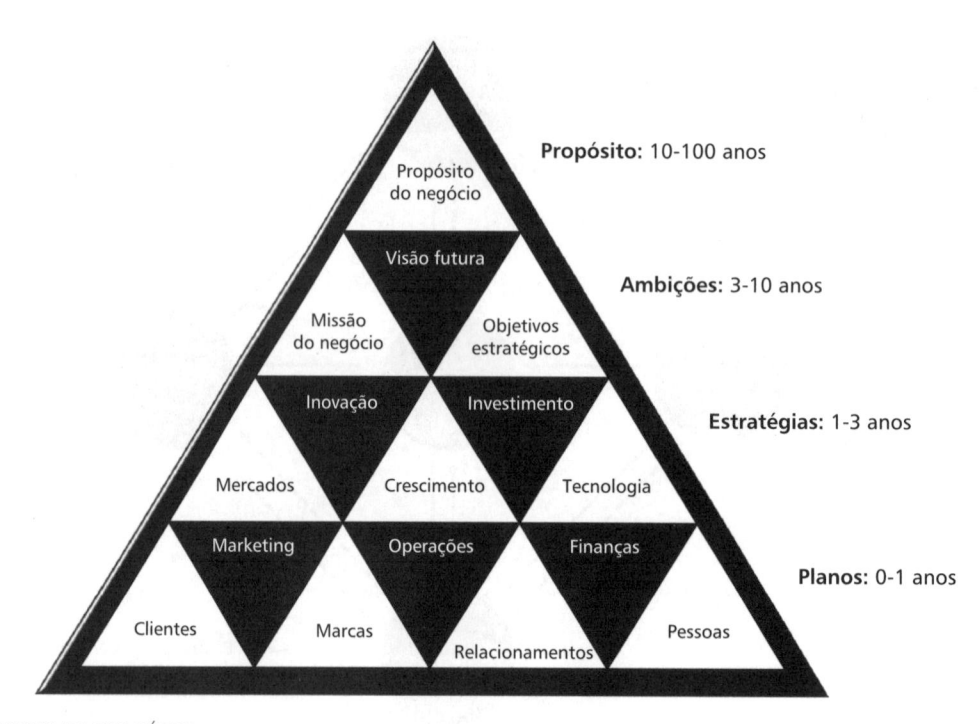

A ESTRUTURA ESTRATÉGICA

Propósito: 10-100 anos
- Propósito do negócio

Ambições: 3-10 anos
- Visão futura
- Missão do negócio
- Objetivos estratégicos

Estratégias: 1-3 anos
- Inovação
- Investimento
- Mercados
- Crescimento
- Tecnologia

Planos: 0-1 anos
- Marketing
- Operações
- Finanças
- Clientes
- Marcas
- Relacionamentos
- Pessoas

A estrutura estratégica mostra um grande número de "estratégias" funcionais cruzadas que formam a estratégia do negócio. Elas representam decisões de prazos mais longos necessárias em um determinado período de tempo e que exigem abordagens de longo prazo, tais como a construção de marcas em determinados mercados ou investimentos em novas áreas de inovação.

Os suportes dessas estratégias constituem-se nos planos operacionais do negócio, correspondendo ao lado operacional da estratégia. Normalmente é desenvolvida para uma base trimestral ou anual. São planos mais funcionais, desenvolvidos dentro de áreas específicas e exigindo orçamento e recursos com período maior do que um ano.

Insight 14: NATURA
O segredo das jovens do Brasil

Caminhe pelas praias do Rio de Janeiro ou visite as boates de São Paulo e você encontrará jovens brasileiras loucas para contar seus segredos de beleza. Entretanto, você não poderá comprar esses segredos em uma loja. Em vez disso, elas provavelmente irão convidá-lo(a) a participar de uma das reuniões da Natura. Em suas casas, você terá seus segredos revelados, prontos para serem comprados.

A Natura é a empresa líder de cosméticos no Brasil. Vende uma grande variedade de cosméticos, fragrâncias e artigos de toalete diretamente a suas consumidoras através de suas 500 mil representantes de vendas no Brasil, além de 100 mil na América Latina.

A empresa percorreu um longo caminho desde sua fundação por Luiz Seabra em um pequeno laboratório e loja em São Paulo, no ano de 1969. Seabra veio de uma família de baixa renda e não frequentou a universidade até os 25 anos de idade. Após alguns anos de experiências, ele foi perspicaz ao adotar o modelo de vendas de relacionamentos que viu aplicado pela Avon mundo afora.

Em 2005, após um IPO realizado no ano anterior, a Natura se tornou a maior empresa de cosméticos do Brasil, com uma receita de US$ 1,5 bilhão. De acordo com a Interbrands, é uma das marcas mais amadas da América do Sul, além de ganhar muitos prêmios pelo seu trabalho em favor do meio ambiente.

Apesar de 97% da receita atual vir do mercado interno, a Natura também tem a estratégia de levar seu segredo ao resto do mundo. Recentemente, o CEO Pedro Passos anunciou os planos de continuar aumentando sua forte posição no mercado brasileiro através da conquista dos mercados vizinhos da América Latina, posteriormente o Leste Europeu e, finalmente, a América do Norte. Além disso, a empresa abriu uma loja bandeira em Paris, bem debaixo do nariz da L'Oreal.

A Natura apresentou um crescimento médio na receita de 26% ao ano ao longo dos últimos seis anos. Esse crescimento foi superior à taxa de 13% de crescimento do Brasil, permitindo-a triplicar suas receitas entre 2001 e 2006.

Três fatores principais têm sido responsáveis pelo desempenho da Natura: a habilidade de crescer consistentemente em meio à recente estabilidade financeira do Brasil; o forte modelo de distribuição em rede; e a contínua inovação de seu portfólio de produtos.

Neste momento, o crescimento no mercado internacional é importante devido às oportunidades globais e para a diversificação do negócio, ficando assim menos dependente da economia local. Ao falar a seus acionistas, Passos definiu suas três prioridades estratégicas para manter o notável sucesso da empresa:

1 Manter o crescimento no mercado brasileiro

Recentemente, a taxa de crescimento das vendas começou a diminuir, mesmo ainda sendo altamente lucrativas, pelo fato de seus concorrentes, como a Avon, estarem melhorando seu desempenho. Serão cruciais a melhoria do marketing e a diferenciação de marcas, bem como a melhoria da eficácia operacional. Também serão prioridades a adequação dos níveis de estoque através de melhores previsões e o aumento da eficácia das consultoras de vendas.

A Natura também estudará formas de defender sua liderança no canal de distribuição direta, melhorando a qualidade das consultorias de vendas, fornecendo mais treinamento e informações, construindo relacionamentos mais estreitos com seus consumidores tradicionais. Ela pretende trabalhar com outras empresas integrando mais os cosméticos e apresentando um pacote mais amplo de soluções para os consumidores.

2 Entrar em mercados internacionais de grande crescimento

Isso acontecerá em mercados cuidadosamente escolhidos com base em suas taxas de crescimento, competitividade e adjacência em termos de língua, cultura e competências. Desenvolver novas redes de canais diretos levará tempo. Portanto, novos modelos de canais e formas de franquia serão explorados, bem como possíveis aquisições.

Em cada novo mercado, a Natura terá que desenvolver uma infraestrutura apropriada (produção, armazenagem e logística) em diversos mercados, que facilmente poderiam absorver grande volume de capital e trazer novos riscos ao negócio. Portanto, parcerias e terceirização serão importantes para o crescimento internacional.

3 Desenvolver uma administração mais flexível

Uma Natura mais diversificada em termos geográficos e de mercados que deve estar preparada para mudanças. Ela deve alcançar, em primeiro lugar, as melhores oportunidades, protegendo sua posição contra novos participantes e impulsionando a inovação. As subsidiárias e franquias geograficamente mais distantes exigirão maior autonomia e flexibilidade. Isso demandará um estilo gerencial mais adaptável e diferente.

A melhor maneira de escolher novos mercados é entrando neles, testando-os e aprendendo como se adaptar e evoluir. A única maneira de continuar apresentando crescimentos em torno de 30% será adaptando e inovando continuamente o negócio.

A estratégia de crescimento global exigiu que a Natura tomasse decisões difíceis. Pelo menos por enquanto, a empresa poderia permaner focada no Brasil, com sua economia explosiva e alta rentabilidade. Ou poderia pensar nos novos mercados do momento, como a China e a Índia, para onde todos se dirigem, o que provavelmente é uma boa razão para não fazê-lo. Ou poderia também tomar um caminho intermediário, levando suas forças e sua diferenciação para mercados que a valorizem mais.

Talvez não leve muito tempo até que os segredos das jovens do Brasil estejam disponíveis em sua vizinhança.

5.3 JAZZ DOS NEGÓCIOS
Aprender a improvisar com uma estratégia

Jack Welch afirma que "quando a taxa de mudanças dentro de um negócio é excedida pela taxa de mudanças fora da empresa, o fim está próximo."

Os mercados de hoje podem evoluir de maneira incrivelmente rápida. Novas ideias, estruturas, padrões e expectativas podem se espalhar do mesmo jeito que modismos. A velocidade é proporcionada pela conectividade de pessoas através da tecnologia, do surgimento de comunidades virtuais e do constante desejo dos consumidores de possuírem os itens de última geração, da moda, menores e mais rápidos.

Pode ser um telefone celular de vários aplicativos, uma nova linha dos calçados Puma ou o mais recente jogo interativo. Tão logo entram em um mercado, entram também em todos os outros. Antigamente, os filmes eram exibidos nos cinemas dos Estados Unidos seis meses antes do que na Europa. Atualmente, poucas semanas após seu lançamento em Los Angeles eles são vendidos pirateados nas lojas de Bangcoc ou estão disponíveis online a qualquer pessoa.

Da mesma forma como aconteceu com os produtos, a ruptura rápida e repetitiva do mercado de armazenagem de dados mostra como os grandes *floppy disks* foram substituídos por discos menores, que por sua vez foram substituídos pelos CDROMs e, finalmente, pelos dispositivos USB. Os benefícios trazidos pelos novos dispositivos foram enormes, multiplicando a capacidade de armazenagem, diminuindo o tamanho, tornando-os mais baratos e convenientes. No momento em que um novo dispositivo entra no mercado, todo mundo o quer. Basta um clique no amazon.com e você o receberá em poucos dias.

A entrada rápida, especialmente em mercados novos ou recém-definidos, exige a criação de um "vórtice de mercado" que envolva as pessoas como um redemoinho, construindo um *momentum* que mantenha o processo em andamento, derrubando os bloqueios físicos e mentais. O produto deve também aprender e evoluir enquanto faz o percurso, fixando sua posição e comprometendo os clientes antes que os concorrentes. O vórtice garante que você ocupe o espaço que deseja e que o impacto seja rápido.

Pense no iPod e no iTunes e na transformação que ocasionaram no setor da música.

1. Fazer o mercado
Encontrar as melhores novas oportunidades e utilizar a inovação para despertar uma demanda potencial inexplorada

2. Mudar o jogo
Redefinir o contexto do mercado, suas fronteiras e regras, os clientes e concorrentes

3. Formatar o mercado
Desenvolver o novo mercado de acordo com sua visão, como novos modelos de negócios e novas percepções de valores

O VÓRTICE DO MERCADO

O vórtice impulsionador do mercado também afetará mercados mais amplos e a nova concorrência. Inicialmente isolado e provavelmente não percebido, o vórtice começa a influenciar os concorrentes e outros novos participantes, condicionando o comportamento dos consumidores e trazendo novas expectativas. O vórtice modifica seu papel, passando de instrumento de entrada no mercado a instrumento que estabelece novos padrões e convenções. Ele muda o jogo. Por fim, começam a se formar novas condições de mercado e as empresas devem moldar ativamente essas novas estruturas à medida que ele se normaliza.

A velocidade e a agilidade são, portanto, cruciais em mercados dinâmicos.

Ao argumentar que a estratégia é muito burocrática e restritiva em um mercado dinâmico, alguns líderes empresariais podem parecer heróis empreendedores no curto prazo, mas fracassarão no longo prazo ao não fazerem as escolhas que resultarão em crescimento lucrativo e sustentável.

A agilidade pode ser construída na organização de muitas maneiras:

- **Estratégia dentro de limites** – em que as regras são simples: "é aqui que queremos chegar, com tais pontos essenciais e prioridades, e aquelas são as coisas que não iremos fazer, mas, de qualquer forma, depende de vocês...". Isso é empoderador e flexível, mas torna o planejamento de recursos mais difícil e exige maior transparência e competência gerencial.

- **Construir um ritmo estratégico** – apesar da maioria das estratégias abrangerem um período de três anos, elas devem ser revisadas e atualizadas anualmente. Isso cria um ritmo de 12 meses em sua organização que também determinará o ritmo de vendas e da inovação. A redução do ciclo de planejamento de 12 para 11 meses dará a sua organização um mês adicional a cada ano em relação a seus concorrentes.

- **Acelerar o processo estratégico** – em vez de transformar o planejamento estratégico em uma tarefa longa, dispersiva, consumidora de tempo e de preenchimento de tabelas, afaste seu pessoal durante duas semanas – para o que chamamos de "aceleradores de negócios", envolvendo algum trabalho prévio bem como um posterior ajuste fino – para que projete o futuro de seu negócio de forma que ele seja focado, dinâmico e colaborativo.

- **Acelerar a execução da estratégia** – certificar-se de que as estratégias sejam implementadas na organização através de processos rápidos. Isso pode ser alcançado protegendo-se as iniciativas principais para que não sejam distorcidas pelas regras convencionais, pela redução por paradas e etapas, por processos paralelos e pelo aprendizado e desenvolvimento de um conceito – testar, aprender, testar – quando ele está no mercado.

Sua "postura" de mercado se torna importante. Velocidade na execução é bom, mas trata-se também de constantemente sentir e responder, evoluir a estratégia à medida que o mercado evolui, moldando em vez de ser moldado pelos outros, apoiando-se o pé da frente em vez de o pé de trás.

FAIXA 5 Molde seu futuro, não se deixe moldar por terceiros

Claro que é bom ser voltado ao mercado e responder às ações competitivas. Melhor ainda é ser voltado ao cliente, respondendo as suas necessidades e desejos mutantes. Esses são os pré-requisitos.

Para ser bem-sucedido em novos mercados, porém, é necessária uma abordagem de moldagem deles, definindo a pauta, estabelecendo e colocando as regras de modo a adaptarem-se ao seu negócio, jogando com seus pontos fortes, moldando o mercado de acordo com sua visão, e não pela dos outros.

	Líderes de conceitos →
Voltados aos clientes Íntimo do cliente Serviço pessoal	**Moldam o mercado** Transforma os mercados Define as regras
Focados nos clientes Consciente do cliente Pensa no produto	**Voltados ao mercado** Genérico para o cliente Altamente competitivo

(eixo vertical: Líderes de clientes)

POSTURA DOS NEGÓCIOS

Lembre como era a vida antes do iPod. O setor da música estava em alvoroço, a falsificação era abundante, novos formatos lutavam por espaço e o Napster era, naquele momento, um site ilegal para baixar músicas no formato MP3 e já estava começando a ser notado. Jobs e a equipe da Apple não se lançaram em outra oferta similar, mas reavaliaram a situação e disseram "Como podemos fazer isso melhor, de forma diferente e de acordo com nossa visão em vez de utilizarmos a de outros?"

Quando Jobs assumiu a liderança da MacWorld e lançou sua versão de "Vertigo", do U2, o setor de negócios se transformou rapidamente. Enquanto os luminosos iPods provocavam o desejo, o correspondente site de downloads e o modelo de negócios iTunes redefiniam as regras do setor da música e remoldavam o mercado de acordo com a visão de Jobs.

Insight 15: GUCCI
Menos sexo por favor, somos italianos

A Casa Gucci, mais conhecida simplesmente por Gucci, foi fundada em 1906 na cidade de Florença por Guccio Gucci. Atualmente, a Gucci é a marca de moda mais reconhecida e de maior prestígio no mundo, gerando mais de US$ 7 bilhões de receita em suas operações globais no ano de 2006 e tendo sido classificada como a 46ª marca mais valiosa do mundo de acordo com a *Business Week* do mesmo ano. De propriedade da empresa francesa Pinault-Printemps-Redoute (PPR), opera cerca de 420 lojas em todo mundo, que são responsáveis por 70% de suas receitas.

Guccio Gucci era filho de um comerciante do norte da Itália. Iniciou a Casa Gucci como uma pequena loja de propriedade da família que vendia artigos de selaria feitos em couro. Guccio era um artesão excepcional e começou a vender bolsas de couro a cavaleiros em 1920. Jovem, rapidamente construiu a reputação de qualidade, contratando os melhores artesãos que encontrava para trabalharem em seu atelier. Em 1938, a Gucci se expandiu e abriu uma butique em Roma. Guccio foi o responsável pelo *design* de muitos dos produtos mais notáveis da empresa. Em 1947, introduziu a sacola de mão com alça de bambu que até hoje é a principal característica da empresa. Em 1950, desenvolveu o trançado listrado que se tornou sua marca registrada, cujo padrão se originou da barrigueira das selas. Também lançou o *moccasin* de camurça com fivela metálica.

Em 1953, seu filho Aldo ajudou a levar a empresa a uma posição de proeminência internacional, abrindo suas primeiras butiques em Londres, Paris e Nova York. No final de 1960, mudou seu alvo para o Extremo Oriente, abrindo lojas em Hong Kong, Tóquio e Coréia. Nessa mesma época, a empresa também desenvolveu sua famosa logomarca GG (iniciais de Guccio Gucci), o lenço de seda Flora (muito usado pela atriz Grace Kelly), bem como a sacola de ombro Jackie O, popularizada por Jacqueline Onassis.

A Gucci permaneceu como um dos melhores estabelecimentos de artigos de luxo do mundo até o final da década de 1970, quando uma série de decisões de negócios desastrosas e disputas familiares levaram a empresa à beira da falência. Conforme escreveu o editor da revista Vanity Fair, Graydon Carter, "a Gucci foi o pináculo da elegância graças a ícones como Audrey Hepburn. Porém, por volta de 1980, ela perdeu seu encanto, tornando-se uma marca de baixa qualidade de aeroportos."

Uma reviravolta na companhia no final de 1980 tornou a Gucci uma das casas de moda mais influentes do mundo e também uma operação altamente lucrativa. Em outubro de 1985, ela tornou-se sociedade anônima e fez sua primeira oferta pública de ações. Ela foi considerada a "Empresa Européia do Ano de 1988" pela European Business Press Federation por seu desempenho econômico-financeiro, por sua visão estratégica e pela qualidade de sua administração.

Em 1989, Maurizio Gucci conseguiu persuadir Dawn Mello, que havia reavivado a empresa de Nova York Bergdof Goodman, a ser o diretor de criação, que por sua vez contratou o jovem e desconhecido desenhista texano Tom Ford.

O começo da década de 1990, porém, trouxe um período pobre para a empresa e Maurizio reconheceu que era incapaz de conduzir o negócio, entregando a administração ao então cabeça da Gucci América, Domenico De Sole. De Sole substituiu Mello por Ford, reconhecendo que a marca precisava de uma imagem radicalmente nova e de investimentos. A PPR tomou 40% de participação no negócio, posteriormente aumentando para 68%.

A Gucci de Tom Ford era uma orgia de sexo e erotismo, celebridade e glamour.

Com seu bronzeado permanente e seu cabelo curto cheio de estilo, em jeans e jaquetas rasgadas, o texano era o centro das atenções. Suas mulheres desciam de limousines seminuas, com óculos escuros e sapatos de saltos altos. A Gucci foi acusada de adotar o "pornô chic", o que provavelmente se justificava considerando que uma das peças publicitárias de Ford mostra o G de Gucci depilado nos pelos públicos de uma modelo. Ele era carismático e criativo de uma forma agressiva, mas também foi responsável por colocar a Gucci de volta nos trilhos; era esperado com grande expectativa em shows de moda e posicionado no ponto alto das grifes.

No entanto, a Gucci passou a fazer parte de um negócio maior, cujos proprietários franceses não viam o futuro da marca em uma pessoa que punha seu ego acima de uma das mais valiosas marcas de luxo do mundo. De Sole e Ford foram substituídos por pessoas mais pé-no-chão, Mark Lee como CEO e Frida Gianni como desenhista chefe.

Lee descreve a visão de Ford como um ponto baixo para a marca Gucci, quando trocou sua sede nas charmosas ruas de Roma pelas escuras e agressivas boates de Los Angeles.

Por sua vez, Gianni diz que está muito mais interessada no cérebro que no corpo, entusiasmada para devolver a Gucci seu charme dos anos 1950, para suas raízes italianas, com design otimista e um pouco excêntrico, sensual em vez de sexy, mais para Isabella Rossellini do que para Paris Hilton.

O desempenho do negócio também está melhorando. A receita excedeu os US$ 3 bilhões pela primeira vez desde 2006, com o maior crescimento na América do Norte e na Ásia. Os lucros superaram os US$ 800 milhões. O negócio online está crescendo rapidamente, à medida que o portfólio de lojas aumenta, especialmente na China.

Bom senso e sensualidade estão vendendo mais do que sexo.

FAIXA 6 Inovação nos negócios

Ver as coisas de modo diferente, fazer coisas diferentes

"O negócio é um envolvimento contínuo com o futuro; um contínuo exercício de previsão."

Henry Luce

Uma abordagem mais inteligente à inovação que envolva uma melhor orientação do *agora em diante*.

- Definir as soluções mais plausíveis para produzir soluções mais claras.
- Convergir todas as boas ideias através de filtros comerciais e práticos.
- Identificar os ativos de negócios e explorar como podem ser utilizados de novas maneiras.
- Focar em soluções com enquadramento estratégico e utilizar melhor os ativos de negócios.
- Desenvolver um novo modelo de negócios – pessoas, processos e desempenho.
- Desenvolver melhores produtos e serviços, processos e soluções.
- Acelerar soluções para maximizar seu potencial comercial.

Uma abordagem mais criativa à inovação que envolva uma orientação do *futuro para o presente*.

- Explorar todas as soluções possíveis vendo as coisas de modo diferente.
- Divergir para explorar ideias sem limites pela ruptura e criatividade.
- Repensar o contexto para inovação vendo as coisas sob perspectivas diferentes.
- Fundir criativamente as melhores ideias para criar outras mais potentes e impulsionadoras.
- Moldar novos modelos de mercado – clientes, canais e competitividade.
- Criar conceitos característicos que envolvam as pessoas e melhorem suas vidas.
- Melhorar soluções através de contínuos testes de mercado e aprendizado.

A inovação é a força propulsora da competitividade, da diferenciação, da lucratividade e do crescimento. Embora seja facilmente enquadrada no organograma do desenvolvimento de produtos ou de tecnologia, na verdade ela é um desafio fundamental para todo o negócio. Ainda que possa também facilmente se tornar um termo da moda e ser esquecida quando os tempos se tornam difíceis, ela deve ser um processo permanente e contínuo. Pode revigorar, melhorar e transformar cada aspecto do negócio, tanto interna como externamente.

Em um mundo de intensa competição e imitação instantânea, a inovação deve ocorrer em grande escala – somente assim se tornará difícil de ser copiada, será diferenciada, terá um preço *premium* e formatará mercados. Apesar de muitas das disciplinas de desenvolvimento de novos produtos poderem ser aplicadas à inovação estratégica – pesquisa, criatividade, avaliação, testagem, lançamento –, elas são aplicadas dentro de um contexto mais amplo.

- **Inovação de negócios** guia o negócio holisticamente – produtos, serviços, canais, relacionamentos, processos, cadeias de suprimento, modelos de negócios e cultura organizacional.

- **Inovação de mercado** conduz os mercados potenciais – mais por influência e impacto, explora como transformar estruturas e práticas, desafia regras e convenções, muda comportamentos e expectativas.

- **Inovação de valor** captura ambos os aspectos da inovação de negócios e de mercado, desafiando-os e criando-os de forma que produzam a estratégia e criem situações ganha-ganha em termos de criação de valor para todos os *stakeholders*.

A inovação deveria ser conduzida por e envolver todos os líderes do negócio, contemplando equipes multifuncionais para garantir que as grandes ideias sejam levadas a toda organização. Isso exige participação em todo o processo, não somente nos estágios finais. Formas estratégicas de inovação exigem uma abordagem mais conceitual que envolva muitas áreas funcionais. Exige gerenciamento claro, processo disciplinado, produzindo um portfólio de oportunidades que terão impacto comercial ao longo do tempo.

Surpreendentemente, a inovação é o aspecto relacionado aos negócios pior gerenciado, segundo a pauta dos CEO do Fórum Econômico Mundial. Quantas organizações têm estratégias de inovação? Líderes para inovação? Processos para inovação? Orçamentos para inovação? Um departamento separado destinado à inovação raramente é dotado de recursos próprios (e podem ser contra-produtivos).

A inovação precisa, acima de tudo, de muito esforço e poder mental da organização para superar concorrentes em raciocínio criativo, envolver os clientes de novas formas e crescer mais que o mercado. Ao trilhar novos caminhos, você somente é limitado por sua imaginação.

6.1 ADQUIRIR UMA NOVA VISÃO DE MUNDO
Veja seu mundo por diferentes perspectivas

A inovação exige novas perspectivas, exige ver as coisas de forma diferente, imaginar coisas diferentes. Encontrar novos insights, melhores ideias e oportunidades. *The Innovation Compass* leva em consideração oito visões diferentes do mundo, primeiramente de forma separada e depois coletivamente, sob a ótica dos clientes, dos negócios, dos concorrentes, dos mercados paralelos, da tecnologia, da responsabilidade, das finanças e do futuro.

Após a clara definição de um problema ou de uma oportunidade (uma necessidade emergente do cliente, a queda de participação em mercados importantes, uma nova aplicação tecnológica, a convergência de mercados, um canal de distribuição com desempenho fraco ou a necessidade de um novo estilo de serviços), leve em consideração as maneiras possíveis de as abordar sob diferentes perspectivas. O que faria a Virgin? O que os clientes adorariam? O que teria feito Einstein? De que forma será o futuro? Quais novas tecnologias poderiam ajudar?

AS OITO VISÕES DE MUNDO

As oito "visões de mundo" que impulsionam a inovação estratégica são:

- **Mundo dos clientes** – explorar as necessidades e desejos da diversidade dos indivíduos, sua experiência em relação a você e aos concorrentes, suas frustrações, aspirações, confiança e lealdade.

- **Mundo dos negócios** – explorar os impulsionadores do desempenho do negócio, os problemas e oportunidades importantes, ativos, competências, suposições e ideias dos empregados.

- **Mundo do concorrente** – explorar os pontos fortes e fracos, posturas, diferenças, estratégias e ações potenciais de concorrentes diretos e indiretos.

- **Mundo paralelo** – explorar como as empresas em diferentes mercados abordam ou abordaram assuntos semelhantes; quem venceu e quem perdeu, e o que fizeram, mesmo em situações extremas.

- **Mundo tecnológico** – explorar os mercados emergentes como as tecnologias em rede, a computação, as tecnologias móveis, a inteligência artificial, a biotecnologia e a nanotecnologia.

- **Mundo ético** – explorar as questões cada vez mais vitais relacionadas ao meio ambiente, práticas éticas, comercialização justa, direitos humanos, comunidades locais, bem estar e transparência.

- **Mundo comercial** – explorar as consequências das mudanças de preços, custos, lucros, participação de mercado e as implicações mais amplas decorrentes das mudanças na legislação, na governança e na concorrência.

- **Mundo futuro** – explorar os cenários futuros com base em tendências emergentes, no reconhecimento de padrões e nas possibilidades aleatórias que possam surgir da ciência e da ficção científica.

Essas perspectivas fornecem uma riqueza de insights complementares e descontínuos.

Também podem ser fundidas com o conhecimento existente: comportamento do consumidor, pesquisa de mercado, pesquisas com empregados, imaginação da diretoria, desempenho do negócio, relatórios do setor de economia, insights tecnológicos, relatórios analíticos e pensadores catalíticos.

Coletivamente, elas sintetizam isso, fornecendo a base para insights mais ricos: novos pontos de vista sobre o futuro, padrões recorrentes sob diferentes perspectivas sintetizados em cenários sobre como poderão ser, identificação das tendências que serão mais importantes, com os propulsores de valor dos negócios que serão chave para transformar as inovações em desempenho comercial.

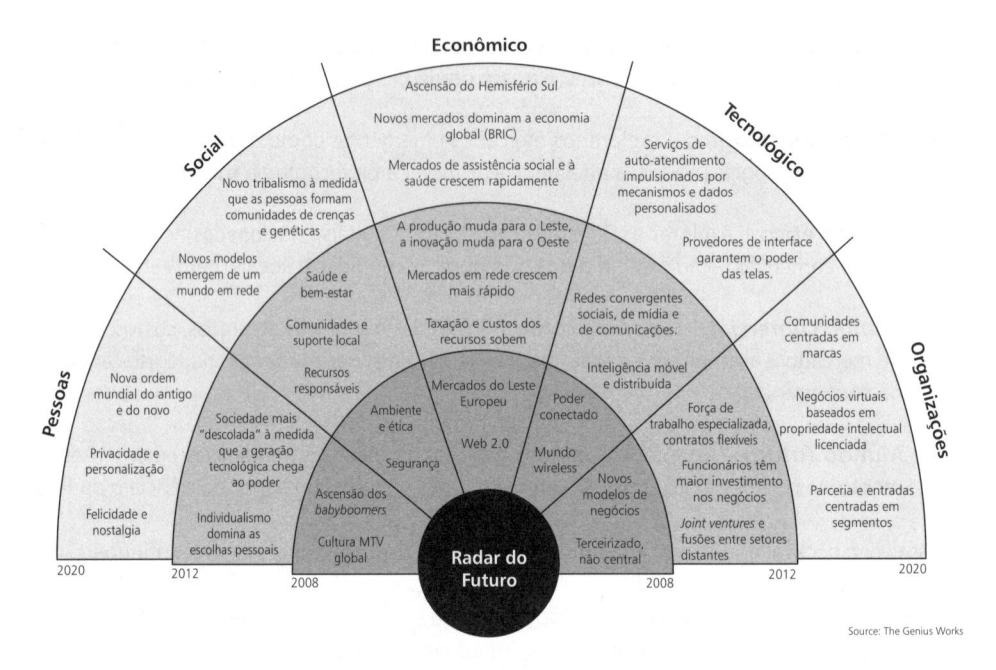

O "Radar de Mercado" mapeia os fatores-chave que influenciarão nosso futuro, estruturado por temas e períodos de tempo relevantes, identificando os prováveis impactos das mudanças ambientais e as melhores oportunidades para a inovação e o crescimento. O radar será diferente para cada mercado, e também para cada empresa, em função das suas prioridades estratégicas, ativos e ambições.

Insight 16: CIRQUE DU SOLEIL
Reinventando o mundo do entretenimento

Em 1987, o Cirque du Soleil assumiu o maior risco de sua breve vida, lançando o show chamado *We Reinvent the Circus* durante o Festival de Los Angeles, aceitando arcar com todos os custos em troca da receita da venda de ingressos.

Ele apresentou aos Estados Unidos a primeira amostra de sua abordagem inovadora das artes circenses – uma original e assustadora mistura de acrobacias, teatro, dança e música ao vivo. Foi a grande tentativa da companhia canadense de entrar no mercado americano e ser bem sucedida não somente nisso, mas também reinventando todo o conceito de circo.

Em *Blue Ocean Strategy*, Renee Mauborgne afirma que o Cirque redefiniu completamente seu mercado, seus concorrentes e seu público. Trata-se de um show? De arte? De entretenimento? Mauborgne afirma que o Cirque redefiniu seu espaço fundindo a emoção do circo com a sofisticação intelectual do teatro e do balé, criando uma nova modalidade de arte cênica.

De suas origens em Quebec, no ano de 1984, o CEO tocador de acordeão, acrobata e engolidor de fogo, Guy Laliberte, transformou um grupo de artistas de rua, que se auto-intitulava "Le Club des Talons Hauts" (o clube do salto alto), em uma empresa líder mundial. Atualmente, o Cirque é uma empresa de entretenimento com valor de mercado de muitos milhões de dólares, com mais de 50% de lembrança de marca nos Estados Unidos, que produziu 15 shows completamente diferentes e que se apresentou a mais de 40 milhões de pessoas pelo mundo.

PARTE II   Do futuro ao presente, do agora em diante

A inovação tem sido uma característica constante nas apresentações do Cirque e uma propulsora de seu rápido crescimento e reputação global. Como escreveu um de seus entusiastas no site *Lovemarks*,

> "A visão criativa do Cirque de Soleil me enche de encanto e espanto. Sou transportado para um lugar mágico por sua música, fantasias, personagens e apresentações. Alimenta minha alma e excita meus sentidos. Cada vez que assisto a um show, me inspiro no que o corpo humano pode fazer e a mente pode criar. Os espetáculos extremamente criativos me enriquecem e transformam."

No início de 1990, o Cirque fechou parcerias de longo prazo para apresentações permanentes no Mirage, da MGM, em Las Vegas, e na Walt Disney World, em Orlando. Isso lhe deu plataforma financeira para projetar-se internacionalmente na Europa, no Japão e na Austrália. Os shows continuaram aumentando em criatividade e também em riscos, sempre acompanhados por música original e fantasias artesanais, que também deram origem ao seu grande negócio de licenciamentos e merchandising.

Em 2001, o Cirque ganhou um Emmy na categoria Outstanding Non-Fiction Program pela série de *reality TV* Fire Within. Em 2003, eles ficaram ainda mais audaciosos com um novo show provocativo e sexy chamado Zumanity, destinado ao público adulto; ao mesmo tempo, seu site também conquistou muitos prêmios.

Vender os shows do Cirque tornou-se uma atividade quase desnecessária, tamanho o nível de interesse do público e da mídia.

Em cada local de apresentação, a companhia seleciona parceiros de mídia que, em conjunto, patrocinam e divulgam as mensagens promocionais. Mais de 15% de todos os ingressos são vendidos aos membros do Cirque Club, ao qual você pode se associar online e receber *newsletters* e convites para eventos exclusivos. Existem atualmente mais de 750 mil membros do clube. Esse é um entretenimento de tão alta classe que não é problema atrair o patrocínio de marcas como IBM, American Express ou BMW, o que aumenta ainda mais as credenciais das marcas *premium* do Cirque.

Outra fã do Cirque resume sua experiência:

FAIXA 6   Ver as coisas de modo diferente, fazer coisas diferentes

"O primeiro show que assisti foi a sua primeira apresentação em Nova York. Fiquei imediatamente hipnotizada pela propaganda e comprei os ingressos logo após o comercial. Queria participar daquele mundo... AGORA... A partir do momento em que você ingressa nas lonas amarelas, você é parte do mundo deles. Os palhaços aparecem antes do show começar, enquanto você está sentando. São como aperitivos, limpando e preparando sua paleta e sua mente, tirando instantaneamente suas preocupações e estresse, preparando-o para o prato principal, o show. A partir daquele dia, assisti a quase todos os espetáculos, que não me desapontaram até o momento. Eles transformaram o que chamamos de circo não utilizando animais e fazendo de nós, humanos, os instrumentos mais fascinantes, engraçados, sensuais, hipnotizáveis, admiráveis e espantosos. Eles continuam a empurrar os limites do entretenimento humano em todos os níveis."

Assim como o equilibrista em um fio, o Cirque precisa continuar a trilhar com cuidado equilibrado suas necessidades de gerar lucro com os investimentos necessários a um negócio artístico e criativo. Esse é o equilíbrio que permite à marca surpreender e encantar seu público em todo o mundo.

6.2   O PODER DOS CONCEITOS
Aplicando a inovação a uma ideia maior

A inovação trata da implementação comercial das melhores ideias, sejam elas novos produtos e serviços, novas maneiras de trabalhar ou mesmo um modelo fundamental de atividade pela qual você faz os negócios.

A inovação pode ter um escopo amplo ou estreito:

- **Conceitos** – novas ideias de negócios que se guiam pelas novas aspirações dos clientes, que redefinem o modo como as coisas são feitas e os modelos de negócios que as amparam. Considere o modo como a IKEA transformou o mundo do mobiliário doméstico com seus móveis projetados democraticamente. Ou as experiências da Nike de criação de experiências de bandeira de marca como a Niketown.

- **Soluções** – ideias de produtos e serviços mais funcionais ou tangíveis aos clientes e que os sirvam melhor individualmente ou coletivamente. Dentre os exemplos, podemos mencionar o aspirador de pó sem saco coletor da Dyson, o iPod como álbum de fotos digitais, as tarifas *pay as you go* da Virgin Mobile e o serviço de atendimento de estilo mais personalizado dos hotéis Ritz Carlton.

- **Mercados** – ideias que dão novo formato ao mercado, modificam o comportamento das pessoas, conduzem novas aspirações e criam novas dinâmicas comerciais. Imagine o café antes da Starbucks criar a loja de café moderna, da diversidade da oferta e da experiência *premium*. Da mesma forma, a Apple, particularmente o iTunes, transformou a dinâmica de escutar, comprar e armazenar músicas.

Na verdade, todas essas formas de inovação podem coexistir – um "conceito" pode permanecer como uma nova maneira de fazer negócios ou ser transformado em produto, exigindo que os clientes comportem-se de novas maneiras tão logo o produto chegue ao mercado. O conceito de lazer doméstico, por exemplo, foi produzido na forma do Tivo e da Sky+, enquanto as viagens livres de carbono apresentadas como a G-Wiz.

Igualmente, uma boa ideia de produto pode ser melhorada pensando-se em aplicações mais amplas, talvez mais estéticas do que funcionais. Esse produto ainda pode precisar influenciar de alguma forma a estrutura de seu mercado para ser aceito. A bolsa Gucci é muito mais do que uma bolsa funcional; para alguns, é um acessório da moda, semelhante a um casaco de grife ou um objeto de desejo como um automóvel novo.

A inovação tem diferenças tanto na escala como no escopo.

Veja sua escova de dentes ou seu xampu. Dificilmente são inovadores. Se uma marca chama a atenção, as outras também o farão. Se outra lhes dá cores mais alegres, as outras seguirão. Se uma tem um ingrediente especial X, as outras logo adicionarão Y. Isso não desbrava novos territórios, meramente nivela o jogo. Movimenta-se para a frente para permanecer imóvel.

As empresas formatadoras de mercados fundamentalmente os inovam – as necessidades dos consumidores, a estrutura da concorrência, os canais que as conectam, as regras pelas quais trabalham. Realmente, a inovação de negócios ou de produtos raramente produz um impacto dramático, a não ser que também esteja associada à inovação fundamental do mercado.

O negócio em si deve ser inovador em sua estrutura e financiamento, projeto, divulgação de marcas, proposições, utilização de canais e mídia, preços, serviços, promoções e prêmios.

Crossin the Chasm, de Geoffrey Moore, é um fabuloso lembrete de por que tantos produtos e serviços inovadores fracassam, não somente em mercados de alta tecnologia, mas em todas a categorias. O "abismo" no qual caem muitas grandes ideias e do qual nunca saem é a lacuna entre os que adotam as ideias rapidamente e o mercado de massas.

Enquanto os entusiastas das novidades entram em filas esperando por novos produtos, cegos pela crença na qualidade do produto, muitos outros consumidores não se precipitarão às portas da sua empresa. Levará alguns meses antes de eles se conscientizarem, se convencerem e serem persuadidos a aderir ao grupo dos primeiros usuários. Se as empresas não conseguem se mover do nicho inicial ao fluxo principal, dificilmente alcançam a massa crítica, e não possuem os volumes de vendas frequentemente essenciais para cobrir os investimentos iniciais no desenvolvimento do produto e na entrada no mercado.

Considere o sucesso limitado dos primeiros modelos de Macintosh lançados pela Apple e mesmo o seu mais recente iMac. Apesar de terem sido inovações fantásticas, nunca conseguiram entrar no fluxo principal. Em compensação, o iPod e seus derivados pularam sobre o abismo e entraram em todos os principais espaços. É um acessório da moda que tornou-se indispensável, além de ser uma grande inovação.

Moore afirma que as novas soluções devem ser comercializadas de maneira cuidadosa e diferente em cada estágio de sua maturidade. O engajamento dos entusiastas das novidades exige mensagens, canais e preços muito diferentes do que os necessários para engajar a população em geral. Mesmo assim, muitos diretores de marketing se desligam após o lançamento dos produtos na esperança de que ele aproveite a onda do lançamento e que uma mensagem, proposta e mesmo formato de produto engaje a todos.

Insight 17: 3M
"Contrabando" na empresa da inovação

Em 1969, Neil Armstrong deu os primeiros passos na Lua usando botas espaciais com solas de material sintético da 3M. Em 2000, Michael Johnson saltou para um título olímpico nos 400 metros utilizando sapatos feitos com o tecido da 3M Scotchlite Reflective Fabric, desenvolvido pela 3M com ouro de 24 quilates.

A 3M se descreve como "uma empresa de inovação". Anteriormente conhecida como Minnesota Mining and Manufactoring, hoje é uma líder global de US$ 18 bilhões cujo foco implacável está no crescimento lucrativo e sustentável. Seus 55 mil produtos abrangem áreas tão diversas quanto saúde, equipamentos de segurança, eletrônicos e mercados industriais.

Seus 67 mil empregados permanecem focados na criação de "soluções práticas e engenhosas para ajudar no sucesso de nossos clientes", sendo encorajados a buscar continuamente a inovação através de uma grande variedade de técnicas, que incluem dar a cada empregado 10% de seu tempo de trabalho semanal para trabalhar em cima de ideias malucas e insistir que pelo menos 30% da receita seja gerada por novos produtos.

A 3M tem uma longa história de inovação, não somente investindo em novas soluções, mas também transformando mercados e comportamentos de consumidores. Dessa forma, ela garante que suas criações, de lixas de papel a fitas adesivas, também se tornem práticas e rentáveis. Seu processo de inovação envolve uma abordagem integrada e paralela ao conceito, ao produto e à inovação do mercado.

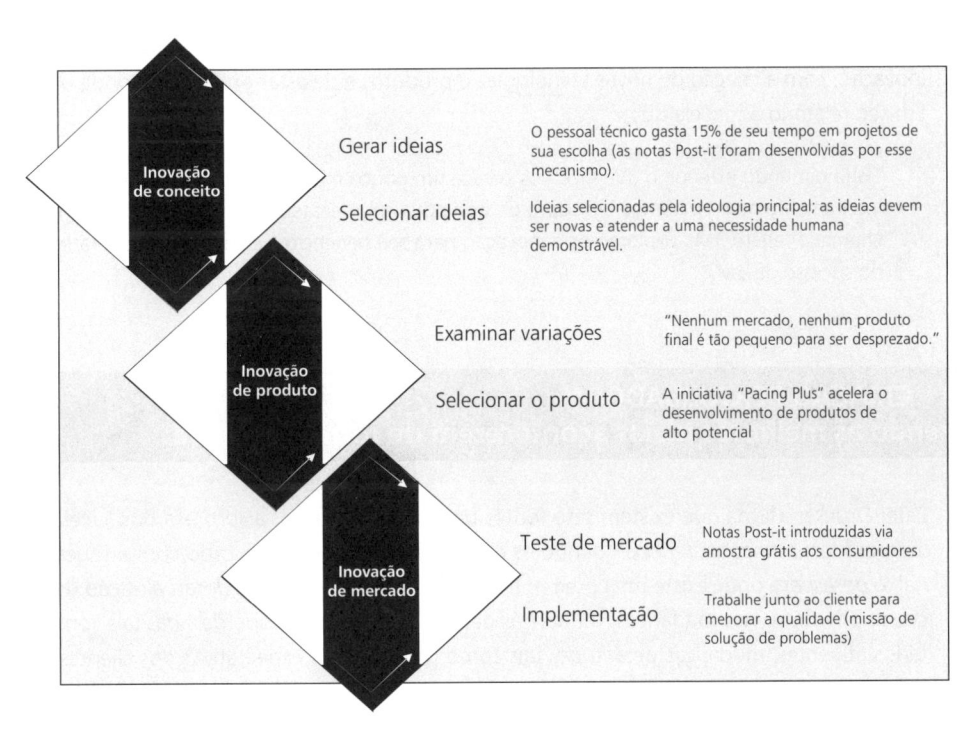

Faixa 6 Ver as coisas de modo diferente, fazer coisas diferentes

Inovação de conceito	Gerar ideias	O pessoal técnico gasta 15% de seu tempo em projetos de sua escolha (as notas Post-it foram desenvolvidas por esse mecanismo).
	Selecionar ideias	Ideias selecionadas pela ideologia principal; as ideias devem ser novas e atender a uma necessidade humana demonstrável.
Inovação de produto	Examinar variações	"Nenhum mercado, nenhum produto final é tão pequeno para ser desprezado."
	Selecionar o produto	A iniciativa "Pacing Plus" acelera o desenvolvimento de produtos de alto potencial
Inovação de mercado	Teste de mercado	Notas Post-it introduzidas via amostra grátis aos consumidores
	Implementação	Trabalhe junto ao cliente para mehorar a qualidade (missão de solução de problemas)

INOVAÇÃO NA 3M

Talvez a história mais famosa seja a do menino do coro que, durante um culto religioso, deixou cair seu hinário e junto todos os pequenos pedaços de papel que marcavam as páginas importantes. A observação levou à criação das notas Post-it, atualmente parte essencial de qualquer mesa de escritório e disponível em uma enlouquecedora variedade de cores, tamanhos e formatos.

O diretor e CEO George Buckley resume a cultura da empresa de ter um "infindável compromisso com a inovação, com a criação de novas tecnologias e produtos e de estar exatamente onde o cliente precisa". Em seu relatório anual ele diz:

> "Para o mundo exterior, o que fazemos parece um pouco mágico. Criamos categorias de produtos inteiramente novas e damos um sopro de vida nova em mercados desesperados por reinvenção. É o chamado 'efeito 3M'. Exploramos a inovação para seu benefício – essa é a mágica prática por trás do sucesso da 3M."

6.3 CRIAÇÃO PERTURBADORA
Fazendo as melhores ideias acontecerem de forma lucrativa

Peter Drucker afirma que existem sete fontes básicas de inovação: a *surpresa* dos sucessos ou fracassos inesperados; as *inconsistências* quando as coisas não se somam de acordo com a sabedoria convencional; o *desespero* onde existe uma premente necessidade de melhora; a *desatualização* de setores ou processos em atraso nas mudanças; mudanças demográficas ou de *modo de vida,* tais como a dos aposentados afluentes; mudanças de *atitude,* tais como percepções e expectativas dos clientes; e a *descoberta* de onde os novos conhecimentos ou competências promovem novas oportunidades.

Todos os fabricantes de aspiradores de pó concluíam automaticamente que um saco coletor era um pré-requisito para seus projetos – até que apareceu James Dyson. Todas as empresas aéreas pensavam ser irreal colocar camas em aviões destinados a vôos transatlânticos – até o momento em que a British Airways conheceu um projetista de iates. Todos os analistas pensavam ser impossível ganhar dinheiro a partir de informações grátis online – até o Google criar um modelo de negócios fundamentalmente diferente.

As inovações rompem com as convenções.

A rutura pode ser um desafio ou mesmo uma reversão na sabedoria percebida do mercado, na forma como as empresas ganham dinheiro, nas supostas necessidades dos clientes e nos tipos de soluções que as atendem completamente. Incubadoras de ruptura podem surgir de algo que crie um elevado grau de frustração nos clientes (por exemplo, refinanciar sua casa), de uma complexidade (por exemplo, como integrar seus diversos dispositivos eletrônicos) ou de um paradoxo (por exemplo, como fazer compras no atacado quando você não dispõe de espaço em sua casa para armazená-las).

Clay Christensen, professor de Harvard e autor de *The Innovator Dilemma*, descreve a frequente aparição da "inovação disruptiva" nos mercados de hoje, quando um líder de mercado (normalmente, até aquele momento, respeitável e lucrativo) é rapidamente humilhado por um novo entrante com um produto inferior, mas perfeitamente aceitável. Esse novo participante provavelmente prestou maior atenção às prioridades dos clientes, encontrando maneiras de atendê-las com menor custo ao invés de fazer mais do que o necessário, como o desafiado (bem como a maioria das marcas líderes) se sente tentado a fazer.

Imagine seu DVD *player*, seu telefone, sua câmera, seu PC; todos dispõem de mais funcionalidades do que você precisa. O que acontecerá se removermos as partes não essenciais, reduzirmos os custos de produção e os oferecermos a preços mais baixos?

Antes de 1960, as ferramentas elétricas portáteis eram pesadas e desajeitadas, projetadas para profissionais de serviços pesados, e também eram muito caras. A Black & Decker então criou ferramentas com partes externas de plástico, dotadas de motores universais com durabilidade de 25 a 30 horas (tempo de vida suficientemente longo para um "hobbista" ou jardineiro ocasional) e com preço dez vezes menor, portanto, mais acessível.

A inovação tecnológica muitas vezes pode obter o melhor das empresas. Uma vez que a megalomania assume as especificações do produto, o negócio pode ser ofuscado pela corrida competitiva para se obter soluções melhores, maiores, mais potentes, mais velozes, e pode facilmente perder o foco do que é importante para os clientes.

Com sua habilidade de conseguir cada vez mais através de processadores mais rápidos, componentes menores e maior capacidade de memória, a tecnologia pode facilmente nos distrair, forçando nossas empresas a adotá-las em sua próxima geração de produtos. Os clientes somente utilizarão a tecnologia até certo ponto, pois a maior parte dos dispositivos eletrônicos pode fazer mais do que você faria. A maioria dos softwares dos PCs permanece sem utilização e a maioria dos dispositivos pequenos é muito mais reflexo de aspirações estéticas do que de necessidades funcionais.

Performance dos produtos

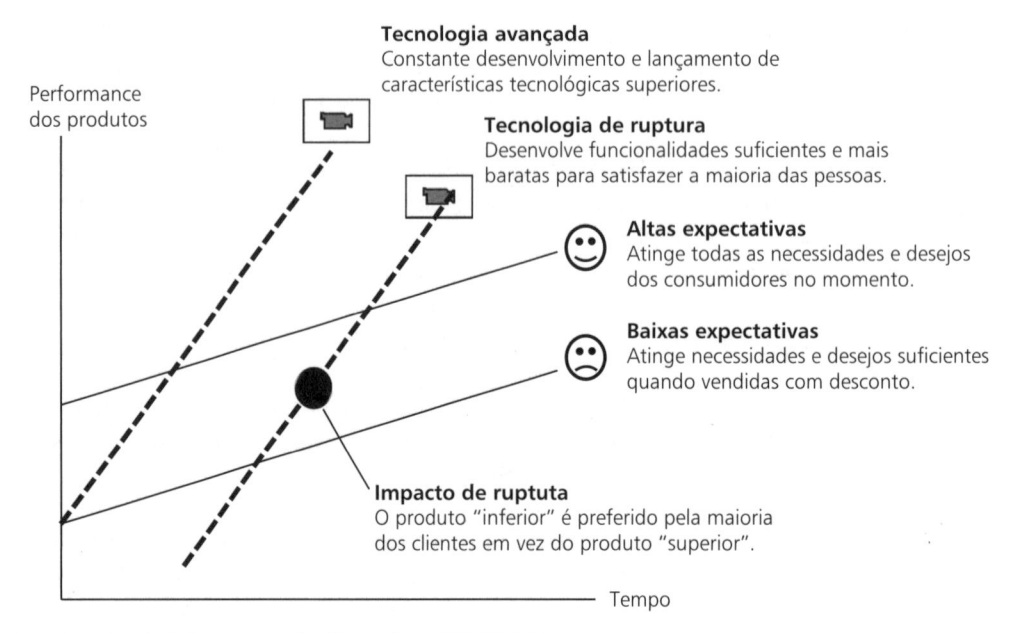

Tecnologia avançada
Constante desenvolvimento e lançamento de características tecnológicas superiores.

Tecnologia de ruptura
Desenvolve funcionalidades suficientes e mais baratas para satisfazer a maioria das pessoas.

Altas expectativas
Atinge todas as necessidades e desejos dos consumidores no momento.

Baixas expectativas
Atinge necessidades e desejos suficientes quando vendidas com desconto.

Impacto de ruptuta
O produto "inferior" é preferido pela maioria dos clientes em vez do produto "superior".

Tempo

INOVAÇÃO DISRUPTIVA (ADAPTADO DO PROF. CLAYTON CHRISTENSEN)

A "ruptura", conforme descrita por Christensen, acontece quando o progresso tecnológico está muito além das necessidades dos clientes ou do que eles conseguem. Esse limite excedido cria uma oportunidade para que os novos entrantes apresentem algo mais barato, mais simples e "suficientemente bom" para um número significativo de clientes.

A partir do momento em que esses novos participantes criam um novo nicho no segmento inferior do mercado, podem rapidamente persuadir mais clientes de que seus produtos são suficientemente bons para eles também. Essa ruptura pode ser relacionada a produtos, como no caso da ruptura ocasionada pela Dell no mercado de PCs, ou a mercados, como o eBay, que criou um mercado completamente novo.

Esse fenômeno pode ser visto em tudo, de dispositivos complexos para armazenagem de dados rompidos por dispositivos menores e mais baratos, a médicos frequentemente substituídos por enfermeiros; o mesmo ocorre em mercados tão diversos quanto o das empresas aéreas e o das seguradoras.

Comercialmente, não se trata somente de tecnologia, mas de modelo de negócios. Empresas pequenas e ágeis podem ser bem-sucedidas com modelos de negócios pouco atraentes a empresas maiores. Uma empresa existente pode precisar de 40% de margem de lucro para que um novo produto seja atraente, enquanto que uma empresa menor pode ser altamente lucrativa com margem de 20%.

As empresas maiores não têm somente pontos cegos financeiros em relação a essas oportunidades. As competências e a cultura também são fatores limitantes. A BMW se orgulha de sua excelência em projetos e produção, sendo, portanto, difícil aceitar fazer produtos "inferiores", não porque não funcionem, mas porque não são os melhores que ela pode produzir. Da mesma forma, a British Airways lutou para competir contra as novas empresas de baixo custo, como a Ryanair e a easyJet, em parte porque, culturalmente, é uma empresa aérea de serviços completos e que se orgulha do atendimento a seus clientes e vê no serviço limitado um conceito difícil de seguir.

Mesmo assim, empresas maiores que adotam o pensamento disruptivo também podem ser bem-sucedidas. O surgimento de empreendimentos corporativos e de *intrapreneurship* estão tão focados na substituição de paradigmas existentes do *core business* como na utilização de competências existentes ou de novas formas de IP. Ao sair da GE, o presente deixado por Jack Welch foi um programa conhecido por "destrua seu negócio", no qual o pessoal da empresa é incentivado a pensar como os empreendedores da Internet o fariam, e provavelmente o estão fazendo, para romper seu próprio negócio antes que alguém mais o faça.

A ruptura proporciona mais criatividade radical. Uma vez perturbado o *status quo*, torna-se necessária uma solução mais criativa para ser colocada no lugar da anterior.

Claro que criar o clima de ruptura é somente o ponto inicial, já que é preciso criatividade para utilizá-lo de alguma forma útil e diferente. Pense radicalmente sobre por que os mercados existem da forma como existem, e no que não devem transformar-se. Pense radicalmente sobre os modelos de mercado futuros e como devem funcionar. A criatividade pura é divertida e energizante, mas deve ser estruturada para apresentar resultados significativos.

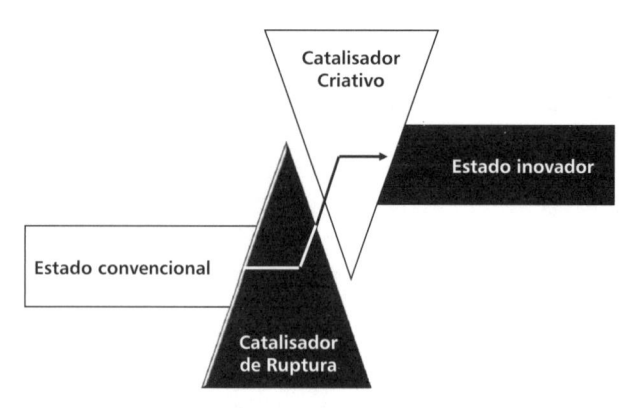

PERTURBAÇÃO E CRIATIVIDADE

Existem muitas técnicas criativas diferentes, algumas delas de alta tecnologia, exigindo equipamentos e preparo significativos, enquanto outras não exigem nada. Entretanto, a criatividade precisa de auxílio, bem como de estrutura. O desenvolvimento de longas listas de ideias pode ser útil, mas elas podem fragmentar e aborrecer pessoas se as ideias não são logo apanhadas, filtradas, conectadas e levadas adiante. Esse é o pior cenário, porque a falta de se "chegar a uma resposta" faz com que os executivos se comprometam com soluções fáceis ou simplesmente não façam nada.

O mais importante é que a inovação precisa de catalisadores de ruptura e criativos para quebrar convenções e explorar possibilidades. O pensador criativo Edward de Bono em algumas situações estimula um grupo a utilizar seus "chapéus de pensar" coloridos, a partir dos quais cada um dos participantes aborda uma perspectiva diferente do problema, ou simplesmente diz "tire um objeto de seu bolso". A equipe é então incentivada a gerar tantas soluções quanto possível baseadas nos atributos do objeto. "Como você resolveria problemas de estoques zerados de um varejista, comparando-o a um palito de fósforo?"

Catalisador de ruptura	
Mapeamento do valor	Onde é criado e destruído o valor do negócio e do cliente? Como é criado? Quem, o que, quando e por quê?
Identificação de *hotspots*	Identificar sobreposições e desperdícios, locais e fontes de complexidade e confusão. Onde estão os "sumidouros" de tempo e custos?
Busca das tradições	O que o tornou grande? No que você é ou foi famoso? Como alcançou isso? Conseguiria criar uma nova "tradição"?
Quebrar regras	Quais são as regras implícitas/explícitas dentro e fora do negócio? Existem outras? Teste/ estique até o limite.
Novas perspectivas	Abordando diferentes perspectivas, pontos de vista não relacionados, de *stakeholders* e concorrentes. O que ocorre se as inverter?
Filtros redutores	Reduzir aos componentes? Quais são os pontos comuns? O que aconteceria se eliminássemos aspectos de forma aleatória? São vitais? Melhores?
Crenças sagradas	O que você valoriza e lhe é precioso? O que isso possibilita ou restringe? O que aconteceria se adotasse uma nova fé?
Tecnologias de ruptura	De que forma as tecnologias emergentes desafiam, substituem, mudam ou melhoram a maneira como você faz negócios atualmente?
Dimensões do raciocínio	Mudar as linhas de raciocínio (parâmetros, blocos) nas quais você raciocina, planeja e trabalha.
O tolo corporativo	Questiona o inquestionável, muda a lógica e as premissas, abandona evidências, é artístico, lateral, sempre perguntando "por quê?".

Catalisador criativo	
Arquitetos de tendências	Extrapolar, aplicar, construir sobre tendências disponíveis de mudanças sociais, econômicas, políticas e tecnológicas.
Visões futurísticas	Quais são as possíveis visões do estado futuro – o que elas têm em comum e o que é diferente?
Novos horizontes	Projetar um futuro inspirador em palavras figuras e formas multidimensionais, simular uma jornada além do horizonte.
Trilha paralela	Aprender de outros lugares, por exemplo, setores, mercados e além do negócio (educação, leis, natureza, etc.).
Fusões criativas	Combinar novas ideias e convenções de maneiras altamente incomuns. Atrelar tensões positivas e o dualismo.
Dia perfeito	Juntar o melhor dos melhores, de todos os níveis de empresas, de dentro da empresa e em locais e tempos diversos.
Técnicas criativas	Explorar ferramentas de criatividade já conhecidas tais como raciocínio lateral, os chapéus de Bono, *brainstorming*, mapas mentais, etc.
Gênio coletivo	Atrelar as ideias das melhores mentes disponíveis para desenvolverem ideias criativas interativamente, por exemplo, descrição cerebral em tempo real.
Esportes radicais	Aplicar sua abordagem a situações extremas, como por exemplo, freios de carros ao ônibus espacial para ampliar desempenho e aplicações.
Crescer no paradoxo	Aceitar que o que a convenção estabelecia era inaceitável – reconhecer o paradoxo e o modo como "apanhar sua fatia e comê-la".

Existem muitas outras técnicas que podem ser selecionadas e combinadas, dependendo da natureza do problema, do grupo de pessoas envolvidas e dos objetivos mais amplos que as pessoas buscam alcançar enquanto o resolvem, como a formação da equipe e o envolvimento dos tomadores de decisão.

O processo de desenvolvimento por meio do qual ideias radicais se tornam inovações e realidade prática é diferente dependendo do desafio. Ele será desenvolvido por uma série de etapas, nos quais o conceito será cada vez mais filtrado, testado e formatado até que esteja pronto para o consumidor e seja comercialmente viável. Claro que esses filtros devem ser construídos de tal forma que facilitem as soluções não convencionais em vez de simplesmente apoiarem as convenções; devem reconhecer as necessidades ainda não bem definidas dos clientes ou as novas fontes de criação de valor.

Avançar

Atrelar uma ou mais dessas fontes ajuda a desafiar nosso raciocínio e a explorar novas abordagens para então pensarmos mais sobre como podemos transformar, de forma inteligente, as melhores oportunidades em realidade comercial.

Einstein afirmou que "é impossível solucionar um problema utilizando o mesmo raciocínio que o criou". Da mesma maneira, Tom Kelley, da IDEO, uma das empresas líderes no desenvolvimento de produtos, afirma que o processo de desenvolvimento é "parte criatividade, parte lógica e parte o movimento de *swing* do golfe". Novas soluções exigem visões radicais que rompam com as convenções e se tornem atraentes a patrocinadores e clientes. Como Kelly afirma, em parte essa visão será criativa (a nova ideia), mas também será baseada em alinhamento estratégico, análise do cliente e lógica comercial.

O ponto de partida é ser claro quanto ao problema ou à oportunidade de mercado a serem abordados, certificando-se que os patrocinadores e outros *stakeholders* concordem com o propósito da inovação. Isso deve então ser construído por meio de uma "imersão" no contexto da inovação – buscando pesquisas já existentes; falando com consumidores reais sobre suas necessidades e desejos, frustrações e aspirações, como vivem e trabalham; e trocando ideias com empresas inovadoras que superaram situações semelhantes em outros mercados.

Portanto, a inovação é um processo de "abertura e fechamento".

1. **Divergência criativa**: a criatividade nos permite estender nosso domínio de raciocínio para considerar o que é possível, mesmo que não seja prático ou rentável – e gerar muitas ideias diferentes. Quanto mais divergirmos, maiores as possibilidades que teremos de combinar e selecionar as melhores ideias. Tudo é possível. Não faça julgamentos nem filtre neste estágio. Você deve utilizar a mais ampla variedade de técnicas criativas, não se limitando às inadequações do *brainstorming*!

2. **Fusão de conceitos**: soma, conexão e combinação de diferentes ideias conduz a conceitos novos e diferentes – ainda uma abordagem criativa, a combinação de ideias que inicialmente podem parecer incoerentes, não convencionais e irreais é um modo de começar a impulsionar soluções mais expressivas. Utilizando correlações, você pode imaginar uma IKEA de seu setor empresarial, o que seria necessário para projetar um iPod/iTunes, ou como a Branson poderia reinventar seu mundo. Explore meios de utilizar seus melhores ativos nas melhores oportunidades. Dê forma aos conceitos mais fortes, talvez de 8 a 12 deles, com nomes de temas e ilustrações de como poderiam funcionar. Ainda não os julgue ou filtre.

3. **Convergência comercial**: nesta etapa, os conceitos são filtrados para que sejam prática, estratégica e comercialmente viáveis. Deve-se avaliar o enquadramento estratégico e o portfólio, os custos de desenvolvimento e operacionais, o momento de comercialização, os riscos envolvidos e o potencial de diferenciação e o simbolismo que a solução apresenta. Os conceitos que sobrevivem podem então oferecer oportunidades adicionais às conexões, reforçando-as ou dando-lhes um pequeno ajuste para melhorarem sua viabilidade. Ao mesmo tempo, é importante evitar sua mera adição a tudo, perdendo-se a claridade do conceito.

A melhor solução emerge apoiada por um *case* de negócios e um plano de implementação. Uma vez aprovado, o processo de desenvolvimento da solução deve ser mapeado, do ponto de como e quando alcançará maior impacto no mercado para trás. Quando as pessoas estariam mais abertas a comprá-lo? Quando, onde o como deverá ser lançado? Quais são as implicações trabalhando-se ainda mais para trás em termos de *design*, teste, elaboração de protótipos, do produto ou serviço em si, mas também em termos de sistemas e processos, treinamento, suporte, canais, vendas promocionais, embalagens e comunicação?

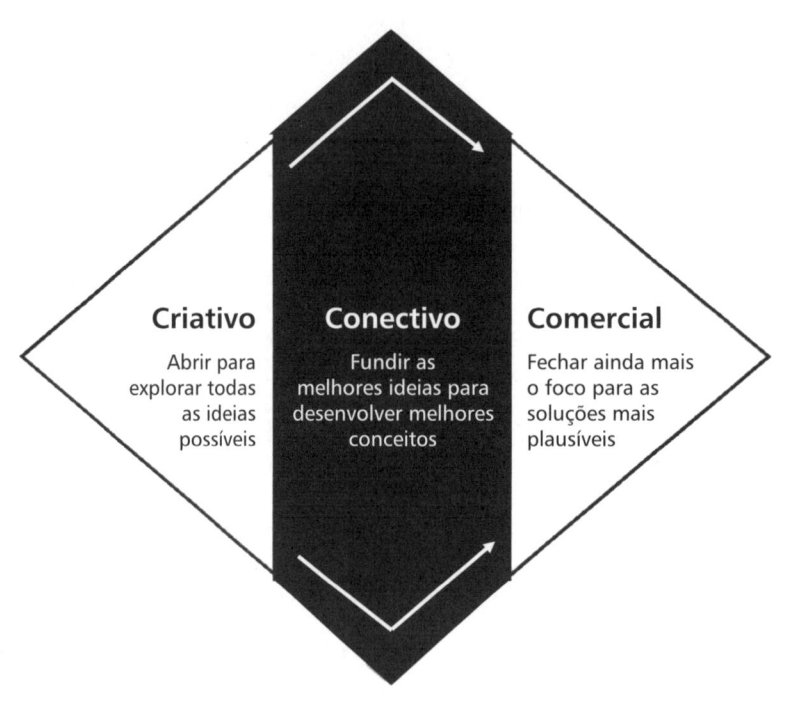

Criativo
Abrir para explorar todas as ideias possíveis

Conectivo
Fundir as melhores ideias para desenvolver melhores conceitos

Comercial
Fechar ainda mais o foco para as soluções mais plausíveis

O PROCESSO DE INOVAÇÃO 3C

Em mercados de mudanças rápidas, o lançamento é somente o começo de um desenvolvimento bem-sucedido. Em primeiro lugar, porque os pioneiros na adoção de uma solução são mais difíceis de satisfazer, podendo apresentar lições para a melhoria, apesar de exigirem soluções diferentes dos que permanecem no fluxo principal. Em segundo lugar, são as aplicações das soluções que realmente interessam aos clientes e são onde os novos produtos ou serviços têm o maior impacto, exigindo desenvolvimentos específicos. Em terceiro lugar, os próprios mercados devem ser desenvolvidos para aceitarem novos entrantes – com seu conhecimento, competências, distribuição, estruturas de suporte, produtos e serviços correlatos – se deseja-se que a inovação seja bem-sucedida.

A inovação deve estar incorporada na organização como uma prática fundamental e uma constante fonte de energia e oportunidades para as pessoas em todo o negócio. A estratégia da inovação impulsiona um portfólio de iniciativas desde conceitos do tipo "grandes apostas" até as pequenas melhorias que não exigem maior raciocínio. O portfólio do *mix* de iniciativas deverá balancear recompensa e risco, trabalhando em alguma forma de formatação de mercado de longo prazo, enquanto mantém produtos e serviços preparados e diferenciados no curto prazo. As inovações que rompem com as convenções podem precisar de uma "cerca de proteção" que as proteja das prioridades de curto prazo e da cultura organizacional existente, mas também que estabeleça modalidades de trabalho mais rápidas, criativas e colaborativas e que possam espalhá-las pela organização.

A liberação do poder da criatividade e da inovação por meio de estratégias, conceitos, ideias, insights, processos e culturas mais radicais é abordada detalhadamente no novo livro de Peter Fisk, *Creative Genius* (Capstone, 2008).

Insight 18: ZARA
O modelo de negócios de pronta entrega espanhol

Foi numa vitrine de loja na cidade espanhola de La Coruña que Amâncio Ortega e sua namorada viram uma bela camisola de seda com um preço bem acima das posses do fabricante de camisas.

Naquela noite, ele retornou ao seu estúdio e reproduziu o que tinha visto por uma fração do preço e, com a aprovação da namorada, lançou sua própria linha de roupas de dormir e *lingeries* elegantes porém acessíveis. A reação do público foi tão positiva que ele rapidamente ampliou sua linha de roupas, abrindo sua primeira loja na quieta e calma cidade pesqueira em 1975.

Ortega perseguiu sua visão de "roupas com pronta entrega", como ele as chama, traduzindo as últimas tendências das passarelas e das ruas em novas variedades mais rápido do que os outros.

O negócio cresceu rapidamente nos anos oitenta e, em 1989, ele abriu suas primeiras lojas internacionais, em Paris e Nova York. Talvez uma das abordagens mais interessantes tem sido as diferentes posições competitivas que a Zara adotou para diferentes mercados – na Espanha, a Zara está posicionada como alta-costura de baixo custo; nos Estados Unidos, seus preços são *premium*; e na Inglaterra, intermediários.

A Zara é atualmente a maior marca do grupo Inditex, com uma receita de US$ 8 bilhões, 32 mil empregados e 3100 lojas em 70 países. Inclui marcas como a Pull and Bear, Massimo Dutti, Stradivarius e

Bershka. Com Ortega à frente dos negócios, a sede do grupo fica a uma pequena distância de La Coruña. Seu campus enorme, porém minimalista, está cheio de designers totalmente imersos em suas pesquisas de mercado e revistas de moda, ou retornando de passarelas e tecelagens, prontos para levar suas últimas ideias para o mercado em tempo recorde.

A Zara foi descrita por Daniel Piette, diretor de moda da Louis Vuitton, como "possivelmente a mais inovadora e arrasadora varejista do mundo".

Velocidade e eficiência são as verdadeiras fontes do sucesso da Zara. Tudo está racionalizado de forma a assegurar que ela possa ser a primeira no mercado com a moda mais recente e a preços razoáveis. O conceito depende da criação contínua e da rápida reposição de novos modelos. A abordagem da Zara de "perceber e responder" faz com que ela ocupe o ponto máximo de liderança do ciclo da moda, quando a demanda e os preços estão mais altos, e isso, juntamente com sua eficiente cadeia de suprimentos, gera margens de lucro maiores.

Visite uma das 1050 lojas da Zara em 55 países e os mesmos modelos provavelmente não estarão na loja por mais de algumas semanas. Com novos produtos chegando diariamente e produzindo em torno de 10 mil designs por ano, não é espantoso que os clientes sejam compradores impulsivos e visitantes regulares de suas lojas. Em média, os clientes visitam as lojas da Zara 17 vezes ao ano.

A experiência dentro das lojas é também sua plataforma primária de marketing. Ela rejeita a publicidade em TV e mídia impressa. A empresa acredita que existe mais valor a ser ganho com melhores locais para varejo, interiores espaçosos e contemporâneos e com o impacto causado por suas elegantes sacolas azul marinho do que poucos segundos de tempo em horários congestionados e em duas dimensões. A Zara gasta em torno de 0,3% de sua receita em marketing; mesmo assim, conseguiu construir uma das mais desejadas e comentadas marcas do mundo da moda.

Amâncio Ortega, o velho camiseiro da Galícia, pode não ser o nome mais conhecido do mundo da moda ou ser comparado com Armani, Klein ou Dolce & Gabbana; porém, é um dos mais ricos. Com uma fortuna pessoal de mais de US$ 9 bilhões, é superado na lista dos mais ricos da Forbes somente por Bernard Arnault, o que o torna o homem mais rico da Espanha.

A cronologia da Zara

1963	Ortega inicia sua carreira como camiseiro.
1975	Abre a primeira loja Zara em sua cidade natal, La Coruña.
1980	A Zara amplia sua rede de lojas por toda Espanha.
1985	Inditex SA se torna o nome da corporação.
1988	A Zara se internacionaliza indo para Oporto, depois para Nova York e Paris.
1991	A Inditex lança a Pull and Bear, uma marca mais voltada para a família.
1995	Adquire a cadeia de roupas masculinas Massimo Dutti.
1998	A Inditex lança a marca Berksha, tendo como alvo as mulheres jovens.

1999 A Inditex adquire a cadeia Stradivarius, uma marca mais sofisticada.

2001 A Inditex lança as *lingeries* da marca Oysho e a empresa lança suas ações na bolsa de valores.

2003 As lojas Zara Home começam a se disseminar pela Europa.

2007 Ortega é classificado pela *Forbes* como o homem mais rico da Espanha.

De fora para dentro, de dentro para fora

Parte III

▶ De fora para dentro, de dentro para fora

"Se eu caísse em direção ao centro da terra ... oh, e saísse do outro lado, as pessoas caminhariam de cabeça para baixo?"

Lewis Carroll

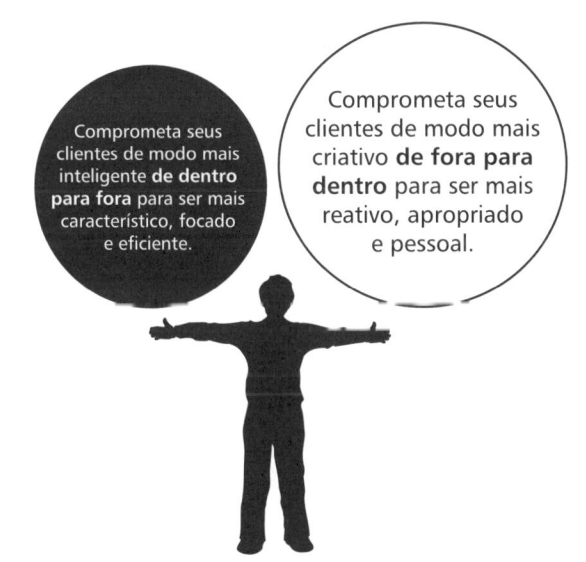

Comprometa seus clientes de modo mais inteligente **de dentro para fora** para ser mais característico, focado e eficiente.

Comprometa seus clientes de modo mais criativo **de fora para dentro** para ser mais reativo, apropriado e pessoal.

▶ Nos dirigimos ao trabalho usando viseiras.

▶ Em casa, somos exatamente como nossos clientes, seres humanos vivendo em um mundo complicado, tentanto fazer as coisas certas, mas frequentemente obrigados a fazer concessões enquanto esperamos alcançar nossos maiores sonhos. No trabalho, vivemos em branco e preto, definindo os limites do que nos interessa, procurando problemas finitos que se enquadrem em nossas soluções predefinidas. Limitamos a nós mesmos por nossas convenções, processos e preguiça.

▶ Olhar o negócio "de fora para dentro" amplia e enriquece nossa perspectiva, a partir da qual podemos competir.

▶ O poder passou dos fornecedores para os clientes. Em mercados com infinitas escolhas e excesso de oferta, são os clientes que detêm o controle. Desejam que as empresas façam negócios onde, quando e como quiserem. Não querem ser atrapalhados por processos internos ou burocracia e não gostam que a busca por lucros seja colocada acima de suas necessidades.

▶ Começar de fora para dentro e depois responder de dentro para fora é uma maneira mais focada e esclarecida de fazer negócios.

Faixa 7 O poder do cliente

Fazendo negócios nos termos do cliente

"Vejo uma mudança fundamental no poder do cliente, das pessoas. Isso exige que nos envolvamos, criemos e nos conectemos com os consumidores em uma escala que jamais vimos antes."

Mark Parker

Uma abordagem mais **inteligente** aos **clientes** que envolva uma orientação *de dentro para fora*	Uma abordagem mais **criativa** aos **clientes** que envolva uma orientação *de fora para dentro*
• Assumir uma perspectiva de mercado, os melhores mercados e segmentos.	• Assumir uma perspectiva de cliente, selecionando a melhor, mais individual.
• Segmentar fisicamente o mercado, motivações e o valor potencial.	• Customizar soluções e relacionamentos para os clientes de alto valor.
• Usar técnicas de pesquisa abrangentes para compreender as prioridades.	• Utilizar técnicas de pesquisa individual para compreender com mais profundidade os clientes.
• Quantificar as necessidades articuladas, prioridades e preferências por segmento.	• Descobrir necessidades, aspirações e estímulos.
• Organizadas por produtos, focadas em vendas e entrega transacional.	• Organizadas por clientes, focadas em soluções e relacionamentos.
• Fazer negócios em contexto de produtos e concorrentes definidos.	• Fazer negócios em um contexto mais amplo de clientes e suas aplicações.
• Fazer negócios em seus termos, o quê, quando, onde você quer.	• Fazer negócios nos termos do cliente, o que, quando, onde e como eles desejam.

Os clientes estão mais diferenciados, individualistas, discernentes e exigentes do que nunca. Enquanto há 100 anos um comprador de automóvel ficaria muito feliz em adquirir um Ford T, que raramente foi modificado em décadas, com "qualquer cor, desde que seja preta", os consumidores de hoje são inteligentes, cheios de expectativas e pedantes. Suas necessidades declaradas podem até ser verdade, mas suas necessidades e desejos não declarados muitas vezes são mais importantes.

Podem parecer ambíguos e inconsistentes, principalmente quando procuramos entendê-los de maneiras simples e em alto nível. Observe a BMW estacionada lá fora, comprada a preços mais em conta na Aldi, ou a bolsa Gucci encontrada nas prateleiras de desconto da TK Maxx. Suas aspirações e motivações são complexas e pessoais, e será necessário um psicoantropólogo muito experiente para decifrá-las.

Está ficando cada vez mais difícil encontrar lógica em tais mercados utilizando técnicas clássicas como a segmentação. Os clientes simplesmente não se encaixam mais homogeneamente nos padrões e nas diferenças entre eles. Algumas empresas acreditam que precisam fragmentar seus clientes em até 500 grupos antes de obter qualquer segmentação relevante. Esses grupos raramente seguem simples descrições físicas ou demográficas. Os códigos postais, grupos sócioeconômicos e ocupações são menos importantes para descrever quem somos.

Adicionalmente, a crescente complexidade de nossas vidas significa que provavelmente estamos em segmentos diferentes para diferentes atividades. Preparados para pagar um preço elevado para o melhor carro, mas querendo economizar cada centavo nas compras semanais. Muito preguiçosos para trocar o fornecedor de energia elétrica, mas prontos para viajar o dobro da distância para pegar um voo mais barato, além de dependermos de nosso humor ao fazermos essas atividades.

Nossos padrões de vida também são imprevisíveis. Com 500 canais de TV transmitindo 24 horas por dia, é difícil dizer quem estará assistindo o que, quando e como para dirigir a publicidade ou planejar a programação. Mudamos frequentemente de casa, nos casamos com mais frequência e trocamos de emprego após poucos anos. Os *baby-boomers* com mais de 60 anos provavelmente têm mais em comum com estudantes do que com a geração prévia de aposentados. Não podemos mais ser estereotipados. Considere algumas outras mudanças de atitude:

- Cada vez valorizamos menos os produtos. Em vez disso, mais importante é como nos comprometemos com uma marca por seu serviço e suporte.

- Respeitamos mais a juventude do que a velhice e aspiramos ser jovens sempre, em vez de cuidarmos de nossos idosos.

- Valorizamos a vida mais do que o dinheiro. Preferimos utilizar como moeda o conhecimento, a amizade ou o bem estar em vez de dinheiro.

- Procuramos destacar as coisas das quais gostamos ou valorizamos e minimizar as coisas que não gostamos ou não são importantes para nós.

Vivemos numa era do consumidor inteligente, em que, antes de uma transação, o consumidor provavelmente fez mais pesquisa de produto e comparação de preços do que um assistente de vendas. Podemos comprar qualquer coisa de qualquer lugar e esperar que seja entregue no dia seguinte. As questões éticas também são muito importantes – comercialização justa, distância, embalagens –, não como opção, mas como uma exigência básica.

Transparência significa que promessas têm de ser cumpridas – e, de fato, a confiança nas empresas e nas suas marcas tem sofrido com isso. Poucas companhias conseguem ser mais brancas que o branco. A confiança, entretanto, é um conceito relativo. De acordo com pesquisa realizada pelo Henley Centre:

- Um consumidor americano tem um índice de confiança na Starbucks de 69%, enquanto que um britânico tem 36% e um francês 12%.

- Confiamos mais nos bancos que nos advogados, apesar de os bancos nos prenderem a contas com retornos incrivelmente baixos.

- Confiamos mais em marcas globais do que em marcas locais em países em desenvolvimento, mas confiamos mais em marcas locais do que em marcas globais em países desenvolvidos.

O desafio ainda é o mesmo: compreender os clientes, desenvolver soluções para suas necessidades e conectar-se a eles de maneiras apropriadas, que resultem em sua satisfação, talvez até a sua lealdade e divulgação, e obter lucro para o negócio. Isso é simplesmente milhões de vezes mais complicado do que foi para Henry Ford.

7.1 MERGULHO PROFUNDO EM BUSCA DE INSIGHTS
Descobrindo o que realmente motiva e estimula as pessoas

Clientes são pessoas reais com uma diversidade de motivações e aspirações. Não podem ser listados como médias de uma análise de regressão. Descobrir que 52% das pessoas gostam de maçãs em vez de laranjas dificilmente significa que devemos abandonar uma pela outra, ou que deveríamos criar um tipo de combinação das duas. Pode soar ridículo, mas é o que frequentemente acontece. As empresas fariam melhor gastando seus enormes orçamentos de pesquisa e análise para compreender um menor número de pessoas de forma mais profunda, em vez de procurar as médias sem sentido das grandes amostragens.

Entretanto, antes de pularmos para o mundo do consumidor, é útil concentrarmos nosso esforço nos clientes que são, provavelmente, os mais importantes e mais relevantes para nós. A segmentação é um requisito fundamental para abordar qualquer mercado. Os clientes não são todos iguais em motivações e valores. Nenhuma empresa pode procurar ser tudo para todos. Poucas marcas conseguem ir além de 30% a 40% de participação no mercado, portanto, é muito melhor ver quais dos 30% a 40% você gostaria de buscar antes de tentar comprometê-los.

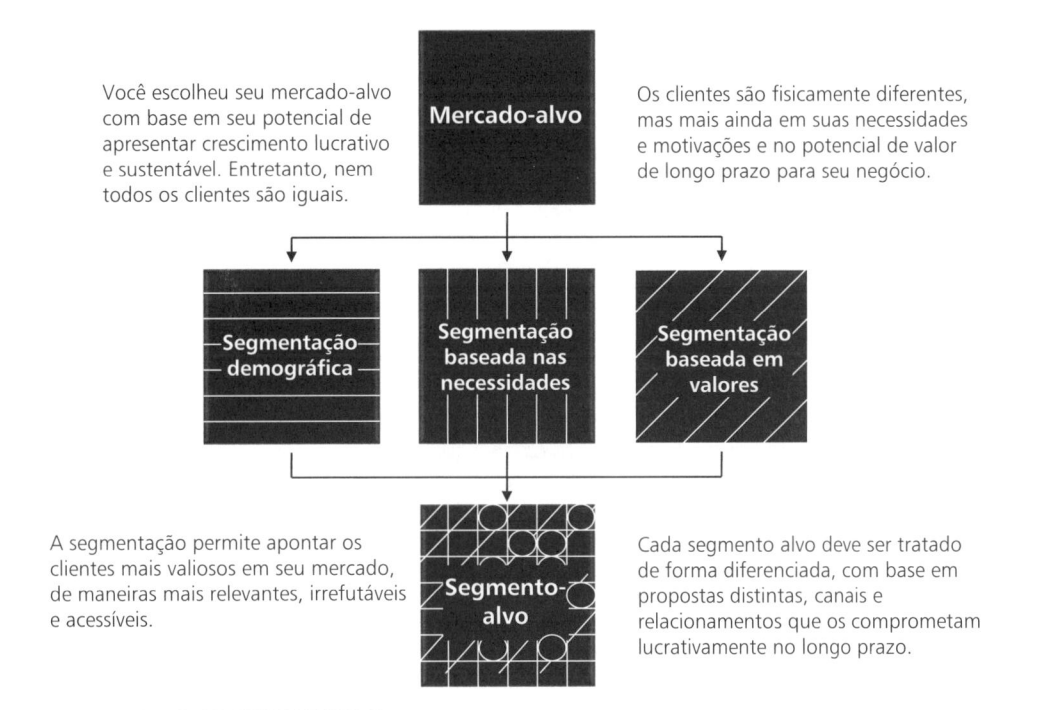

FAIXA 7   Fazendo negócios nos termos do cliente   **199**

Mercado-alvo

Você escolheu seu mercado-alvo com base em seu potencial de apresentar crescimento lucrativo e sustentável. Entretanto, nem todos os clientes são iguais.

Os clientes são fisicamente diferentes, mas mais ainda em suas necessidades e motivações e no potencial de valor de longo prazo para seu negócio.

- Segmentação demográfica
- Segmentação baseada nas necessidades
- Segmentação baseada em valores

Segmento-alvo

A segmentação permite apontar os clientes mais valiosos em seu mercado, de maneiras mais relevantes, irrefutáveis e acessíveis.

Cada segmento alvo deve ser tratado de forma diferenciada, com base em propostas distintas, canais e relacionamentos que os comprometam lucrativamente no longo prazo.

SEGMENTAR E MIRAR OS MELHORES MERCADOS

Com um público alvo melhor definido, como compreendê-lo mais profundamente? Como você consegue o verdadeiro insight?

O insight envolve muito mais do que resultados de pesquisas – é mais profundo. Diz alguma coisa nova e útil, considerando os aspectos nos quais você não pensou antes e que não estão descritos nas convenções dos mercados. Coloca o conhecimento no contexto. Descreve por que, como, quem e o quê.

O primeiro passo para alcançar um insight é parar de utilizar as pesquisas "como um bêbado usa um poste"; isto é, parar de colher mais informações do que você precisa, resistindo ao desejo de pesquisar a todos constantemente, perguntando todas as questões possíveis. Também há a tentação de entrar em uma pesquisa sem esclarecer seus objetivos, frequentemente descobrindo depois que não existe qualquer propósito nela ou que a mesma não consegue responder às questões mais importantes. As respostas geralmente são predefinidas pelo modo como as perguntas são feitas ou pelas opções dadas, prejudicando ou limitando as respostas.

Pesquisas em excesso perguntam ao cliente o que ele quer, mas raramente apontam necessidades não atendidas. Também é tentador usar as mesmas técnicas para tudo, por ser o método mais fácil ou o preferido pela agência de pesquisa. Adicione a isso a influência interna dos gerentes – o conhecimento preconcebido, o preconceito e a preguiça frequentemente fazem com que uma pesquisa relativamente criteriosa apresente um resultado insosso e banal quando filtrada pelos tomadores de decisão.

É bom lembrar que a novidade pode ser encontrada nas margens e não no fluxo principal.

As empresas precisam adotar abordagens mais planejadas para as pesquisas, a interpretação e a tomada de decisão, que propiciem e exijam o insight verdadeiro. A pesquisa deve ser definida com seu objetivo em mente, focada em saber mais sobre seus melhores clientes, procurando por anomalias e extremos em vez de médias. Utilize uma ampla variedade de técnicas de pesquisa, de teste de conceito e painéis de avaliação do humor a redes neurais e psicografia. Pesquise a fundo nos grandes bancos de dados de clientes que a maioria das empresas dispõe, mas que raramente utilizam. Descubra novas linguagens, metáforas e analogias para descrever os insights.

A neurociência pode, atualmente, oferecer às empresas uma abordagem mais científica para o entendimento das respostas humanas, com frequência utilizando técnicas para a obtenção de imagens do cérebro, como a ressonância magnética funcional, para entender o comportamento do consumidor.

O "Pepsi Challenge" foi conduzido enquanto o cérebro dos consumidores era escaneado. Quando a Coca-Cola e a Pepsi foram servidas separadamente e sem rótulos, a resposta à Pepsi foi cinco vezes mais forte – vista principalmente no putâmen ventral, um dos centros de recompensa do cérebro.

Entretanto, quando as marcas eram reveladas, quase todos voluntários preferiam a Coca. A Coca estimulou uma parte diferente do cérebro – o córtex pré-frontal medial, uma área mais associada ao raciocínio e ao julgamento e ao nosso "senso de interesse pessoal". A marca, ou pelo menos aspectos associados a ela, estavam claramente em sintonia com as pessoas em um nível muito mais elevado, sobrepujando as respostas mais funcionais.

O mais importante, porém, é sair da empresa e estar junto com os clientes.

Colocar-se no lugar deles, ver o mundo do jeito deles, experimentar os concorrentes, ou resolver seus problemas de formas diferentes. Observe como os clientes se comportam: o que é difícil, o que os frustra, como utilizam e armazenam as coisas. Observe todas as coisas irracionais que fazemos. Fale com eles, mas não assim: "Oi, sou da empresa X, o que você acha de meu produto?". Aprenda sobre suas necessidades, frustrações, ambições e desejos mais amplos. Aprofunde-se em assuntos que você sabe, a partir de pesquisas padrão, que são mais importantes às pessoas. Busque ideias. Ouça a linguagem que eles utilizam. Mantenha seus ouvidos e mente abertos. Capte as descobertas peculiares – não as descarte como maluquices de uma só pessoa.

As "pirâmides energizadoras" são uma maneira simples de saber o que realmente importa – racional e emocionalmente – aos clientes. Para cada pessoa que você encontra, bem como os fatos e histórias que você aprende, procure identificar o seguinte:

- ***O básico,*** que na visão dos clientes são pré-requisitos absolutos para qualquer marca, tanto fatores de saúde (segurança), como expectativas básicas – espera-se que mesmo os vôos de tarifas reduzidas sirvam bebidas, embora isso esteja incluído no preço.

- ***Capacitadores*** que ajudaram os clientes a fazer mais, que podem ser oferecidos por algumas marcas, mas não por outras, e que ajudaram a fazer parte da comparação racional em relação a marcas, preços, entregas mais rápidas, suporte 24 horas, opções de cores.

- ***Energizadores*** que podem parecer pequenos e triviais, mas que emocionalmente fazem uma grande diferença – um biscoito servido com o café, os jornais grátis, a escolha das músicas, o brinquedo grátis para as crianças, a empolgação dos vendedores.

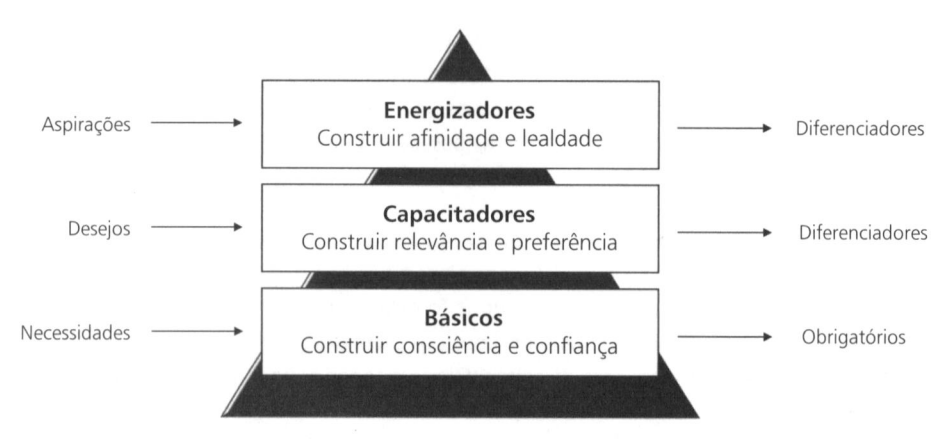

Parte III   De fora para dentro, de dentro para fora

```
Aspirações  →   ┌─────────────────────────────┐   → Diferenciadores
                │       Energizadores          │
                │ Construir afinidade e lealdade│
                └─────────────────────────────┘

Desejos     →   ┌─────────────────────────────┐   → Diferenciadores
                │        Capacitadores         │
                │Construir relevância e preferência│
                └─────────────────────────────┘

Necessidades →  ┌─────────────────────────────┐   → Obrigatórios
                │          Básicos             │
                │Construir consciência e confiança│
                └─────────────────────────────┘
```

A PIRÂMIDE ENERGIZADA

A pirâmide pode ser completada sob a perspectiva dos clientes – o que eles precisam, o que querem ou gostariam de ter – e sob a perspectiva da marca – os produtos e serviços oferecidos que atendem aos clientes em cada nível. É claro que atender aos desejos dos clientes é uma questão de escolha, decidir quais motivações serão atendidas e como se combinarão para criar a sua diferenciação – a fonte de sua vantagem competitiva.

Insight 19: DIESEL
O combustível de grife para uma geração descolada

"A Diesel não é minha empresa – é minha vida", declara a força que guia uma das marcas de jeans mais descoladas do planeta. Ele toma seu café expresso enquanto observa os vinhedos e as oliveiras da Diesel Farm, nas Colinas de Maróstica, ao norte da Itália, com a mesma paixão e criatividade com que criou uma das marcas de crescimento mais rápido do mundo.

Renzo Rosso é um empresário do estilo de vida.

Seus fãs incluem Kate Moss e Keira Knightley. Suas 320 lojas abrangem 80 países e sua holding, Only The Brave, gera uma receita acima de €1,5 bilhão. A Diesel não produz somente jeans, se estendendo a joias, relógios, perfumes, vinhos orgânicos e azeites de oliva. Sua fazenda não é somente uma vinha, mas o cenário de alguns dos mais impressionantes ensaios de moda já vistos,

Tudo, como a marca declara, para "uma vida bem-sucedida".

Em uma bela e pequena cidade, não muito distante da fazenda, encontra-se o motor da Diesel, as pessoas que são inspiradas pelo moderno produtor de vinhos. Designers e diretores de marketing misturam um estilo de vida mais descansado com as futuras ideias da moda. Em vez dos estúdios de Milão, eles preferem a antiga cidade murada de Bassano Del Grappa. Com seus telhados em terracota, ruas estreitas calçadas de pedras, você se surpreenderá de encontrar uma cidade cheia de tipos jovens criadores de tendências.

As ruas são tranquilas durante o dia, mas se enchem de vida e movimento quando o pessoal da Diesel sai do trabalho. Juventude e alegria, ideias e enegia. Observe atentamente e perceberá seus jeans de grife e suas bermudas feitas sob medida. De vez em quando, eles podem provar uma garrafa de Rosso di Rosso, encontrado em restaurantes da moda por €350 a garrafa.

A Diesel foi criada como uma marca de jeans por Rosso e Adriano Goldsmith em 1978. Em sete anos, Rosso assumiu o controle total da empresa e começou a construir um estilo de vida além do produto. Mas não se trata somente de marketing. A Diesel desenvolveu técnicas de tingimento do denim, sistemas de lavagem e tratamentos inovadores, cortes e detalhes. Em dois anos, formou uma cadeia de lojas por toda a Itália e estava pronta para levar seu estilo de vida de alta octanagem para o resto do mundo.

Rosso reconheceu que a marca poderia ser utilizada também em outros acessórios, e a marca principal "D-Diesel" foi logo utilizada em uma ampla coleção de roupas como camisas, jaquetas e sapatos. Para manter-se na moda para os jovens e também atingir o público mais rico e de mais idade, criou a marca Style Lab, bem como a 55DSL para os jovens urbanos. Mais recentemente, acrescentou joias, relógios e fragrâncias a sua linha por meio de parcerias com a L'Oréal, por exemplo.

Enquanto diversificava sua linha, a Diesel permaneceu focada no seu produto principal, desenvolvendo sua marca. Estabelecer personalidades de marca para engajar cada público foi importante. Ser *cool* é algo sutil, difícil de fazer certo. A marca foi obrigada a se adaptar aos tempos: tal como a música, celebridades, o que é moda em um ano pode, de repente, se tornar fora de moda no outro, exigindo que a marca se renove constantemente para permanecer no topo.

Diesel	Era 1 Rockabilly 1978–1993	Era 2 Fashionista 1993–2000	Era 3 Hedonismo consciente 2000–atual
Razão de ser	Vista os caras durões e suas garotas fumantes	Fazer as pessoas se sentirem diferentes e provocantes	Ajudar as pessoas a levar uma existência agradável
Público	Pretensos valentões	Fashionistas inteligentes e urbanos	Hedonistas da moda
Proposição de valor	Jeans e roupas de trabalho com aspecto de usados	Roupas da moda urbanas e acessíveis	Moda criativa, divertida e colorida
Diferenciação	Estilo de roupas gastas	Estilo arriscado, experimental e fortemente urbano	Roupas estimulantes e alegres
Personalidades	Caras durões, selvagens e aventureiros, vivendo no limite	Provocativas, polêmicas, sarcásticas e extravagantes	Espirituosa, culturalmente informada, consciente, irônica e ingênua
Associações	Rebeldes, garotas descoladas, motos, postos de gasolina, anos 60	Questões políticas, convenções, sociais e sexualidade.	Jovem, cheio de vitalidade e felicidade, hedonista e sensual
Linhas de autoridade	Jeans e roupas de trabalho	Jeans, roupas, sapatos, fragrâncias	Jeans, roupas, relógios, óculos de sol, sapatos, bolsas fragrâncias, hotéis, moda

EVOLUÇÃO DA MARCA DIESEL (FONTE: ENRIC GILL FORT, INSTITUTE OF DESIGN, IIT)

Após trinta anos, Rosso ainda é a força propulsora da marca, permanecendo apaixonado quanto mais ela cresce em mercados e categorias. Suas negociações inteligentes e seu talento criativo tornaram a Diesel um dos principais participantes do mundo da moda. Leia o rótulo de sua mistura pouco usual de Cabernet Sauvignon e Merlot enquanto descansa e aprecia o sabor da marca do estilo de vida:

> "... Minhas origens, a terra que amo, as tradições rurais de meu pai, o costume antigo do vinho doméstico com seu charme e toques secretos, agora juntos com as mais modernas técnicas, deram vida a um produto exclusivo... Aprecie."

A cronologia da Diesel

1955	Renzo Rosso, nascido em Pádua, estuda têxteis e produção.
1978	Constitui o Grupo Genesis, cujas marcas incluíam Hamnett e Diesel.
1985	Rosso adquire 100% da empresa. Diversifica-se de marca de jeans para marca de produtos de moda.
1987	A receita atinge €250 milhões, com crescimento da variedade de produtos e da cadeia de lojas nacionais.
1991	Lança uma estratégia global em comerciais peculiares e irônicos e o slogan "para uma vida bem-sucedida".
1995	Cria a Diesel Farm nas colinas de Maróstica, produzindo vinhos e azeites de marca própria.
1996	Recebe o Premio Risultati como melhor empresa italiana do ano.
1997	Considerado, segundo a revista Select, como uma das 100 pessoas mais importantes do mundo.
1998	Lança a marca Style Lab, destinada ao público classe A, vencendo como o comercial do ano em Cannes.
2004	A coleção limitada Diesel Denim Gallery é lançada em Nova York e Tóquio.
2005	Estreia nas passarelas do New York Fashion Week.

2005   Comemora seus 50 anos com o livro *Fifty*, que conta a história da Diesel e seu futuro.

2006   Lança sua coleção de joias e fragrâncias em parceria com a Fossil e a L'Oréal.

2006   A receita supera €1,2 bilhão, com 3,5 mil empregados e 320 lojas em 80 países.

7.2 ASSUMIR A PERSPECTIVA DO CLIENTE
Tirando as viseiras e vendo o mundo do cliente

Todo mundo já deve conhecer a Apple Store. Ainda assim, quando um grupo de altos executivos de um dos maiores varejistas do mundo foi visitá-la, teve dificuldade de compreender sua abordagem pouco convencional. Os espaços abertos e as mesas baixas, os produtos disponíveis para serem utilizados por qualquer adolescente ou mochileiro destoavam de suas crenças como varejistas. Por que as prateleiras não estavam atulhadas com o máximo possível de produtos em exposição? Por que não maximizavam a utilização do espaço nobre de varejo? Por que não havia assistentes de vendas tentando vender? A questão não é maximizar as vendas por metro quadrado, mas colocar a marca em evidência, engajar as pessoas, mudar atitudes, e não simplesmente vender. Os gerentes foram embora desafiando suas próprias convenções e crenças.

No dia-a-dia, somos todos clientes; porém, quando nos dirigimos ao trabalho, colocamos viseiras incrivelmente fechadas. Nos limitamos, de muitas maneiras, às nossas definições dos mercados nos quais competimos, às convenções reais e percebidas, aos nossos papéis limitados, aos produtos que vendemos e às prioridades de curto prazo que estabelecemos a nós mesmos para avaliação de resultados.

Os clientes não pensam desse jeito.

Os clientes têm uma visão de mundo mais ampla e interessante, não limitada por regras, funções, tempo ou definições do tipo "qual o nosso setor do mercado?". Você pode até vender uma bebida, mas o que eles querem é festa, encontrar pessoas, celebrar um aniversário. Você pode negociar um empréstimo para que comprem um automóvel novo, mas o que realmente querem é se autopresentear, ser os caras da moda entre seus pares ou viajar nas férias com a família com bastante espaço para respirar.

Nesses contextos maiores e mais amplos, a escolha de marcas baseia-se em um conjunto diferente de alternativas dadas por seus próprios concorrentes (de que forma eles podem tornar-se parte ou transformar sua imagem?), e o valor por eles atribuído a isso pode ser completamente diferente do de um produto baseado em preço. A mudança do contexto pode lhe dar uma oportunidade muito simples de fazer mais, de melhor alcançar necessidades e desejos – e, ao mesmo tempo, vender mais, cobrar mais, vender outras coisas e conduzir a um crescimento lucrativo.

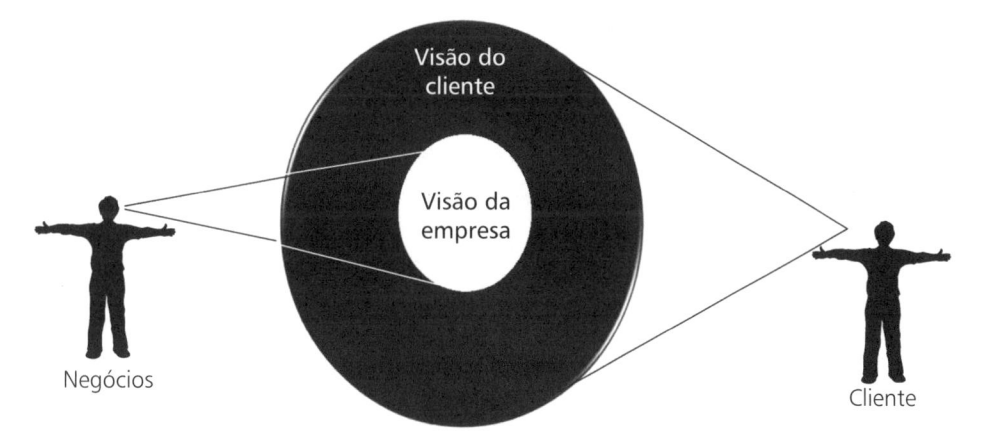

A PERSPECTIVA DO CLIENTE

No mundo dos negócios, definimos nossos setores – "trabalhamos com seguros" – e convenções – "os preços são baseados nos riscos do negócio" ou "nossas lojas estão abertas de segunda a sexta-feira, das 9 às 17 horas" ou "o contrato dura sempre 12 meses". De onde vieram essas convenções? Por que utilizamos essa linguagem? O que aconteceria se fizéssemos as coisas de forma diferente?

No mundo do cliente, utilizamos a linguagem verdadeira: "eu quero paz de espírito", "acho que a minha paz de espírito vale isso tudo" ou "gostaria de arrumar isso domingo à noite". Mas também vemos um mundo maior; uma pessoa vê um automóvel como um símbolo de status, outra vê como parte das férias da família. Para algumas pessoas, o telefone é um facilitador social, enquanto que para outras é um instrumento de trabalho. Para uma pessoa, um empréstimo é um refinanciamento de um débito, para outra é um instrumento de realização de sonhos.

O que importa não é o produto em si, mas o que o cliente faz com ele.

A BMW não vende carros, ela vende a experiência de dirigir; a IKEA não vende móveis, mas sim soluções para a casa.

Independente do que você fizer como negócio, os clientes normalmente têm uma pauta de interesses mais ampla. Solucionar seus problemas e desejos é muito mais do que envolvê-los. Utilizar a sua linguagem é muito mais humano. Ajudá-los a resolver seus problemas ou a alcançar suas ambições permite vender uma maior variedade de soluções a partir de sua própria variedade e também de outras marcas. Isso o torna um parceiro de longo prazo.

Não delegue essa tarefa ao cliente; como executivo ou diretor, você também tem de ver o mundo lá fora.

Leve o seu CEO, seu diretor financeiro, sua equipe para comprar, beber ou fazer qualquer coisa que os clientes façam. Leve-os a concorrentes radicais ou a mundos análogos. Ajude-os a ouvir e a raciocinar sem preconceitos, a ver as coisas de modo diferente. Faça-os escrever seus insights pessoais e os compartilhar. Você se surpreenderá de como incidentes se tornarão lendários na sala de diretoria e como pequenos insights começarão a ser discutidos no lugar de resultados financeiros.

Envolver os executivos em um "mergulho profundo" no mundo real dos clientes é uma forma incrivelmente simples e poderosa de criar novas ideias, apoiar novas iniciativas e de comprometê-los com o resultado. Imergi-los no mundo do cliente é uma forma estruturada e simples que deve ser o ponto inicial de qualquer decisão importante.

Os executivos gostam de aguardar que as propostas lhes sejam apresentadas por seu pessoal. Entretanto, a torre de marfim é o pior local para se tomar uma decisão. Na P&G, cada gerente, incluindo A.G Lefley, o CEO transformador, gasta semanalmente algum tempo em lojas e residências – não para cumprimentar as pessoas, mas para aprender como fazer as compras da semana em 30 minutos com um bebê chorando ou entender a paixão com que os chineses veem uma cozinha limpa e organizada.

Uma empresa multinacional de petróleo afirma que quando chega o momento de decisão sobre grandes investimentos, as escolhas intuitivas de seus gerentes seniores são muito melhores do que aquelas baseadas em projeções de fluxos de caixa. O desafio consiste em garantir que a intuição desses tomadores de decisão seja baseada no mundo real ao seu redor.

"Re-enquadrar" o contexto de negócios é talvez a forma mais poderosa de transformar a cultura de uma empresa, de impulsionar a inovação radical e encontrar uma vantagem competitiva sustentável. Através do re-enquadramento você redefine seus limites, desafia convenções e pode engajar clientes de uma forma mais relevante, irresistível e rentável.

Insight 20: FC BARCELONA
Junte-se à paixão dos catalães

Seu lema é "Más que un club".

O Fútbol Club Barcelona, ou Barça, como é carinhosamente conhecido, foi fundado em 1899 por Hans Gamper. Atualmente, é um dos clubes mais ricos do mundo e, ao contrário dessa nossa época de proprietários milionários, é de propriedade de seus apoiadores, ou pelo menos de 130 mil deles. Também é um clube de muitos esportes, um dos líderes de pelo menos 10 disciplinas esportivas, da natação ao basquete.

Entretanto, o Barça é muito mais do que um clube esportivo. Para milhões de pessoas em todo mundo, é um símbolo de identidade em termos de sociedade, política e cultura. Em tempos mais difíceis, o Barça era o estandarte do desejo de liberdade, reconhecimento e sucesso da Catalunha e do povo catalão. A bandeira do clube foi utilizada como expressão do orgulho local quando a bandeira da Catalunha foi banida por Franco.

Ele é muito mais do que um clube de futebol.

A sede do Barça é o Camp Nou, o maior estádio de futebol da Europa, construído em 1957 e ampliado em 1982 para uma capacidade de 100 mil espectadores sentados, com uma lotação média de 73.400 pessoas. O clube, entretanto, tem uma quantidade de fãs estimada em 13 milhões, dos quais 60% são internacionais, 61% em faixa etária acima de 30 anos e 70% são homens.

Toda semana os *blau-grana* saem cheios de expectativas, mais parecendo gladiadores do que torcedores de futebol. O atacante brasileiro Ronaldinho (considerado o melhor jogador do mundo em anos anteriores) lidera uma coleção de estrelas globais que são atraídas pela atmosfera do clube.

Vencer é tudo no Camp Nou. Não vencer La Liga Española é uma coisa; chegar atrás do Real Madri é um desastre completo. Em 2006, os catalães foram campeões da Espanha bem como da Europa. Em 2007, terminaram com o mesmo número de pontos que seu grande rival, mas perderam por seu pior desempenho durante o campeonato.

O Barça, porém, é um clube com uma diferença.

É aí que os fãs, em particular os sócios pagantes do clube, se tornam tão importantes. Como sócios, eles têm direito a voto e, juntos, administram o clube. O presidente é escolhido pelos votos dos associados, com eleições baseadas em manifestações sobre a contratação de determinados técnicos ou jogadores para vencer a Copa da UEFA.

Os jogadores também devem ser contratados com recursos financeiros dos membros ou outras receitas comerciais geradas pelo clube. Esse é um enorme contraste com os patrocinadores de outros clubes, que os empurram propositalmente a grandes débitos para comprarem os melhores jogadores – o que cria um modelo econômico difícil para o Barça, que sabe que deve operar no ponto de equilíbrio para poder competir.

Nos últimos anos, o mundo do futebol mudou enormemente. Apesar da lealdade dos fãs poder ser alavancada através do merchandising da marca e de acordos de licenciamento – que vão da venda de bandeiras do clube, de hospedagem, viagens internacionais a telefones móveis –, o custo para competir cresceu astronomicamente, pois os valores dos salários e prêmios dos jogadores explodiu.

Futebol	Década de 1980	Década de 1990	Década de 2000
O que importa	Resultados dos jogos Apoio local Renda de TV Patrocínios	Resultados dos jogos Apoio nacional Direitos de transmissão Parceiros licenciados Gerenciamento da marca	Resultados dos jogos Apoio global
Modelo de negócios	Dia do jogo Evento circense	Relacionado ao jogo Negócios de mídia Exemplo, MTV	Negócios de mídia Entretenimento Experiência de marca Exemplo DisneyWorld
Desempenho	Baixas receitas Custos baixos Não lucrativo	Receitas ascendentes Custos crescentes Lucros voláteis	Altas receitas Altos custos Lucros consistentes

MUDANDO O NEGÓCIO DO FUTEBOL

O Barça precisava de dinheiro, novas ideias e mais sócios.

Em 2004, o recém-eleito presidente Joan Laporta, um advogado carismático, começou a transformar o clube. Enquanto gastava €100 milhões em novos jogadores, introduziu um novo rigor comercial por trás das cenas. Juntou uma nova equipe administrativa, recrutada de empresas como Nike e Tiscali, com formação em marketing e tecnologias digitais.

Lançou então uma nova campanha associativa – a "Big Challenge" –, desenvolvendo e mostrando os benefícios e envolvimentos de seus membros no clube. Isso tocou o orgulho catalão de seus apoiadores. Focou na capacidade dos sócios de influir diretamente na administração do clube. Também ofereceu uma ampla variedade de benefícios, de cadeiras preferenciais a descontos de marcas parceiras na Barça TV.

O resultado foi um acréscimo de quase 20% no número de sócios, chegando a 135 mil. A receita cresceu em torno de 23%, para €208 milhões em 2005 e €240 milhões na temporada seguinte, com lucro recorde de €15 milhões. Suas aspirações, entretanto, são mais altas, mas ainda compatíveis em um país onde o futebol gera mais de €8 bilhões, em torno de 1,7% do PIB da Espanha.

Os catalães estão voando alto novamente, dentro e fora do campo.

Com novos jogadores e uma multidão de torcedores ainda maior, o Barça anda na direção certa para se tornar o melhor e o mais bem apoiado clube de futebol do mundo. Sua enorme base de fãs lhe permite negociar grandes contratos de transmissão, incluindo o de €54 milhões com a Televisión de Catalunya. Enquanto isso, a Havas foi chamada para coordenar os patrocínios e a Telefónica Móviles formou uma parceria inovadora para celulares. A Nike possui os direitos de licenciamento da marca Barça em todo mundo e administra a loja do clube, La Botiga, dividindo em igualdade todos os lucros com o clube.

Surpreendentemente, o Barcelona é o único grande clube da Europa a não ter patrocinador nas camisetas, negócios que podem gerar um valor em torno de €80 milhões, a quantia que a AIG pagou para as camisetas do Manchester United. Algumas vezes, os sócios que apóiam o clube não ficam felizes de comprometer seu amado clube por dinheiro. Qual a marca mereceria ser colocada em suas camisetas, argumentam eles?

Em vez disso, eles concederam esse espaço publicitário privilegiado à Unicef, sem custo, como parte de uma iniciativa mundial mais ampla de caridade por parte de seus jogadores e apoiadores.

O Barça é um clube com uma diferença, um clube do povo.

7.3 NEGÓCIO CENTRADO NO CLIENTE
O que significa ser um negócio centrado no cliente

Colocar o cliente no centro do raciocínio vai muito além da realização de pesquisas, da geração de ideias ou mesmo da cultura de serviços. Isso pode afetar cada aspecto de seu negócio. A Tesco e a Toyota são dois exemplos de empresas líderes de mercado que adotaram uma abordagem "enxuta" em seus negócios. De maneira simples, isso significa que elas reprojetaram seus negócios de fora para dentro, somente fazendo o que é importante para os clientes, projetando processos a partir do consumidor, fazendo negócios nos termos do cliente. São dois os resultados dessa postura, uma maior intimidade com o cliente e uma maior eficiência do negócio.

O raciocínio "de fora para dentro" em vez de "de dentro para fora" começa com oportunidades em vez de competências – identificando os melhores mercados e então desenvolvendo as competências para conquistá-los; identificando os melhores clientes e então juntando os produtos certos e as soluções que permitam alcançar seus objetivos. Isso se aplica a todos os aspectos de seu negócio, fazendo o que, quando, onde e como os consumidores querem, e não necessariamente quando, onde e como você faz.

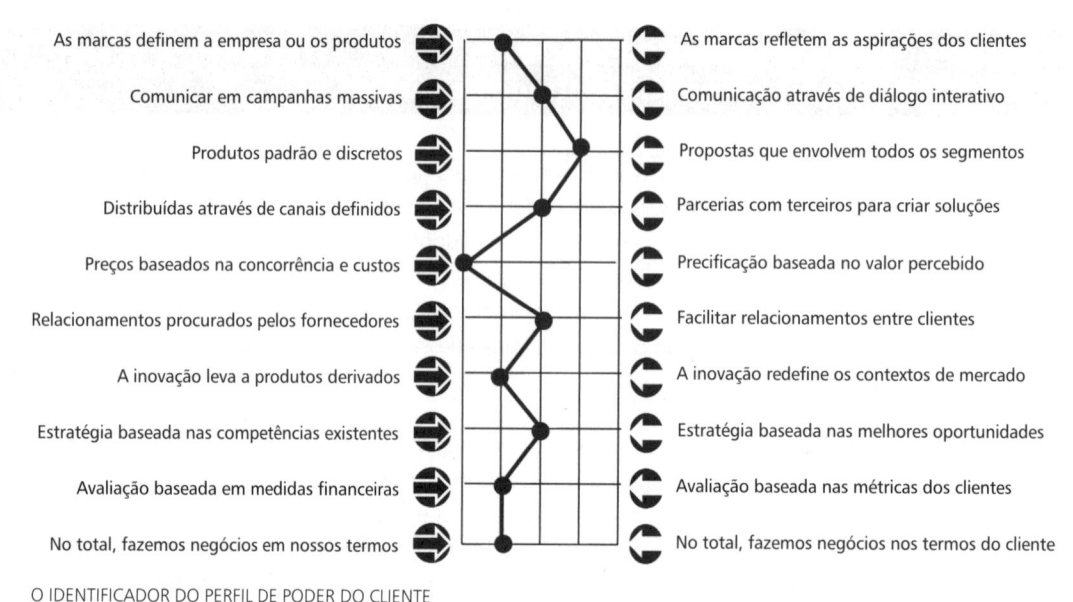

Lado esquerdo	Lado direito
As marcas definem a empresa ou os produtos	As marcas refletem as aspirações dos clientes
Comunicar em campanhas massivas	Comunicação através de diálogo interativo
Produtos padrão e discretos	Propostas que envolvem todos os segmentos
Distribuídas através de canais definidos	Parcerias com terceiros para criar soluções
Preços baseados na concorrência e custos	Precificação baseada no valor percebido
Relacionamentos procurados pelos fornecedores	Facilitar relacionamentos entre clientes
A inovação leva a produtos derivados	A inovação redefine os contextos de mercado
Estratégia baseada nas competências existentes	Estratégia baseada nas melhores oportunidades
Avaliação baseada em medidas financeiras	Avaliação baseada nas métricas dos clientes
No total, fazemos negócios em nossos termos	No total, fazemos negócios nos termos do cliente

O IDENTIFICADOR DO PERFIL DE PODER DO CLIENTE

Faça a você mesmo as seguintes perguntas:

- Sua marca define os clientes-alvo e suas ambições ou fala arrogantemente sobre seu negócio, produto ou o que faz?

- Suas pesquisas ainda estão centradas em médias estatísticas e preconceitos existentes ou escutam e exploram mais profundamente as necessidades reais e desejos dos indivíduos?

- Você ainda submete todos os clientes a campanhas publicitárias únicas, tentando vender o que quer, quando e como, não o que eles querem e nos termos deles?

- Seus canais de distribuição são escolhidos de acordo com sua conveniência e eficiência, em vez de quem e onde seus consumidores querem?

- Seu modelo de precificação mexe com as margens de seus concorrentes diretos, em vez de basear-se no valor percebido pelo cliente em relação às alternativas sob seu ponto de vista?

- Você ainda tenta persuadir seus clientes a se "relacionarem" com sua empresa, quando eles seriam mais gratos se ela os conectasse com outras pessoas semelhantes a eles?

- Você é suficientemente corajoso para assumir a liderança em seu mercado, assumindo riscos, estabelecendo novas regras, moldando seu próprio destino, ou está feliz em viver conforme o modelo de outros?

Identifique o perfil de sua empresa e veja o quanto ela é centrada no cliente. Obviamente, é importante que se estabeleça um equilíbrio, mas esse equilíbrio deve começar externamente e não internamente. Os desafios de projetar e implantar um negócio centrado no cliente são apresentados com mais profundidade no livro Customer Genius, de Peter Fisk.

Insight 21: BANG & OLUFSEN
Som perfeito para clientes que o apreciam

Cerca de 350 km a noroeste de Copenhagen você chegará à pequena cidade de Struer, a capital mundial dos equipamentos de som de alta fidelidade. No prédio de concreto e vidro localizado nas proximidades está a sede da Bang & Olufsen. Aqui são criados os mais elegantes sistemas de música e televisores. As linhas perfeitas, os vidros escuros e o aço inox escovado são encontrados em todo lugar.

Mesmo o menor e mais barato item exibe um estilo bonito e um design inteligente. Um pequeno chaveiro esférico com o qual você pode abrir a porta de sua casa também acende as luzes, liga a TV, o tocador de DVD e a música. A chave mágica para um sistema integrado de informações e entretenimento doméstico pode até mesmo escolher arquivos de música ou de computador. (Existe uma chave reserva, caso você a perca).

O New York's Museum of Modern Art descreve a B&O como criadora do "maior e mais consistente portfólio de design entre as empresas industriais do mundo."

Apesar de serem relativamente poucos em número, os clientes da B&O são leais, apaixonados e viciados na marca. Constroem suas próprias coleções de B&O há décadas, gradualmente adicionando novas peças aos seus sistemas sob medida.

Nos Estados Unidos, por exemplo, cerca de mil clientes são responsáveis por 80% da receita; eles gastam cerca de US$ 250 mil cada com equipamentos da B&O. Outros 10 mil clientes compram um ou dois itens – talvez sejam clientes que estão começando suas coleções. No total, 300 mil clientes estão identificados por base de dados e são responsáveis por pelo menos 30% das receitas.

Visando à perfeição, a B&O foi fundada em 1952 pelos engenheiros de áudio Peter Bang e Svend Olufsen para criar um rádio de melhor qualidade do que qualquer outro existente. Eles estabeleceram elevados padrões e princípios de design, desenvolvendo técnicas de produção exclusivas que, atualmente, criam os mais avançados sistemas de áudio e cinema domésticos existentes.

A busca enigmática de soluções realmente diferentes e com design atraente corre nas veias dos negócios escandinavos, mas o design sempre foi o ponto de partida. Seus projetistas e antropólogos gastam horas nas residências das pessoas observando como elas vivem e como eles podem melhorar suas vidas. A tecnologia entra a seguir.

No museu de Struer, você encontra projetos de trinta a quarenta anos atrás que ainda parecem futurísticos.

A B&O nem sempre foi bem-sucedida em tornar sua liderança em design um sucesso comercial. Nos últimos anos, o surgimento de fabricantes asiáticos de produtos eletrônicos modificou a dinâmica do mercado, obrigando as empresas européias e dependerem de sua qualidade para competir. A Philips, empresa de produtos eletrônicos holandesa, reconheceu esse fato e adquiriu 25% de participação da B&O em 1993, permitindo-a investir em lojas especializadas, serviços mais personalizados e suporte ilimitado aos clientes.

À medida que o mercado se voltou para a Leste, a B&O se dedicou cada vez mais ao seu nicho de mercado.

Em 2001, Torben Ballegaard Sørensen saiu da Lego e tornou-se CEO da B&O. Ele estabeleu uma agenda de transformação para preparar a marca ícone para o novo século e ajudá-la a tornar-se uma potência em lazer doméstico, ainda que uma muito especializada.

Ele focou sua atenção nos clientes raros, apreciadores e sofisticados. Quem são eles, o que realmente esperam e qual o papel da marca em suas vidas. Ele descobriu que as pessoas normalmente conhecem a marca por volta dos 30 anos; que, sim, eles querem imagem e som de qualidade, mas cada peça é como um artefato de prestígio, de qualidade e estética imutáveis, que lhes provoca orgulho e simboliza realização.

Os clientes não comparavam a B&O à Sony, Samsung ou Panasonic. Comparavam a marca ao mobiliário de luxo, para hotéis de luxo. Diziam, "devo comprar uma nova peça de equipamento da B&O ou um novo Mercedes SLK?"

Cada produto deve fazer sentido por si só, como se fosse a única coisa que o cliente poderia comprar, ou ser facilmente integrada a outras peças, para criar soluções domésticas. Essas soluções não estão somente na forma de *hardware*. No mundo do iPod e do iTunes, *softwares* e utensílios inteligentes e integrados também são importantes, auxiliando os clientes a buscar e armazenar suas músicas de modo mais prático, escutá-las e compartilhá-las

Os clientes desejam um relacionamento, não uma transação. Por essa razão, os representantes tornaram-se "portais de serviços", dando suporte físico e virtual aos usuários, de modo que os clientes obtenham o máximo de seus sistemas pessoais. Cada vez mais as pessoas têm mobilidade, querem acessar suas músicas e filmes favoritos de qualquer lugar do mundo, no carro, no hotel ou na casa de amigos.

A B&O se deu conta de que precisava fazer mais do que objetos de design desejados: deveria tornar-se parte da vida das pessoas.

Sorensen transformou a cultura da empresa, introduzindo objetivos que apóiam relacionamentos de longo prazo em vez de participação de mercado, crenças que começam externamente com os clientes em vez de internamente com produtos, processos que envolvem tanto a engenharia digital como a engenharia mecânica, cujos resultados não dependem somente do varejista.

O B&O Idealab foi criado para desenvolver novas perspectivas dos clientes e utilizar planejamento de cenários e técnicas de design virtual. Disso resultou a terceirização da produção básica, à medida que o negócio passou a focar-se cada vez mais na inovação e no design.

No laboratório, você descobrirá os últimos alto-falantes BeoLab5, que estão sendo desenvolvidos para "escutar" e analisar o som ambiente de forma a customizar seu desempenho de acordo. Não se tratam de alto-falantes baratos, já que custam cerca de US$20 mil, mas certamente apresentam uma das melhores experiências em áudio disponíveis.

A B&O não somente desenvolve sistemas de lazer destinados a veículos como os da BMW e da Audi, mas também utiliza suas técnicas em precisão para desenvolver outros componentes para interiores de automóveis, câmeras para outras marcas e mesmo equipamentos médicos que se beneficiam dos processos especializados da empresa.

Seus equipamentos top de linha também podem ser encontrados nos melhores hotéis da Stark and Shraeger, decorando as mais recentes propriedades à venda em Dubai ou a bordo dos mais luxuosos jatos ou iates.

As mudanças feitas por Sorensen estão tendo impacto financeiro. Em 2006, a receita cresceu 8% e os lucros 29%. Ele tem como objetivo fazer da B&O uma empresa de US$ 1 bilhão de receita por volta de 2010.

Faixa 8   Proposições de marca

Envolvendo os clientes de maneiras mais relevantes

"Não venda aos clientes produtos que os atraiam. Venda produtos que os beneficiem."

Konosuke Matsushita

Uma abordagem mais inteligente às proposições que envolvam uma melhor orientação *de dentro para fora*

- As marcas refletem a grande ideia de um negócio de forma simples e atraente.
- As marcas refletem uma promessa ao cliente que se torna confiável e memorável.
- Identidades de marca criam uma simplificação aos clientes, impulsionando julgamento e afinidade.
- Propostas a cada segmento alvo apóiam coletivamente a marca.
- Propostas são temas de clientes que introduzem produtos e serviços.
- Benefícios e preços claros se combinam para oferecer mais "valor aos clientes".
- A comunicação descreve marcas e propostas de maneiras atraentes.

Uma abordagem mais criativa às proposições que envolvam uma melhor orientação *de fora para dentro*

- As marcas capturam os sonhos e aspirações dos clientes.
- As marcas capturam os valores e a personalidade características de um negócio.
- A reputação das marcas existe na cabeça dos clientes, influenciados mas não controlados.
- As propostas capturam as diferenciações e relevâncias tangíveis.
- As propostas envolvem os clientes em diálogos e relacionamentos mais amplos.
- Soluções mais amplas e maior lealdade levam a maior "valor de clientes".
- Experiências divulgam as marcas e propostas de jeitos pessoais.

De acordo com estudos neurológicos recentes, a maioria das decisões de compra é feita em apenas 2,6 segundos. Malcolm Gladwell, autor de *Blink*, afirma que quanto mais rápido decidimos, melhores elas serão, e argumenta que muita informação costuma confundir em vez de melhorar nossos julgamentos. A isso ele chama de fatiar fino – como uma pequena informação pode chegar longe.

Ao parar no corredor de um supermercado ou assinar ordens de compra entre reuniões, quando chega um momento de decisão, toda aquela ciência de marketing realmente funciona? Sim, a maior parte delas tem algum impacto, mas muito antes do momento da verdade. O segredo consiste em garantir que sua marca já esteja firmemente alojada no cérebro do tomador de decisão, no seu "ROM", se assim o desejar. O desafio consiste em colocá-la lá, fazer com que se fixe para lá permanecer, ser facilmente recuperável e suficientemente forte para persuadir quando o momento chegar.

A marca trabalha em um nível alto, criando um ícone, uma memória de uma determinada ideia de marca para os clientes. Entretanto, as propostas, ou mais formalmente, as "proposições de valor do cliente", transformam a ideia da marca em alguma coisa mais tangível, específica e relevante para cada segmento de clientes. As proposições descrevem o valor ao cliente, a combinação de benefícios característicos por um preço, que esperançosamente irá criar um valor líquido superior ao oferecido pelos concorrentes.

As proposições tratam do alvo, dos benefícios, da diferenciação e da relevância. Benefícios fortes e característicos ao consumidor ajudam a justificar um preço mais elevado. Todavia, proposições não são produtos. São os temas que estão acima dos produtos, envolvendo os clientes em tópicos ou aspirações que realmente são importantes para eles e então introduzindo uma variedade de produtos e serviços para atingir esses objetivos. As proposições ajudam a vender uma solução mais abrangente, vender produtos adjacentes e construir diálogos e relacionamentos mais ativos.

As proposições são como pontes que conectam as grandes ideias conceituais das marcas com os assuntos e objetivos reais dos consumidores individuais. Os seus temas então agem como bases para comunicação mais focada, relevante e comprometedora para atingir as experiências dos clientes.

8.1 MARCAS QUE DEFINEM VOCÊ
Marcas referem-se aos clientes, não às empresas

As marcas referem-se a você, não a mim. As marcas referem-se às pessoas, não aos produtos. As marcas referem-se aos clientes, não às companhias.

Uma grande marca é aquela que representa seu estilo de vida, na qual você confia e permanece ligado enquanto tudo em volta está mudando, uma que mostre que tipo de pessoa você é ou quer ser, uma que o permita fazer o que, de outra forma, não conseguiria.

As marcas originalmente foram desenvolvidas como rótulos de propriedade. Hoje em dia, o que mais importa é o que fazem para as pessoas, como as refletem e envolvem, como definem suas aspirações e as ajudam a fazer mais. As marcas poderosas podem impulsionar o sucesso em mercados competitivos e financeiros, além de tornarem-se o ativo mais valioso da organização.

Mesmo assim, existem poucas grandes marcas por aí. A maioria são etiquetas fixas, dependendo demasiadamente de nomes de marcas e logotipos, e são focadas fortemente em empresas e produtos que ajudam a identificar. São mostradas através de slogans superficiais e divulgadas através de serviços genéricos. Fazem promessas que a organização tem dificuldades de atender, muitas vezes falhando até em chamar a atenção e raramente obtendo a confiança dos clientes céticos.

As marcas poderosas têm a habilidade de romper o ruído e a competitividade dos mercados, envolvendo e mantendo os melhores clientes de um jeito que alcança resultados financeiros superiores tanto no curto como no longo prazo. Uma marca poderosa:

- Define um propósito compulsório, uma grande ideia que se sobressai da multidão, que vai além do produto ou setor e realmente é importante para as pessoas.

- Reflete o cliente, construindo uma imagem e reputação com relevância pessoal em sua mente, mesmo se aliena outras.

- Envolve o cliente para juntos alcançarem uma grande ideia, gerada em um estilo que faz as pessoas sentirem "este é meu tipo de empresa".

- Permite aos clientes fazer mais, reforçando os benefícios e apoiando sua aplicação, mas também permitindo fazer ainda mais física e emocionalmente.

- Prendem os clientes em torno de alguma coisa familiar ou importante, enquanto tudo o mais no mercado ou em seu mundo pessoal continua mudando.

- Evoluem à medida que os mercados e clientes evoluem, com a portabilidade de mover-se facilmente para novos mercados e conectar atividades diferentes.

- Atrai os clientes-alvo, construindo preferência, conduzindo o comportamento de compra e mantendo um preço *premium*.

- Mantém os melhores clientes, construindo sua lealdade, introduzindo novos serviços e incentivando a divulgação.

- Impulsiona o valor para o acionista, não somente através de lucros, mas melhorando a confiança do investidor, o risco de crédito e reduzindo o custo de capital

A marca deve ser o reflexo das pessoas e deve envolvê-las. Se a marca trata dos clientes em vez de dos produtos, então a grande ideia em torno dela tem muito mais a ver com o que ela faz para as pessoas do que com o que ela faz para a empresa.

Existem milhões de modelos de marcas, mas todas têm três componentes em comum – são funcionais, comparativas e emocionais. Definindo coletivamente o que a marca faz de diferente pelas pessoas e como ela faz as pessoas se sentirem, então descrevemos a "essência" da marca. Ser atraente e duradoura é uma ideia muito mais profunda do que um produto, uma empresa ou mesmo benefícios relacionados a um setor. Reflete aspirações em vez de somente necessidades, provoca em vez de informar.

FAIXA 8 Envolvendo os clientes de maneiras mais relevantes

O que é a grande ideia?

- Racionalmente, qual a atividade principal que você ajuda as pessoas a fazer?
- Comparativamente, como você pode ajudar as pessoas a fazer algo de forma diferente e melhor?
- Emocionalmente, como as pessoas se sentem ao poder fazer isso?

MARCAS SÃO IDEIAS ATRAVÉS DAS QUAIS AS PESSOAS VIVEM

Howard Shultz iniciou a Starbucks pela frustração com a qualidade do café em sua cidade natal, Seattle; entretanto, a marca que ele criou é muito mais do que café. Schultz explica que "identificou o 'terceiro local' que eu acredito que nos diferencia... nem o local de trabalho nem a casa; é o local para o qual nossos clientes se refugiam". Isso impulsiona a variedade do produto, a decoração interna, a filosofia do serviço, as comunicações: o café com leite magro é bom, mas a rotina conhecida e o ambiente confortável significam mais.

Da mesma forma, outras marcas dão as suas organizações um propósito principal envolvente, que conecta emocionalmente todos os públicos com "por que fazemos negócios". As marcas mexem e estimulam as pessoas interna e externamente, de modo a alcançarem os benefícios de ordem superior pelos quais trabalham. Para a Nike é "dar o melhor de nós", para a Coca-Cola é "refrescar" e para a Microsoft é "realizar seu potencial".

As marcas permitem que as pessoas façam o que não poderiam fazer de outra forma. Elas deveriam fazer mais do que simplesmente endossar produtos funcionais, seja ajudando as pessoas a fazer alguma coisa física ou pela construção de confiança e crença em suas mentes. A Sony, por exemplo, é toda voltada para ajudar as pessoas a "criar", estimulando sua inovação e inspirando sua ação, ajudando-as a fazer o que anteriormente não conseguiam.

```
        Marcas "tornar-se"
      Definem quem você
           quer ser

        Marcas "ser"
   Confirmam emocionalmente
          quem você é

       Marcas "pertencer"
      Conectam-no a pessoas
           como você

        Marcas "fazer"
   Capacitam-no funcionalmente
           a fazer algo
```

MARCAS QUE FAZEM MAIS PELAS PESSOAS

As marcas podem ajudar as pessoas de quatro maneiras diferentes:

- **Fazer** o que procuram alcançar por meio de melhor suporte ou funcionalidade.

- **Ser** como querem ser percebidos, por meio de forte identidade que lhes proporcione reconhecimento e admiração por outros.

- **Pertencer** a uma comunidade da qual procuram fazer parte, por meio de melhores conexões, reais ou percebidas.

- ***Tornar-se*** alguém melhor, adicionando estima pessoal ou competências e confiança para fazer o que de outra forma não conseguiriam.

Quando uma marca cria uma ligação tão forte com as pessoas, a ponto de a considerarem prática e emocionalmente essenciais às sua vida, então a marca torna-se uma âncora, sendo desejada e confiável. Kevin Roberts, principal executivo da Saatchi and Saatchi, chama essas marcas de *Lovemarks,* tendo criado uma coleção das marcas que as pessoas mais amam e a razão para tal em seu site www.lovemarks.com.

Insight 22: CHUPA CHUPS
Os pirulitos espanhóis que você não consegue parar de chupar

"Uma das minhas primeiras lembranças na vida é do Chupa Chups. No balcão das padarias, não faltavam os Chupa Chups. Minha família não tinha muito dinheiro e por isso eu raramente comprava guloseimas, mas gostava de admirar os diferentes sabores e cores das embalagens. Quando conseguia um para comer, levava horas para terminá-lo, o melhor e mais duradouro sabor."

As lembranças de infância dos Chupa Chups são familiares a muitos de nós, como relembra essa adolescente ao descrever sua marca favorita no site *Lovemarks*. O prazer simples do pirulito mais saboroso que você já experimentou – não muito bom para seus dentes, como seus pais frequentemente alertavam –, mas digno de uma indulgência ocasional e especial.

O Chupa Chups tem adoçado a vida de milhões de pessoas desde 1958, embora as origens do pirulito mais amado do mundo estejam no século anterior. Em 1850, Josep Bernat iniciou uma pequena loja de guloseimas nas tortuosas ruas de Barcelona e, em seguida, começou a produzir seus próprios pirulitos em uma pequena fábrica nos fundos da loja. Infelizmente, o negócio foi destruído durante a Guerra Civil Espanhola, mas a arte dos pirulitos foi passada às gerações da família. Em 1950, seu bisneto Enric decidiu que era tempo de reavivar o negócio familiar.

Ele então abriu sua própria fábrica de confeitos, chamada Productos Bernat e em pouco tempo o negócio começou a crescer. Alguns anos depois, um amigo da família pediu que Enric assumisse o controle da Granja Asturias, um decadente fabricante de mais de 200 produtos derivados da maçã. Ao aceitar o desafio, ele concordou que, se pudesse livrar a empresa de suas dificuldades, teria direito a 50% de sua receita e de sua participação societária. Por volta de 1958, Enric era o proprietário de um negócio lucrativo.

O insight de Enric Bernat foi que a grande maioria dos 200 produtos não era destinada a seus clientes. Suas pesquisas mostraram que 67% das guloseimas eram compradas por crianças, e no entanto, a maioria era feita para adultos – a linguagem da comunicação (nem as crianças de 1950 se comunicavam daquela forma!), o sabor, o formato e a embalagem não eram adequados para doces comprados com dinheiro miúdo a serem consumidos nas ruas.

Sua ideia era simples: produtos pequenos, esféricos e com palito.

Seus pirulitos embalados à mão eram vendidos mais rápido do que ele podia fazê-los. Você chupa e rodopia. O sabor era intenso, duradouro e espantoso. O palito, inicialmente feito de madeira e posteriormente de plástico, era prático e característico. Ninguém vendia doces assim. Enric batizou seus pirulitos de "Chups", mas por causa da campanha publicitária envolvente, na qual tentava as pessoas a chuparem um, a palavra "Chupa" foi logo acrescentada ao nome, e a companhia tornou-se Chupa Chups SA em 1964.

Atualmente, na Espanha, todos os pirulitos são chamados de "chupachús" reflexo da popularidade da marca.

Entretanto, o verdadeiro sucesso da Chupa Chups veio de seu sistema de distribuição inovador e dos *displays* para varejistas. A empresa chega a lugares onde seus concorrentes nem pensam chegar – padarias, livrarias, lojas de música e mesmo bancos, bem como os varejistas tradicionais. Estão colocados de forma destacada no balcão próximo ao caixa, não em um pote ou junto a todos os seus concorrentes.

Seus *displays* chamativos, com pirulitos encaixados em um receptáculo semiesférico, não passam despercebidos. Eles chegam a esses lugares levados por pessoal apaixonado, uma equipe de vendas grande, amigável e engraçada que dirige seus carros Chupa Chups, persuadindo os varejistas a aceitá-los. Os vendedores ainda prometem substituir gratuitamente qualquer pirulito que desapareça em mãos errantes.

O negócio cresceu ao longo dos anos, mas não à custa do pirulito perfeito. O leque de produtos se diversificou lentamente – com a Smint, por exemplo, uma bala refrescante inovadora, a mais importante adição. Ainda produzidos próximo a Barcelona, na Espanha, o espírito de Bernat vive, deliciando o mundo das crianças, mas também de algum adulto ocasional.

O toque de gênio é o logotipo da Chupa Chups, em formato de margarida, desenhado por Salvador Dali.

8.2 PROPOSIÇÕES QUE ENGAJAM
Ser mais importante e valioso para cada cliente

De que forma você conquista um cliente em 2,6 segundos – o tempo médio que o consumidor ou os tomadores de decisão de negócios levam para fazer suas decisões de compra?

- Marcas memoráveis ou envolventes.

- Propostas que mostrem o valor ao cliente.

- Contexto que fale do seu mundo, suas questões e suas ambições

- Benefícios relevantes e característicos.

- Preços justos pelos benefícios alcançados.

- Narrativas que começam por questões e descrevem soluções.

- Linguagem simples e prática.

- Recordações que são convincentes e memoráveis.

- Diálogos que fazem sentido e reagem no momento certo.

- Relacionamentos que garantem que você está presente quando importa.

A American Express tem uma marca corporativa que prende pela ideia de ajudar seus clientes a "fazer mais". Ela dispõe de um portfólio de proposições de valor que define mais especificamente os benefícios que oferece a cada público alvo. Essas proposições tornam-se a força que guia o negócio e a maneira com que o público interno se alinha com o público externo.

Uma marca pode ser apresentada através de muitas proposições de valor, cada uma mostrando-a de maneiras mais relevantes. Muitos produtos podem ser mostrados por uma só proposição de valor, cada um contribuindo para um tema ainda maior.

As propostas focam no que é importante ao cliente. São temas ou promessas de alto nível impulsionadas por benefícios – representadas pelos produtos, serviços, funções ou processos – que permitem alcançar o benefício. Criam uma dinâmica de "puxar" pela qual os clientes se comprometem no que é importante para eles, em vez da postura típica de "empurrar" produtos.

O que se prende ao cérebro dos clientes?

Raramente são as especificações técnicas e a conversa boba das quais o marketing preguiçoso depende – a capacidade de processamento do mais novo computador, os ingredientes ativos de seu creme dental e os números de série sem sentido que definem o último modelo de celular. Mesmo uma longa lista de benefícios somente cria uma bruma de irrelevância.

As pessoas se lembram do que importa para elas: argumentos lógicos que explicam como a oferta resolve seus problemas específicos, que mostram as vantagens mais importantes, na linguagem que utilizam, de uma maneira que faça sentido, seja importante ou memorável.

Os clientes percebem o valor de uma solução com base na relevância e na aplicabilidade da solução – os benefícios que cria, demonstrados por ganhos financeiros ou de redução de custos, eficiência de tempo ou pelo que não poderiam fazer de outra maneira.

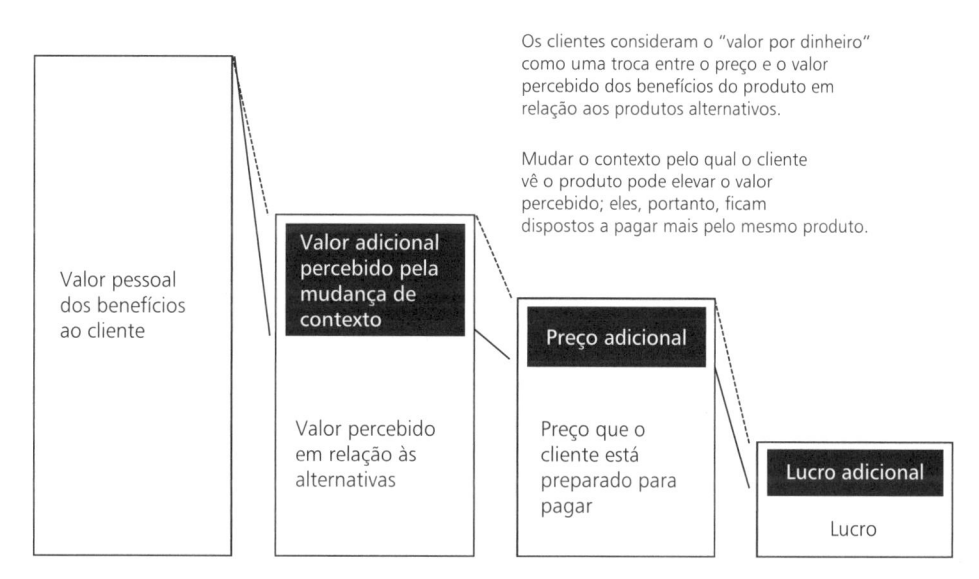

FAIXA 8 Envolvendo os clientes de maneiras mais relevantes 229

Valor pessoal dos benefícios ao cliente	**Valor adicional percebido pela mudança de contexto**		
	Valor percebido em relação às alternativas	**Preço adicional**	
		Preço que o cliente está preparado para pagar	**Lucro adicional**
			Lucro

- Os clientes consideram o "valor por dinheiro" como uma troca entre o preço e o valor percebido dos benefícios do produto em relação aos produtos alternativos.
- Mudar o contexto pelo qual o cliente vê o produto pode elevar o valor percebido; eles, portanto, ficam dispostos a pagar mais pelo mesmo produto.

OS CLIENTES PAGAM MAIS POR UM CONTEXTO COM MAIOR VALOR PERCEPTÍVEL

Pense no Apple PowerBook, o notebook destinado a designers gráficos, pessoal da criação de agências publicitárias e outros tipos *cool*. O benefício absoluto ao cliente inclui a mobilidade pessoal, a produtividade e a imagem. Os benefícios comparativos refletem como eles são melhores do que os de outras marcas. O "valor por dinheiro" é então julgado em benefícios comparativos em relação ao preço.

A percepção um pouco melhor dos benefícios comparativos – expressos pela proposição de valor – permite aumentar o preço, manter o mesmo valor pelo dinheiro e melhorar diretamente a lucratividade.

Embora pareça óbvio, a chave consiste em focar nos benefícios, não nas características. Os benefícios criam valor aos clientes, as características não. Os produtos descrevem as características, as propostas descrevem os benefícios. Dessa forma, "manutenção 24 horas em casa" é uma característica, enquanto a "paz de espírito em casa" é seu benefício. "Wireless e emails em seu telefone" é interessante, mas "estar em contato com clientes em qualquer lugar" é mais valioso.

Uma proposta de valor, portanto, começa como um documento interno, o ponto de partida necessário para qualquer atividade relacionada ao cliente em empresas que vão da P&G à Phillips.

- **Quem?** O público-alvo, seus interesses e motivações e os insights principais para dentro do mundo desses consumidores aos quais nos dirigimos.

- **O quê?** Os benefícios primários que oferecemos, apoiados pelas principais características de alguns produtos ou serviços que os podem divulgar.

- **Por quê?** A diferença competitiva no que oferecemos, como ela é melhor ou diferente do que os outros, e por que é diferente.

- **Quanto?** A posição relativa do preço em relação aos alternativos, considerando os benefícios superiores oferecidos e comparados a outras formas de alcançá-los.

- **O que não?** As trocas que o cliente faz ao escolher você em vez de outro, isto é, os diferenciadores de seus concorrentes (embora você não informe isso!).

Proposição de valor ao cliente

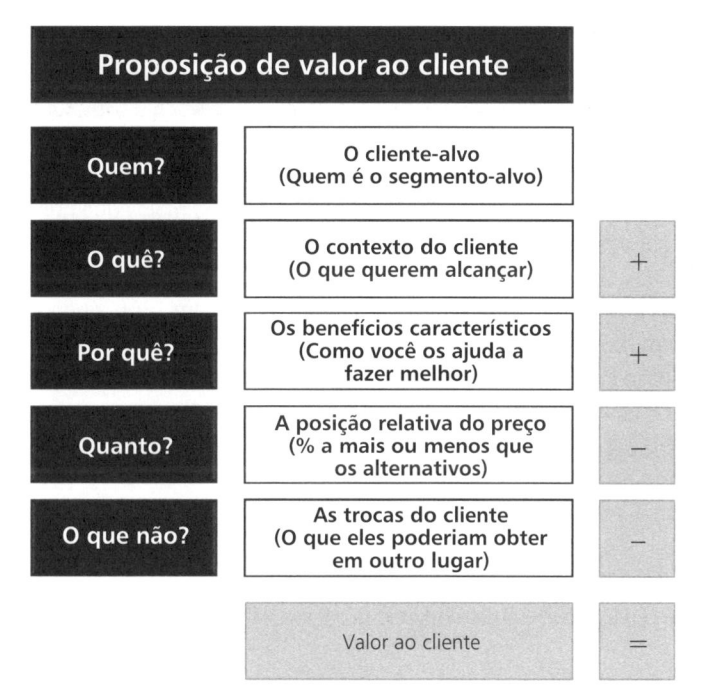

Quem?	O cliente-alvo (Quem é o segmento-alvo)	
O quê?	O contexto do cliente (O que querem alcançar)	+
Por quê?	Os benefícios característicos (Como você os ajuda a fazer melhor)	+
Quanto?	A posição relativa do preço (% a mais ou menos que os alternativos)	−
O que não?	As trocas do cliente (O que eles poderiam obter em outro lugar)	−
	Valor ao cliente	=

A PROPOSIÇÃO DE VALOR AO CLIENTE

Em conjunto, essas dimensões mostram o valor superior que oferecemos aos clientes (normalmente não expressos em valores, embora pudessem ser).

Frequentemente dá-se à proposição um tema que junte as ideias, internamente em um primeiro momento, embora o tema provavelmente evolua para ser a base da comunicação, exigindo algum raciocínio adicional para que se tenha certeza de que é envolvente e memorável.

Insight 23: STELLA ARTOIS
A cerveja belga que é assumidamente cara

Em um mundo altamente competitivo, onde tantos produtos são comercializados com base nos menores preços, a Stella Artois tem permanecido separada como uma marca que nunca tem medo de se promover como "assumidamente cara".

Poucas marcas podem buscar suas raízes tão longe quanto em 1366, quando a cervejaria Den Horen se estabeleceu em Leuven, na Bélgica. Alguns séculos mais tarde, em 1717, ela foi comprada pelo mestre cervejeiro Sebastian Artois. A "Stella Artois" foi inicialmente produzida como uma cerveja festiva, batizada com o nome da estrela de natal, que ainda permanece como parte da identidade da marca, junto com o chifre da cervejaria original.

A Stella Artois é uma das cervejas mais vendidas no mundo, comercializada em mais de 80 países. É produzida tradicionalmente com cevada maltada e os melhores lúpulos, sendo famosa por sua qualidade e sabor. A publicidade, particularmente, sempre foi importante para a marca, quebrando o molde do marketing de cervejas com seu estilo cheio de classe e imagens provocativas.

O tema "assumidamente cara" mostrou-se extremamente bem-sucedido. Entretanto, no início dos anos 90, a marca começou a perder participação em um mercado *premium* cada vez mais congestionado. Com maiores escolhas em qualidade, o preço *premium* por si só parecia ser um diferencial arriscado do qual depender.

A Stella Artois recusou-se a abandonar sua posição, optando por apoiá-la com maiores investimentos na qualidade do produto. Ainda utilizando a linha, porém com maior justificativa, a Stella Artois lutou contra o declínio e retornou à posição de maior marca *premium* de cerveja lager do Reino Unido.

O design foi a principal ferramenta de comunicação para essa abordagem. Algumas mudanças em embalagens, como o alto relevo nas latas e o redesenho das caixas no estilo das de champanhe, reforçaram o prestígio da marca e sua qualidade. Em 2001, foi lançado o copo da Stella Artois, com capacidade de

1 pint (cerca de 0,52 litros); após 12 meses do lançamento, 66% dos domicílios do Reino Unido tinham pelo menos um desses copos.

Impulsionada pelo forte crescimento nas vendas em barris, a distribuição permaneceu forte, com a Stella Artois se tornando a cerveja lager de maior circulação nos pontos de consumo. As comunicações de marketing focaram-se na publicidade em TV, patrocínios, promoções de preços para o mercado de consumo no lar, enquanto utilizava sua presença em pontos de venda e novas tecnologias para servir bebidas, de modo a expandir as vendas em pontos de consumo.

Entre 1996 e 2003, a Stella Artois viu seus volumes crescerem mais de 200% no Reino Unido em relação ao crescimento do setor, de 60%. Atualmente, a Stella Artois detém 8,9% do mercado de cervejas do Reino Unido, mais do que o triplo da participação de 2,2% em 1996.

Comprometida com a inovação, a Stella Artois não descansou com suas vitórias. Em 2004, lançou a Demi Artois, uma garrafa com metade do volume, e no ano seguinte, o copo em forma de cálice, para se beber cerveja da forma como é tradicionalmente bebida na Bélgica. Os funcionários dos bares receberam treinamento adicional nas técnicas de servir cerveja, de forma a criar uma autêntica experiência de servir a bebida.

O ano de 2005 também viu a Stella Artois ligada a mais eventos, procurando dar mais relevância à marca e ao seu publico moderno e não belga. Seu patrocínio do Campeonato de Tênis Stella Artois criou uma imagem nítida e exclusiva, enquanto que o Festival de Cinema Stella Artois a conectou tanto com o topo da criatividade quanto com os clássicos do cinema.

A publicidade sempre foi importante para a manutenção da imagem de produto *premium*. Com seu estilo, tom e tópicos cinematográficos, criou alguns filmes de mímica memoráveis sobre suas origens, autenticidade e sacrifícios exigidos. O ano de 2006, por exemplo, viu Jonathan Glazer retratar uma frenética perseguição de um padre em patins a uma garrafa de cerveja e a homenagem de Frank Budgen à época áurea dos filmes surrealistas franceses.

O foco em sacrifícios, como os bebedores de cerveja de hoje fazem para pagar de bom grado um valor maior por algo especial, conecta-a ao público. Como o anúncio lembra o público anglo-saxão, "Ceci n'est pas um pint" – não é somente um pint.

8.3 EXPERIÊNCIAS QUE FAZEM MAIS POR VOCÊ
Conectando-se aos clientes de maneiras mais envolventes

Imagine que você está indo participar de uma apresentação de vendas – a oportunidade perfeita de apresentar sua nova proposta, de envolver seu público de maneira poderosa e relevante.

Mas tudo tende a se encaminhar do jeito errado.

Abrimos nossas bocas e começamos a falar sobre nosso mundo. Quem somos, o que fazemos, os produtos que oferecemos e porque acreditamos que são os melhores. Nós imediatamente voltamos ao mundo dos negócios e esquecemos o mundo dos clientes – suas questões e ambições, os benefícios para eles e suas diferenças, explicados na linguagem deles.

As pessoas se envolvem muito mais quando você fala sobre elas. "Sei que suas prioridades estratégicas para este ano são...", entusiasmando-as com como elas poderão atingir seus objetivos rapidamente e melhor. A partir daí, você pode trabalhar no sentido inverso, descrevendo de que maneiras pode ajudá-las a tornar esses objetivos realidade.

Utiliza-se um "roteiro do cliente" para transferir a proposta ao cliente de forma relevante e envolvente. Ele não começa diretamente com "estes somos nós e isto é o que fazemos". Começa, não surpreendentemente, com os clientes, levando-os por um caminho lógico que espera-se que os comprometa e inspire a tomar as decisões que você quer. O roteiro do cliente tem uma estrutura simples, começando com:

- **Contexto** – sobre você, as oportunidades e os desafios que você enfrenta.

- **Complexidade** – o problema, por que sua atual solução não é insuficiente.

- ***Desafio*** – a questão, como você pode conduzir o contexto da melhor maneira?

- ***Mensagem principal*** – a solução, a grande ideia que você gostaria de lhes propor.

A mensagem principal poderia incorporar a proposta que você quer apresentar, a solução que acredita ser a correta para eles, bem como a grande ideia que quer prender na mente do seu público.

A narrativa pode então explicar "por que" a conclusão é apropriada, ou "como" pode ser alcançada em uma subestrutura de mensagens, com evidências específicas de apoio ao caso, ou através de uma descrição mais detalhada de como será alcançada.

A estrutura pode ser aplicada a tudo, do script para um comercial de TV à cópia para uma brochura e, aos slides que apóiam vendas. Apesar de poder ter muitas páginas, ela deverá também captar a narrativa essencial em uma página.

Ao mesmo tempo, queremos encontrar uma narrativa que prenda emocionalmente e seja memorável.

Phil Knight, da Nike, explicava sua paixão pelo apoio a ícones esportivos dizendo:

> "Você não consegue explicar muito em 60 segundos, mas quando você mostra Michael Jordan, não precisa. É simples."

Richard Dawkins cunhou pela primeira vez a expressão *meme* no livro *The Selfish Gene* para descrever "uma unidade da evolução cultural análoga ao gene", argumentando que a replicagem e a mutação acontecem dentro da nossa cultura – na linguagem que utilizamos, nos símbolos que usamos, nos comportamentos que adotamos – da mesma forma que a evolução genética. Ele considera os memes unidades de informação que residem em nosso cérebro, e que vemos estruturas meméticas em todas coisas, desde músicas pop das quais gostamos a novos *designs* de moda.

Os memes ajudam a transformar marcas e propostas em histórias, símbolos e slogans. Chamam a atenção das pessoas, aderem as suas mentes, se espalham rapidamente de forma virulenta, por observação ou experiência, por palavras faladas, emails ou textos. Para atingir o público alvo, alavancar o poder das redes virtuais ou físicas ou estar na cabeça das pessoas no ponto de venda, as propostas de valor e as comunicações precisam envolver as estruturas meméticas.

Os memes ficam na memória e podem ser facilmente acessados. São partes da memória mais inesquecíveis, reconhecíveis e contagiosas. Os slogans como o da Nike "Just do it", ou cores como o papel cor de rosa da FT, músicas como o do jingle da Intel, o "Nokia Tone" tocado em todos os celulares da Nokia, a utilização de números na marca registrada da Peugeot com o "0" central, o design dos computadores da Apple, os cheiros como o da Singapore Airlines, ou a tipografia como o lettering da Coca-Cola. Todos refletem a aplicação de memes.

Um meme deve ser agradável, memorizável, fácil de ser dito ou relembrado. Deve insinuar um benefício chave, alguma coisa que o descreva. Deve ser diferente, original, fácil de distinguir, com impacto emocional, e deve comunicar sentimentos positivos. Pode ter forma, talvez em termos de ritmo ou rima. Acima de tudo, os memes devem ser simples, curtos e facilmente compreensíveis, portanto, capazes de se espalhar rapidamente.

As propostas são então divulgadas através de produtos e serviços que, em conjunto, formam a experiência do cliente. O principal executivo da Harley-Davidson descreve com eloquência a forma pela qual procura dar vida à marca e suas proposições:

> "Uma coisa é você fazer com que as pessoas comprem seus produtos, outra é tatuarem o nome de seu produto em seus corpos... O que vendemos é a possibilidade de um contador de 43 anos se vestir com roupa de couro preta, dirigir por pequenas cidades e fazer as pessoas terem medo dele."

A ideia da marca é divulgada através de cada meio possível que a organização possa utilizar – nomes, logotipos, faixas, prédios, brindes de produtos ou serviços, brochuras, cores, embalagens, uniformes, interiores, cultura, comportamentos, treinamentos e prêmios.

Cada aspecto da "experiência" corporativa ou do produto pode divulgar a marca de formas tangíveis ou intangíveis. Como disse Jan Carlson, ex-CEO da empresa aérea SAS "cada pessoa, cada promessa e cada ação é um momento da verdade". Por projeto ou por padrão, cada marca divulga uma experiência, embora no caso de bens de consumo, na maioria das vezes isso é delegado ao varejista sem muita reflexão ou influência.

As experiências podem assumir muitas formas, algumas em que você é parte da experiência, e outras você pode apenas observar:

- *Lazer* – experiências de lazer, de eventos esportivos a concertos de rock, são muito mais dramáticos do que quando editados ou vistos remotamente.

- *Educacionais* – experiências educacionais, de recuperação de monumentos históricos trazidos à vida a cursos de treinamento baseados em representação de papéis ou interação.

- *Guiadas* – experiências guiadas, de galerias de arte que envolvam todos os sentidos a spas de saúde que os estimulam e mimam.

- *De coaching* – experiências de treinamento, de esportes de aventuras a video games, que levam os participantes a mundos extremos ou imaginários.

Qualquer marca pode envolver qualquer um desses tipos de experiência e comprometer o cliente como nunca antes para dar vida à marca, de forma única, naquele momento e de forma individual.

Insight 24: TATE MODERN
A galeria de arte de Londres projetada para se adequar ao seu humor

Sólida, expressiva, moderna ou mundana, a Tate Modern está localizada no South Bank, parte sul do rio Tâmisa, em Londres. A melhor coleção de arte moderna internacional da Inglaterra fica no interior de uma velha usina elétrica construída em 1947 e desativada em 1981.

Avistando a galeria de arte moderna vindo-se da St Paul's Cathedral, atravessando o rio pela nova ponte projetada por Norman Foster, a usina é uma visão imponente. Ela reabriu em 2000, como parte das comemorações do milênio em Londres, como um espaço inspirador para jovens, velhos, apreciadores de arte, turistas e curiosos.

Apesar da sua vida curta, a Tate Modern já se tornou a galeria de arte mais popular do mundo. Uma visitante descreveu o que a galeria representava para ela:

> "O South Bank é uma maravilhosa arena para a criatividade de Londres. Por muitos anos caminhei ao longo do Tâmisa, do Dali Universe ao Royal Festival Hall, a Hayward Gallery, o mercado de livros debaixo da ponte próxima ao Film Centre, passando a OXO Tower e suas inúmeras pequenas lojas criativas em direção à Tate e ao Design Museum. A Tate Modern é uma marca maravilhosa e catalisadora de nossa futura criatividade."

Os trabalhos incluem Dali, Picasso, Matisse, Rothko e Warhol, além de artistas mais contemporâneos como Gilbert & Geoge, Viola e Bourgeois. De forma não convencional, as coleções permanentes localizadas nos pisos superiores não são apresentadas em ordem cronológica, mas arranjadas por temas. Isso em parte pelas consideráveis faltas na coleção, mas também por fazerem mais sentido ao visitante ocasional.

O Turbine Hall é a parte mais importante do prédio, tendo alojado os geradores de eletricidade da velha usina. O enorme espaço é utilizado para exibições especiais e eventos, local onde o verdadeiro papel da Tate Modern se torna aparente. Sim, também são realizadas exposições visitantes de artistas famosos e emergentes, mas também há música, dança, um atabalhoado escorregador gigante de 100 metros, além de festivais de fim de semana de diversão e entretenimento para toda a família.

A Tate Modern não está parada, é um templo para os sofisticados e entusiastas. Está sempre à procura de pessoas – pessoas que não gostam da pretensiosidade de algumas galerias e mesmo o grande público que nunca seria visto em uma galeria de arte. Esse é um lugar para pessoas – a galeria chama a si mesma de "uma grande sala de estar onde toda a arte é sua" –, seja qual for sua idade, raça, antecedentes, interesses, motivações e ambições.

A "Your Collection" devolve a arte às pessoas.

Essas coleções não são projetadas por épocas ou tipos. São projetadas em torno de pessoas reais, jornadas pessoais que refletem seu humor ou entusiamo. Trata-se de redesenhar uma galeria de arte em torno das pessoas em vez da arte.

Uma campanha publicitária característica alcança todos os tipos de pessoas, no metrô, sentadas nos cafés, lendo revistas de fofocas – em mensagens com 30 diferentes estados de humor, incluindo:

- A coleção Estou de Ressaca
- A coleção Dia Chuvoso
- A coleção Gosto de Amarelo
- A coleção Primeiro Namoro
- A coleção Recém Descasado
- A coleção Alegremente Deprimido
- A coleção Sou Fissurado em Animais
- A coleção Somente para Crianças.

Com base na análise da segmentação motivacional de visitantes e, mais particularmente, de não visitantes, a campanha seleciona pequenas jornadas pela enorme galeria, dependendo de quem você é e o que realmente deseja. Ela reconhece que algumas pessoas simplesmente não têm o tempo, a paciência ou a energia para centenas de obras de arte, enquanto outras somente querem impressionar alguém e, ainda, dar uma escapada.

A galeria tem até um atalho direto para o café e a loja de souvenirs, caso arte não seja exatamente a sua praia.

A Tate Modern tem sido bem-sucedida em trazer diversos novos públicos ao mundo da arte. Isso é importante porque é parte de seu escopo, mas também é seu futuro, artística e comercialmente. Ela reconhece que, como pessoas, somos todos diferentes.

Para curar a ressaca, hip-hop ao vivo ou bolinhos de chocolate. A Tate Modern é o novo local para estar.

Faixa 9 Redes de mercado

O poder das redes e das comunidades de clientes

"Como uma força da natureza, a era digital não pode ser negada – ela tem quatro qualidades muito poderosas que resultarão em seu triunfo final: descentralizadora, globalizadora, harmonizadora e empoderadora."

Nicholas Negroponte

Uma abordagem mais inteligente às redes, que envolva uma melhor orientação de dentro para fora.

- Os modelos de negócios transacionais são caracteristicamente lineares, um para um.

- Pequenas marcas de nichos podem ser mais efetivas do que as marcas grandes e gerais.

- A mídia digital possibilita as redes sociais centradas no e controladas pelo usuário.

- Os conteúdos gerados pelos usuários são compartilhados entre eles e construídos rapidamente.

- A comunicação é mais focada, relevante, colaborativa e virulenta.

- A publicidade é mais eficaz devido à mídia cuidadosamente focada.

- A lealdade ao cliente é construída na confiança e na afinidade com a marca.

Uma abordagem mais criativa às redes, que envolva uma melhor orientação de fora para dentro.

- Os modelos de negócios baseados em redes são mais coletivos, muitos para um.

- A mídia digital complementa a mídia tradicional para criar experiências mais ricas.

- Os novos modelos de negócios podem lucrar com a facilitação do conteúdo gerado pelo usuário.

- Relações comunitárias são construídas entre pessoas nas redes.

- A distribuição é obtida por meio de parceiros afins e complementares.

- As marcas devem ser relevantes e construídas em cima de histórias autênticas e transparência.

- O valor de uma rede, ou comunidade, de clientes é relacionado as suas conexões.

Os mercados em redes são ilimitados em alcance, riqueza e relacionamentos.

Espalham-se como fogo. Seu conteúdo e conexões crescem exponencialmente; são ilimitados em velocidade e fronteiras, frequentemente são livres para utilização e se criam e sustentam por si próprios.

Não é sem razão que as redes são descritas como os alicerces de uma nova era de negócios e uma plataforma a partir da qual se constrói rapidamente o crescimento sustentável.

Pensávamos que os mercados eram domínios ambientais, aguardando pacientemente para serem atendidos. Os definíamos em termos geográficos, por categoria ou grupos sócioeconômicos. Estabelecíamos nosso espaço no mercado e esperávamos atrair o maior número de pessoas possível. Nossos concorrentes também definiam suas áreas e podíamos avaliar nosso sucesso relativo comparando as participações de mercado.

Os melhores mercados de hoje são as redes. Elas são organizadas e inteligentes. Movem-se facilmente através de limites físicos e, por terem as pessoas razões coletivas para estarem juntas, também têm necessidades, motivações, preferências e lealdades coletivas.

As redes existem em todos os tamanhos e formatos – físicas, virtuais, estruturadas e que se autodesenvolvem.

Podem assumir a forma de estradas, rotas aéreas, cadeias varejistas, estações de rádio, comunidades online, associações, fãs de um determinado clube de futebol, empregados de determinada companhia, pais de crianças de uma escola local, pessoas com as mesmas doenças e clientes de uma mesma marca.

As tecnologias digitais criam novos caminhos de forma a ligarem pessoas com as mesmas afinidades que antes estavam separadas geograficamente, por *status* econômico e social, por etnias ou religião. Essas pessoas fazem isso com uma profunda paixão. Seus interesses ou atividades os unem e conduzem suas prioridades. Suas atitudes, comportamentos, coisas que gostam ou desgostam são formados uns a partir dos outros pelos modelos de seus papéis coletivos. Falam entre si e, algumas vezes, agem em conjunto.

9.1 O PODER DAS REDES
Fazendo mais com as conexões entre pessoas

Dizem que todos no planeta estão separados por uma "distância" de apenas seis pessoas. Esse é o poder das redes.

Robert Metcalfe, fundador da 3Com, propôs uma nova "lei" durante os frenéticos tempos do boom das empresas de alta tecnologia. Inicialmente desprezada pela corrida aos nomes de domínio, maior processamento e *eyeballs* (número de pessoas que vêem uma página da Web ou site), a Lei de Metcalfe afirma que:

> "O valor de uma rede é proporcional ao quadrado de seus nós."

O valor de uma rede não reside em seu tamanho, em quantas pessoas a ela pertencem, mas no número de conexões entre essas pessoas. O número de conexões cresce mais rapidamente do que o número de nós. Se uma pessoa se junta a um grupo de 7 pessoas, não se cria apenas uma conexão, mas sete conexões adicionais, uma para cada pessoa. O valor cresce numa razão de 49 a 64 vezes.

Na busca por fortunas no mundo pontocom, os sites ficaram obcecados com os *eyeballs* e deram pouca importância às pessoas conectadas que procuravam suas lojas de músicas online ou seus sites de jardinagem. Entretanto, a grande oportunidade está em conectar os *eyeballs* uns com os outros, ou os interesses e paixões que essas pessoas dividem. Isso adiciona mais valor do que uma loja online.

Se o site de jardinagem pudesse explorar o mundo dos adoradores de rosas ou dos fanáticos por gramados planos, então ele se tornaria especial para eles. Se pudesse facilitar o compartilhamento de suas paixões, eles se conectariam todos os dias. Se um site de música pudesse identificar um nicho de gênero de música em que as paixões fossem intensas e a lealdade aos artistas profunda, então poderiam atrair todo o grupo. Se esse grupo já tivesse alguma forma de rede, eles poderiam explorá-la, tornando as coisas muito mais fáceis e rápidas.

Chris Anderson descreve a realidade do poder das redes em seu livro *The Long Tail*, no qual ele pergunta o que acontece quando existe uma escolha quase ilimitada, quando tudo se torna disponível a todos e quando o valor combinado dos milhões de itens que somente vendem em pequenas quantidades se iguala ou excede ao valor de um punhado de best-sellers. Ele argumenta:

> "O futuro dos negócios não depende de sucessos – o grande volume final de uma curva tradicional de demanda –, mas do que era considerado perda – a cauda extremamente comprida da mesma curva... Para onde quer que você olhe, vendedores modestos, produtos de nichos específicos, títulos peculiares estão se tornando uma força imensamente poderosa e cumulativa."

Veja os catálogos de música – não mais governados pelos álbuns mais vendidos das lojas, mas apresentados por escolhas ecléticas e individuais dos downloads online. Elvis Presley e The Beatles retornaram aos catálogos, não porque tiveram novos lançamentos, mas porque existem pessoas suficientes em algum lugar do mundo que ainda querem suas músicas.

A história se repete em todos os setores da economia, de livros a roupas, de carros a seguros. O fluxo principal, baseado na produção de grandes volumes que atinge as necessidades médias dos clientes, não mais impulsiona o sucesso. O sucesso está nas margens, nos nichos, nos excêntricos, nos velhos favoritos – desde que estejam disponíveis e as pessoas possam encontrá-los. As redes, principalmente as digitais, tornam isso possível.

Insight 25: NET A PORTER
O novo melhor amigo das mulheres elegantes

> "O Net a Porter o leva à primeira fila dos shows sem a disputa... Se você não pode encarar uma estação sem um par de chinelos Jimmy Choo ou uma bolsa envelope da Chloé, você se sentirá perfeitamente em casa aqui."

O guia Good Web Guide gosta do Net a Porter, assim como o número crescente de celebridades que estabelecem tendências, gerentes ambiciosas e mães ligadas nas tendências da moda.

Nascida em Los Angeles e criada em Paris, a ex-estilista Natalie Massenet criou um dos melhores exemplos de empresa baseada em redes, o Net a Porter. Descrever o negócio como um varejista de moda de luxo online é insuficiente. Ele é muito mais uma revista, uma comunidade, uma conselheira e uma melhor amiga.

A empresa online se gaba de ter os melhores designers e as últimas modas, combinadas com um editorial aguçado e uma profunda sensibilidade para as últimas tendências da moda, do que comprar e o que não. É como um consultor e comprador pessoal ao alcance do clique de seus dedos ou do mouse, entregue em sua porta com embalagem luxuosa e em 24 horas.

A moda é o mundo de Massanet, cuja mãe foi modelo da Chanel e o pai um promotor de filmes. Inicialmente, ela trabalhou para o Woman's Wear Daily, de Nova York, e depois para o Tatler, em Londres, construindo uma grande rede de contatos no negócio. Percebendo que o mordaz e impiedoso mundo do jornalismo de moda não era para ela, decidiu seguir em frente.

O Net a Porter nasceu da lacuna que ela percebeu entre ver um item em uma revista de moda e de fato encontrá-lo nas lojas – uma busca quase vã.

Lançado em 2000, Massenet orgulhosa-se do que ela e alguns amigos criaram. Parte revista e parte site de compras, ela conseguiu fazer seu negócio crescer sem pisar nos dedos egocêntricos do setor da moda e sua preferência por alta costura, butiques e serviço personalizado.

Não seria surpresa se empresas como Chloé e Gucci se sentissem ressentidas por seu rompimento do modelo clássico de varejo. Ao contrário, porém, elas apoiaram seu novo modelo, promovendo o negócio e trabalhando na promoção de suas novas coleções. Na verdade, trata-se, provavelmente, da primeira experiência online para muitas dessas marcas, que estão intrigadas pelo seu impacto.

Clique no site e veja como ele se parece mais com as revistas de moda feminina. Ele tem fofocas, recomendações, variedades, vídeos e gráficos interativos, além da simplicidade do catálogo. As páginas são vitrines dos modelos mais recentes, com fotografias fantásticas, todas disponíveis para compra, o que normalmente não é fácil no mundo de nichos da alta moda.

As compras são enviadas para o mundo inteiro com entrega expressa a partir de um de seus centros de distribuição globais, sendo entregues em embalagens pretas luxuosas. O Net a Porter funde, de modo exclusivo, conteúdo, comércio, aconselhamento e comunidade. Os comentários e opiniões vêm de previsores de tendências e jornalistas de moda diretamente de empresas como a *Vogue* e a *W*. A equipe editorial tira dúvidas esclarecendo o que é quente e o que não é – uma moda ou um modismo, uma escolha inteligente ou um passo em falso. Há também comentários de pessoas, *feedback* de clientes, observações e sugestões.

Os resultados também são estimulantes. Tem 100 mil clientes ativos e em torno de um milhão de visitantes exclusivos do site, que navegam pelas últimas modas em média de duas a três vezes por mês. Embora o público alvo seja o feminino e afluente, os homens também têm um papel importante. O serviço de "Papai Noel" do Net a Porter envia emails aos cavalheiros que assinam os cheques, informando que suas parceiras acabaram de identificar um item desejado, ou como eles podem fazer alguém sorrir.

Com vendas de US$ 75 bilhões, o negócio tem sido rentável nos últimos dois anos. Os empregados duplicaram a cada ano, com cerca de 300 pessoas divididas entre Londres e Nova York.

Fazer o negócio crescer exigido dinheiro. Talvez ajudada pelo marido, administrador de fundos hedge, Massenet refinanciou sua empresa diversas vezes até tornar-se lucrativa. Richemont, o dono da Cartier, da Dunhill e da Shanghai Tang, detém 28% do capital da empresa, assim como a companhia venezuelana Baywind. Junto com outros investidores particulares, Messanet detém 17%.

O valor real do Net a Porter, entretanto, está no seu crescimento e na relação íntima com seu nicho de segmento de mulheres ricas. Messenet sem dúvida está cheia de novas ideias para satisfazer os desejos de moda e as aspirações de luxo dessa clientela.

9.2 REDES DE CLIENTES
Construindo comunidades que aproximam as pessoas

MySpace, YouTube, Flickr e Second Life, sites muitas vezes descritos como de segunda geração (ou Web 2.0), permitem a colaboração, a geração e o compartilhamento de conteúdos entre os usuários. Da mesma forma, no mundo dos negócios, empresas como a P&G construíram redes de parceiros, ou ecossistemas de negócios, nos quais novas ideias e inovações são criadas em parcerias.

Elas representam comunidades online que alguns consideram redes sociais, mas que também formam a base de produção colaborativa. Como nunca anteriormente feito, milhões de pessoas no mundo podem participar dessa modalidade econômica, vendendo antiguidades através do eBay, carregando documentários caseiros para a Current TV, remixando suas músicas favoritas no iTunes, desenvolvendo novos *softwares*, editando temas de casa, encontrando curas para doenças ou sequenciando o genoma humano.

O valor dessas redes reside no conteúdo desenvolvido por suas conexões.

A escala é assustadora. Somente em 2007, foram movimentados mensalmente 7 bilhões de vídeos gerados por usuários e criados diariamente 120 mil novos blogs, adicionados aos mais de 70 milhões em todo mundo. Nos Estados Unidos, 30% dos usuários da rede acessaram o YouTube, o iTunes e a Wikipedia mensalmente. Enquanto isso, o Google pagou US$ 900 milhões pela publicidade no MySpace, mas também foi multado em US$ 1 bilhão pela Viacom com a alegada infração na sua aquisição de US$ 1,65 bilhões da YouTube.

À medida que a banda larga voa alto e a velocidade das conexões acelera, as pessoas são atraídas para essa rica e interativa, de conteúdo personalizado e instantâneo, mídia social (ou rede).

O impacto não é somente jovem ou digital. Em 1995, havia 225 shows de TV transmitidos de estações terrestres pelo Reino Unido, assistidos por um público acima de 15 milhões. Hoje não existe nenhum. A audiência migrou para outros canais, uma vez que suas opções cresceram de 5 para 500. Da mesma forma, as receitas decorrentes de publicidade caíram dramaticamente à medida que os anunciantes perderam sua fé nessa mídia tradicional e procuraram maneiras mais focadas e interativas de envolver consumidores potenciais.

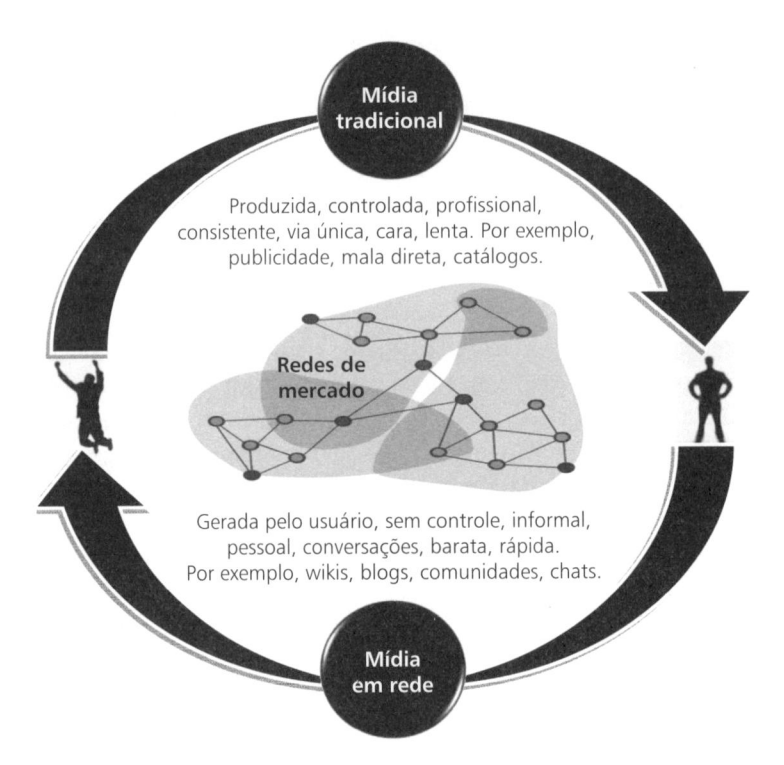

MÍDIA TRADICIONAL *VERSUS* MÍDIA EM REDE

A diferença entre as mídias tradicional e em rede são profundas.

- **Mídia tradicional**: o acesso é controlado pela localização e o horário; o conteúdo é produzido, editado e distribuído mediante pagamento; a experiência é profissional, padronizada, transacional e previsível. O público é um consumidor passivo.

- **Mídia em rede**: o acesso está aberto a qualquer um, de qualquer lugar, a qualquer momento. O conteúdo é autogerado e distribuído gratuitamente. A experiência é colaborativa, multiformatada, baseada nos interesses e relacionamentos dos usuários. O público é um criador ativo.

Como um negócio ou uma marca, você inevitavelmente quer participar dessas redes, em especial naquelas com perfil semelhante ao de seus clientes-alvo. Você gostaria de criar a sua própria rede, em torno de sua marca, mas seus clientes não gostariam disso. As marcas não fazem o suficiente para essas pessoas, principalmente considerando o que elas podem fazer umas pelas outras.

- Você não pode ser proprietário de comunidades de clientes, mas pode influenciá-las e apoiá-las.

- Você não pode empurrar mensagens para elas, mas pode escutá-las e aprender com elas.

- Você não pode controlá-las, mas pode incentivá-los a querer a sua marca.

Assim como as comunidades físicas tradicionais (imagine como uma pequena cidade se desenvolve), as comunidades digitais têm características que as ajudam a interagir, organizar e estruturar seus mundos à medida que também se desenvolvem. Da mesma forma que uma cidade pode se desenvolver em torno de interesses comuns, eventos, grupos ou localizações, uma comunidade online se desenvolve em torno de participação, padrões comuns, descentralização e modularidade de estruturas, nas quais o usuário controla tudo, inclusive sua identidade.

Insight 26: CURRENT TV
Pods criados por usuários para a geração digital

"A Current TV volta-se para o que está acontecendo; histórias do mundo real, contadas por você."

Al Gore, ex-vice-presidente americano que ganhou o Oscar como militante do meio ambiente, definiu a Current TV em 2005 como "a televisão para a geração da Internet". Ele descreveu o novo serviço, que depende do conteúdo criado pelo público para mais de um terço de sua programação, como o começo de uma revolução na mídia, que será tão importante quanto a invenção da imprensa.

A Current TV é voltada para as pessoas de mentalidade digital, na faixa etária entre 18 e 34 anos e sedentas por conteúdo. Para complementar suas experiências da vida real, essas pessoas estão cada vez mais conectadas online e na telefonia móvel, além de disporem de TV com mais de 500 canais. Em vez do horário tradicional, a programação é feita em "pods" de três a oito minutos de duração.

Os assuntos variam de reportagens sobre os vilarejos destruídos pelas lutas em Darfur a insights sobre o papel do grafiti como uma arte respeitável e urbana. Inclui também alguns segmentos mais convencionais que cobrem, por exemplo, guia de viagens em parceria com o Lonely Planet.

Também dispõe de um boletim de notícias com três minutos de duração a cada hora baseado nos assuntos mais procurados pelos usuários no Google, ainda que no dia de seu lançamento no Reino Unido os assuntos mais procurados incluíssem um apresentador de TV nu e um homem que fazia sexo com carros.

Entretanto, o que diferencia a Current TV é o conteúdo gerado pelo usuário. Pelo menos um terço da programação é feita de materiais apresentados por espectadores através do site www.current.tv.

Os espectadores são estimulados a visitar o website para votar nas ideias a serem divulgadas. Caso selecionadas, elas recebem apoio para edição para que melhorem seus filmes. Os criadores das ideias são pagos por seus esforços (a partir de US$250 por segmento). Mesmos os comerciais, com o apoio de patrocinadores pagantes, são criados pelos espectadores.

VC^2, ou conteúdo criado pelo espectador, é feito por qualquer pessoa com uma câmera e uma história para contar, normalmente preenchendo quase toda a grade de programação da Current TV. O conteúdo não é tão descolado quanto o da MTV, nem tão desorganizado quanto o do You Tube. No entanto, é independente, individualista e interessante.

Os editores na sede em São Francisco ou nos estúdios de Londres e Los Angeles afirmam que os únicos filtros impostos são de ordem legal ou de qualidade, confiando nos próprios espectadores para adotarem e seguirem um código de ética. Seus críticos dizem que ela é uma versão esterelizada de conteúdo gerado por usuários como os políticos da geração *baby-boom* e executivos dos meios de comunicação. Outros reclamam que ela adere às convenções estabelecidas pelas "TVs de jovens", como a MTV.

A Current TV evoluiu a partir do canal a cabo Newsworld International, que Gore e alguns compraram em 2004 por US$70 milhões. Gore tornou-se presidente; seus investidores incluem o CEO Joel Hyatt e Bill Joy, co-fundador da Sun Microsystems.

Em seu primeiro ano, a audiência cresceu rapidamente de 17 milhões de domicílios para 50 milhões, à medida em que mais redes aderiam ao novo canal. Ela já é rentável. O primeiro lançamento internacional no Reino Unido, em 2007, é parte do plano de expansão projetado para criar, nas palavras de Gore, "uma conversação global".

Em seu lançamento, Gore falou do fato de a Current TV ser reflexo de um cenário de mídia em rápida mudança, no qual o poder das redes monolíticas vem sendo desafiado pela habilidade de indivíduos armados de câmeras baratas e laptops de fazerem seus próprios filmes. "É envolvente, divertido e relevante. É feito por pessoas que estão lá fora vivendo suas vidas", disse ele. "Décadas atrás, a televisão suplantou a palavra escrita. Ela era tão interessante e mágica que levamos algum tempo para nos darmos conta de que era uma via de mão única. Nossas democracias dependem de discussões vibrantes e multi-direcionais, nas quais novas vozes possam ser ouvidas."

A revista *Wired* chamou a Current TV de "um buffet de mídia rápida, manhoso e algumas vezes muito interessante. Dentro do segmento de vídeos curtos, tem como alvo a geração iPod... combina o imediatismo dos blogs de vídeo com o voyeurismo da reality TV."

9.3 MARKETING DE REDE
Libertando o poder das redes para criar impacto nos negócios

As redes transformam fundamentalmente a forma como você comunica e distribui produtos e serviços, como atrai novos clientes e mostra uma experiência de marca e como apóia e constrói relacionamentos com clientes.

Embora não devamos nos deixar levar pelos mais recentes modismos – precisamos criar um perfil para nossa empresa no MySpace, ou uma versão virtual no Second Life, ou um blog escrito por nosso CEO – as redes devem ser vistas como canais complementares e plataformas para o crescimento futuro.

As redes oferecem novas oportunidades: alcançar novos públicos através de fronteiras físicas, atingir com precisão determinados segmentos colaborando com eles de forma mais pessoal, oferecer soluções mais abrangentes, eliminar atritos nos canais convencionais e apresentar uma experiência de marca mais rica para cada cliente.

- *Ideias* espalhadas de forma virulenta ao público-alvo, particularmente aos criadores de tendências e outros "hiperconectores". Conceitos obrigatórios construídos em torno de memes (técnicas cativantes e inesquecíveis, como gráficos, sons e palavras), criam interesse e demanda instantânea. Histórias e lendas constroem marcas, ajudando as pessoas a se identificarem com a personalidade, as crenças e os valores.

- *Comunicação* torna-se instantânea e interativa, customizada e colaborativa. Em vez de empurrar comerciais caros ou postar em correio milhões de catálogos na espera de 1% de retorno, você pode atingir as pessoas de modo mais pessoal ou mesmo esperar elas começarem a falar, no lugar de tentar vender o que e quando elas não querem.

- *Canais de distribuição* não são mais estruturas tipo produção/entrega que empurram os produtos ou serviços aos clientes. Criam ambientes multicanais e multimídias nos quais os canais interagem em conjunto e complementam um ao outro. A associação cooperativa do conteúdo, como, por exemplo, através da tecnologia RSS, é grátis e fácil.

- *Parceiros de afinidade* oferecem tremendas oportunidades de acessar comunidades inteiras de público alvo, acrescentando valores e lealdades de pessoas a uma marca parceira à sua própria. As franquias e os licenciamentos espalham rapidamente apelos de uma marca, sem a necessidade de infraestrutura ou investimento de capital.

- ***Soluções*** são mais amplas e customizadas. Você trabalha com parceiros para realmente solucionar problemas em vez de vender produtos – é uma solução simples, com amplo conhecimento e multimarcas. A customização de conteúdo, produtos ou serviços se torna a norma. Atendimento e suporte personalizados, com produção e logística modulares, possibilitam montagem e entrega rápidas.

- ***Experiências*** são ricas e contínuas. As marcas fazem mais por você, permitindo interação com especialistas e outros usuários, desenvolvendo novas habilidades bem como dispondo de recursos online de modo a executar a tarefa da melhor maneira. As redes permitem que as experiências sejam pessoais, compartilhadas, colaborativas e globais, utilizando os mais recentes recursos, dividindo interesses e encontrando a solução para um problema.

- ***Relacionamentos*** são colaborativos e entre usuários. A ideia antiga de CRM (Customer Relationship Management), de procurar persuadir os clientes a ter uma relação com sua empresa, é rapidamente substituída pela opção mais atraente de se conhecer alguém como você. As pessoas tornam-se leais às redes, não às marcas. As marcas são os novos facilitadores de relacionamentos.

- ***Reputação*** é impulsionada pelos clientes. No passado, as marcas eram ícones confiáveis e duradouros. Elas ainda o podem ser, mas através de uma avaliação maior. A transparência permite ao consumidor pesquisar além do catálogo de sua empresa, sendo que qualquer inconsistência ou má experiência pode se espalhar rapidamente. Reputações podem levar anos para ser construídas, mas podem ser destruídas em poucos segundos.

As redes fazem com que as organizações comportem-se de novas maneiras – desenvolver novos modelos de negócios, ser uma marca de um pequeno nicho, porém global e famosa –, trata-se de muito mais do que simplesmente criar um website. Claro que você também pode abusar das redes; a enxurrada de *spams* em sua caixa postal não é diferente do *junk mail*. Um marketing atencioso, colaborativo e que adicione valor resultará em clientes de Auckland a Alma Mata logando-se para localizar uma marca.

Insight 27: NEWS CORPORATION
Pronta para reinventar o mundo da mídia em rede

Rupert Murdoch descreveu sua compra espetacular do controle do *Wall Street Journal* pelo valor de US$ 5 bilhões como o momento de coroação de mais de meio século de negócios e da construção de um império.

Nem todos estavam felizes. Como um de seus jornalistas colocou anonimamente no blog, "Agora tornei-me um subalterno no império corporativo mais demoníaco do mundo", enquanto outros disseram que tiveram insônia repentina. Os leitores também não ficaram felizes, enviando emails dizendo que cancelariam suas assinaturas ou parodiando os tablóides de Murdoch com o "D'oh!" de Homer Simpson.

Cidadão americano nascido na Austrália, que construiu seu império de negócios a partir de uma variedade de ativos de mídia (incluindo o *Adelaide News*, que herdou quando seu pai faleceu em 1956), Murdoch é um visionário observador. Em 1980, ele formou a News Corporation. Juntou conteúdos dispersos, redes, públicos e títulos de todos os cantos do mundo. Foi um pioneiro em tecnologias digitais e em mercados em desregulamentação. Moldou o seu mundo de acordo com sua visão.

Murdoch está no coração da revolução da mídia digital e de redes, indo de jornais como o *The Times* e o *New York Post*, a televisões via satélite e a cabo, como a Fox Networks e a Sky Television, o estúdio cinematográfico Twentieth Century Fox, a editora HarperCollins, a comunidade online MySpace e a fonte de informações de negócios Dow Jones.

Talvez o maior medo de seus detratores seja seu sucesso. Eles o temem por ser rico o suficiente, poderoso o suficiente e audacioso o suficiente para pegar qualquer coisa, qualquer coisa, que queira. Agora que seu império está absorvendo o jornal com a segunda maior circulação nos Estados Unidos (também um dos politicamente mais influentes), ele é uma das pessoas mais poderosas do mundo entre as que não têm acesso a um botão nuclear.

O *The Wall Street Journal* era a peça que faltava no seu quebra-cabeça americano, onde sua influência na mídia limitava-se ao canal de notícias de maior audiência, o Fox News. Embora alguns digam que seu conteúdo é politicamente influenciado e geralmente de baixa qualidade, ele acabou mudando totalmente a paisagem dos noticiosos de televisão dos Estados Unidos, misturando as fronteiras entre fatos e comentários. Seu tablóide, o *New York Post*, que ele salvou da falência, é como um prazer com culpa para muitos nova-iorquinos. Uma história semelhante pode ser contada em muitos outros países. No Reino Unido, por exemplo, ele reina em toda a gama de jornais, indo do tablóide *The Sun* ao standard *The Sunday Times*. A Sky continua a formatar a face do esporte e do entretenimento.

Talvez o mais intrigante do quebra-cabeças é como ele ou seus filhos e filhas juntarão suas redes físicas e digitais de forma ainda mais poderosa.

De que forma o site líder em *networking* social MySpace irá se juntar a conteúdos via satélite e impressos, dos Simpsons aos eventos esportivos? Como o sistema online de informações de negócios da Dow Jones, mais uma rede global de jornais de negócios e canais de satélites, possibilitarão a ele influenciar a forma como o mercado de capitais se comporta e as companhias funcionam? Como ele irá influenciar o mundo da publicidade, da política, agora que controla tal diversidade de mídias e pode acessar tais audiências? Como irá abraçar o conteúdo gerado pelo usuário, da maneira como agora vemos ser feita no YouTube ou na Current TV, transformando os modelos de transmissão e de publicação?

Para compreendermos como a News Corp provavelmente moldará o futuro do mundo das redes, devemos olhar para trás cerca de 26 anos de surpreendente crescimento do negócio.

A primeira entrada de Murdoch no mercado dos Estados Unidos aconteceu em 1974 com a compra do *San Antonio Express-News*, seguida da do *National Star*, um tablóide distribuído em supermercados, e do *New York Post*. Em 1981, ele comprou a Twentieth Century Fox e logo após o grupo de estações Metromedia, que resultou no lançamento, em 1986, da Fox Broadcasting Company.

Aquele ano também viu a subsidiária de Murdoch, News International, em guerra com o setor de jornais britânico. A mudança do local tradicional das empresas jornalísticas, da Fleet Street para a Wapping na zona portuária de Londres, tornou-se a fagulha que o fez desafiar as extremamente restritivas práticas de trabalho dos sindicatos da imprensa. As batalhas noturnas persistiram até que os sindicatos concordaram com as mudanças de Murdoch.

Parte III   De fora para dentro, de dentro para fora

Por volta de 1991, a News Corp acumulava enormes débitos, o que a forçou a vender muitos de seus interesses em revistas americanas. Isso aconteceu principalmente devido a sua participação na Sky, uma transmissora por satélite deficitária no Reino Unido, salva pela fusão com sua rival BSB para formar a BSkyB em bases financeiras mais sólidas.

Em 1995, a Fox Networks passou a ser investigada após reclamações de que o controle de Murdoch era ilegal, e que apesar de ele ter adotado a cidadania americana, ela era propriedade de uma empresa australiana. A justiça favoreceu Murdoch. No mesmo ano, ele lançou um website de notícias em parceria com a MCI e, na Austrália, a rede de TV paga Foxtel em parceria com a Telstra.

A News Corp se tornou um grande participante no setor da música em 1999, adquirindo e juntando a Mushroom Records com a Festival Records, dando sua administração a seu filho James, como um dos diversos aprendizados. No final de 2003, a News Corp adquiriu uma parcela da Hughes DirecTV, a maior TV via satélite americana, pela quantia de US$ 6 bilhões.

O MySpace passou ao controle de Murdoch em 2005, abocanhada por sua subsidiária Fox Media pela quantia de US$650 milhões. Atualmente, ele é sexto site mais visitado do mundo, sendo um terço das visitas dos Estados Unidos, e possui mais de 100 milhões de contas. Sua enorme e jovem rede, desesperada para ver e compartilhar interesses, opiniões, músicas e vídeos, tornou-se um fenômeno popular – o melhor lugar para artistas da música lançarem um novo disco e se comunicarem com a juventude de hoje.

Murdoch, hoje com bem mais de 70 anos, supervisiona seu mundo físico e virtual de um enorme apartamento no Upper East Side, em Manhattan, que pertenceu à família Rockefeller. Com sua esposa, Wendi Deng (com metade da sua idade), que conheceu na Star TV em Hong Kong, Murdoch tem aumentado sua dinastia com mais duas filhas jovens. Entretanto, ele ainda não mostra sinais de querer passar seus negócios para a geração mais jovem. Lachlan, seu filho mais velho, tem sido considerado como seu provável sucessor, mas o dinheiro está com o filho mais jovem, James, que atualmente dirige os negócios da Sky Television.

Uma coisa é certa. Com seus ativos globais em seus respectivos lugares, a história conectada da News Corporation provavelmente é somente o começo.

Ideias radicais, ação prática

Parte IV
▶ Ideias radicais, ação prática

"Independentemente do que você pode fazer, ou acha que pode fazer, comece. A ousadia tem poder, genialidade e mágica."

Johann Wolfgang von Goethe

Gere alto desempenho de forma mais criativa com **ideias radicais** que sejam estimulantes, transformadoras e que criem valor.

Gere alto desempenho de forma mais inteligente com **ações práticas** que tenham máximo impacto no mercado e impulsionem o crescimento lucrativo.

► Uma coisa é ter uma grande ideia, outra bem diferente é fazê-la acontecer de forma prática e lucrativa. À medida que os insights fluem através das empresas, as ideias emergem e a inovação evolui, transmitimos a magia que inicialmente veio do mercado, como em uma corrida de revezamento. A dificuldade está no fato de, algumas vezes, o bastão cair ou ser substituído por outro. As ideias se conciliam e os conceitos poderosos se diluem.

► O "gênio" se fundamenta no pensar e no fazer. Não somente as ideias brilhantes perdem a sua mágica no processo de implementação, como uma ideia comum pode ser apresentada de maneiras extraordinárias.

► A condução de ações radicais leva pessoas a uma grande crença nas novas possibilidades, já que são estimuladas por sua habilidade de resolver os problemas, tornando as vidas melhores, além de disporem de uma enorme paixão para fazê-lo. Isso exige equipes que trabalhem em conjunto, indivíduos que pensem estrategicamente e taticamente, além de líderes que possam criar, proteger, acelerar e transformar as melhores ideias em ação prática.

► Os negócios precisam de pessoas de mente aberta, que pensem além das convenções e ajam sem ser conciliatórias. Pessoas que sejam naturalmente empreendedoras, pessoas como as outras, que estejam motivadas e inspiradas a fazer o que nunca ninguém fez antes.

Faixa 10 Motivando as pessoas

Criando os melhores ambientes de trabalho

"Acredito que as práticas de negócios melhorariam de forma incomensurável se fossem guiadas por princípios 'femininos'- qualidades tais como amor, cuidados e intuição."

Anita Roddick

Uma abordagem mais inteligente às pessoas que envolva mais *ação prática*

- As pessoas estão focadas e envolvidas no que cria valor a todos os *stakeholders*.

- Administradas com estruturas, comunicações e recursos claros e abertos.

- Criar colaboração interna por meio de propósitos, valores e objetivos comuns.

- Divulgar a promessa da marca a cada ponto de interação de clientes.

- Construir capital intelectual no que tange as competências, conhecimento e inovação.

- Conectar benefícios e prêmios às prioridades de curto e longo prazo do negócio.

- Garantir que um bom ambiente de trabalho apresente crescimento e criação de valor.

Uma abordagem mais criativa às pessoas que envolva mais *ideias radicais*

- As pessoas inspiram-se em líderes que trabalham para fazer de sua percepção a sua realidade.

- Empoderadas pelos gerentes, criando confiança, flexibilidade, credibilidade e velocidade.

- Estimular novas ideias pela diversidade, colaboração e novas parcerias.

- Viver a marca de forma a construir uma personalidade e cultura características.

- Construir capital intelectual na forma de talentos, novas ideias e relacionamentos.

- Criar um ambiente que estimule o risco, o empreendedorismo e a agilidade.

- Permitir um estilo de vida realizador e recompensador a todos no negócio.

As pessoas são mais importantes do que nunca.

Em um mundo de negócios em que o valor econômico de uma organização está cada vez mais intangível – baseado no conhecimento, na inovação, nos relacionamentos e nas marcas –, a capitalização de mercado é, em última instância, impulsionada pela habilidade de atrair, desenvolver e reter os melhores talentos.

Não se trata apenas de ter as pessoas, mas de trabalhar com elas. Enquanto o mundo antigo das manufaturas exigia habilidades manuais, em que as pessoas podiam ou não fazer um trabalho, os negócios de hoje baseados em conhecimento e serviços dependem de se obter o que as pessoas podem oferecer.

Obter o melhor das pessoas, utilizando seus talentos, reconhecendo e desenvolvendo seus potenciais é uma arte muito sutil. Envolve muito mais emoções e influência do que processo e instrução. Exige que vejamos cada empregado como um indivíduo único, um ser humano emocional e complicado.

Como líderes, nosso desafio consiste em integrar, capacitar e estimular pessoas com ideias e talentos únicos, que constroem reputações e relacionamentos, e dividir suas paixões e energias com outros. Um negócio cheio de energia e motivado é extremamente poderoso. Como certa vez disse Walt Disney,

> "Em minha organização existe respeito a todos os indivíduos. Qualquer coisa que conseguimos é decorrente de um esforço combinado. Eu sinto que não existe porta que, com o talento que possuímos, não possa ser aberta. Esperamos poder continuar a destrancar essas barreiras."

O comprometimento dos empregados pode, algumas vezes, ser considerado como certo por líderes que vivem e respiram a organização e estão familiarizados com seus desafios e objetivos. Frequentemente, nos níveis mais baixos da organização, esse não é o caso. À medida que as tarefas se tornam mais específicas e regulares, o pessoal pode sentir menos a necessidade de uma "causa" para o negócio, a necessidade de uma mudança para melhorar e obter maior desempenho.

Uma pesquisa realizada pelo Gallup nos Estados Unidos revelou que somente 29% dos empregados se sentem ativamente engajados e comprometidos com o trabalho. Porém, de acordo com pesquisa realizada pelo Corporate Leadership Council, se as pessoas estão comprometidas com a organização pela qual trabalham, tentam 57% mais, desempenham as tarefas 20% melhor e ficam 87% menos propensas a deixar o emprego.

O impacto financeiro do desempenho do negócio e do comprometimento dos empregados pode ser quantificado utilizando-se a análise de geração de valor, elaborada a partir do impacto de causa-efeito das atitudes das pessoas nos comportamentos, nos serviços aos clientes, na satisfação, na retenção, na defesa, nos lucros e no crescimento. Embora o efeito seja diferente para cada empresa, dependendo de seus mercados e estruturas, existe um fluxo comum, que pode ser descrito de maneira simples como "pessoas – serviços – cadeia de lucros."

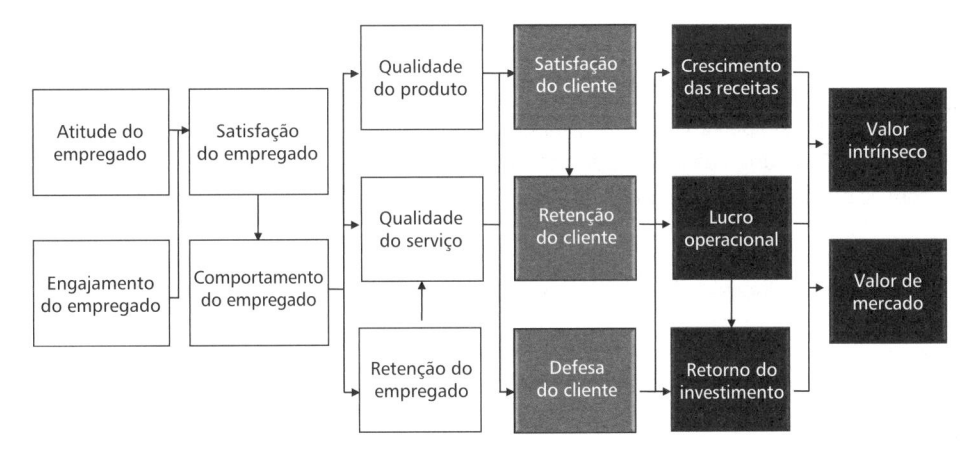

GERADORES DE VALOR DE EMPREGADOS, CLIENTES E FINANÇAS

O varejista internacional Sears Roebuck foi um dos primeiros a avaliar esse impacto e estruturou sua cadeia de "lucro do serviço às pessoas", a sua própria maneira: "um local motivador para trabalhar" cria "um local motivador para comprar" que cria um "local motivador para investir". Segundo uma pesquisa de Rucci, Kirn e Quinn, publicada na *Harvard Business Review*, a Sears descobriu que uma melhoria de 5% na atitude de seu pessoal levou a um acréscimo de 1,3% na percepção do cliente que, por sua vez, levou a 0,5% de crescimento nas receitas.

Um incremento marginal na satisfação e no comprometimento de seu pessoal – um sorriso todos os dias, uma mensagem para começar o dia, ou a melhoria de poucos pontos percentuais na satisfação do pessoal podem valer, nas grandes companhias, US$ 100 milhões anuais nos lucros.

Apesar de haver muitas maneiras estruturais de melhorar a vida de seus empregados – melhor local de trabalho, maior desenvolvimento, maiores recompensas –, a maior e mais simples maneira de fazer a diferença é por meio de uma liderança melhor. Um estudo realizado em 2006 pelo Hay Group descobriu que o melhor relacionamento com os líderes da organização conduz a cerca de 30% de melhoria na produtividade.

Os desafios dos líderes são muitos. Apesar de muitas vezes parecer que a estratégia e o desempenho exijam cada segundo da jornada de trabalho, é fácil esquecer da importância de se gastar algum tempo com as pessoas, e particularmente de tratar de:

- Como atrair e reter os melhores talentos – disputar as pessoas que têm as competências para desenvolver as melhores ideias, apresentar o melhor serviço e construir os melhores relacionamentos.

- Como motivar seu pessoal todos os dias – quando eles têm grandes ambições e pouca paciência, querem aprender mais rápido, ser promovidos rapidamente e constantemente ganhar mais.

- Como comprometer as pessoas nos objetivos coletivos – quando o trabalho está se tornando mais individualista e as pessoas estão mais independentes, empreendedoras e pessoalmente ambiciosas.

- Como unir equipes dispersas – localizados em todo mundo, trabalhadores móveis, trabalhadores em casa – manter-se em contato com eles e controlá-los de tal forma que se somem à equipe e se beneficiem dela.

- Como manter maior flexibilidade – equilibrando empregados e terceirizados de forma que possam adicionar habilidades especializadas quando necessário, escalando as equipes de acordo com a demanda.

- Como obter o máximo das pessoas – encontrar o papel certo para eles bem como o estilo de liderança mais eficaz, estimulando-os a prestar um grande serviço e trazer a marca à vida.

- De que maneira construir sua própria marca pessoal, desenvolvendo sua reputação e redes pessoais onde as equipes são mais transientes e a competição por melhores projetos e salários é alta?

Você também deve pensar em si mesmo. Como ser mais eficaz como líder? Como agregar mais valor? Se isso significar que você não pode fazer tudo, então quais suas prioridades pessoais e para o negócio? O que desperta a paixão e a energia dentro de você?

10.1 CONSTRUIR UMA PAIXÃO PELAS PESSOAS
Liberando o talento e os sonhos de seu pessoal

O negócio já é rico em estruturas desenvolvidas, recursos especializados e técnicas científicas para se conectar às pessoas. Ainda assim, pelo fato de estarem totalmente envolvidos em engajar os clientes com o negócio, suas marcas e produtos, os gerentes esquecem que tal prática e abordagens podem ser igualmente aplicados internamente.

Muita coisa tem sido escrita sobre a criação de uma "marca para empregados". Na realidade, existe somente uma marca corporativa, e é muito melhor desenvolvê-la para que seja relevante para todos os *stakeholders*, incluindo os funcionários e acionistas, do que somente para os clientes.

A ideia de uma marca principal (*core brand*) que defina a organização e que inclua seus propósitos e personalidade, pode ser divulgada de modos diferentes e importantes, considerando cada público interna e externamente, da mesma forma como ela é adaptada a segmentos diferentes de clientes. Se a ideia é "humanizar a tecnologia" ou "tornar sonhos realidade", então ao engajar os funcionários nesse objetivo, eles provavelmente estarão mais motivados e focados em também engajar os clientes aos quais prestam serviços.

A marca age como um imã, comprometendo todos os públicos na ideia principal – de uma forma visível, emocional e estimulante. A marca auxilia no relacionamento com e entre cada *stakeholder*. No caso dos funcionários, isso significa que as pessoas prestam um grande trabalho em troca de uma variedade de benefícios, atendendo aos clientes com uma causa comum e também compreendendo o papel dos acionistas.

MARCAS ENVOLVENTES APROXIMAM AS PESSOAS

O magnetismo está amparado na ideia de se engajar cada público emocionalmente. Da mesma maneira que exploramos como envolver os clientes através da "pirâmide energizadora" (Capítulo 7, p. 202), devemos olhar os energizadores, os possibilitadores e os itens essenciais de nossos empregados – quais são suas necessidades e desejos essenciais para virem ao trabalho? O que é importante para eles, o que os ajuda a atingir seus objetivos? O que os estimula?

Obviamente, os empregados não são todos iguais, assim como nossos clientes não o são. Nem todos os empregados têm o mesmo valor (embora muitas vezes seja difícil dizê-lo), assim como existem clientes bons e não tão bons. Portanto, a segmentação de empregados baseada na situação física (função, nível, local geográfico), na motivação (necessidades, desejos, ambições) e no valor (habilidades especializadas, potencial, desempenho), nos ajudam a posicionar e elaborar nossa abordagem de forma apropriada.

Cada segmento-alvo de pessoas pode ser cuidado de forma distinta – pelo desenvolvimento de "proposições de valor dos empregados", que assume exatamente o mesmo formato das proposições de valor dos clientes. Elas identificam o que é mais importante a um determinado grupo, descrevendo os maiores benefícios de se trabalhar para a companhia e para aquele público.

A proposição condiciona a abordagem inteira a cada segmento. Torna-se realidade por meio de "produtos e serviços"- ou de papel e atividades, contratos e salários, objetivos e recompensas, ambiente de trabalho e relacionamento com a gerência, que formam coletivamente a "experiência do empregado", isto é, como é trabalhar para a empresa. Os processos e estruturas são os mesmos que proporcionam uma experiência pessoal importante e memorável aos clientes.

A comunicação interna se torna a forma de diálogo corrente com seu pessoal – baseada em seus assuntos e focada em seus benefícios. Assim como as comunicações externas, ela também deve utilizar a mídia mais apropriada, possibilitando que as pessoas iniciem o diálogo de forma rápida e aberta. Da televisão e revistas de negócios a sites, blogs, eventos e comunidades online, todos devem facilitar a abertura entre empregados e gerentes e entre empregados.

As necessidades de uma força de trabalho diversificada podem ser aproveitadas de maneiras muito diferentes e relevantes. A personalização de contratos, benefícios e experiências de trabalho se tornam possíveis pela administração efetiva da relação gerência-empregado.

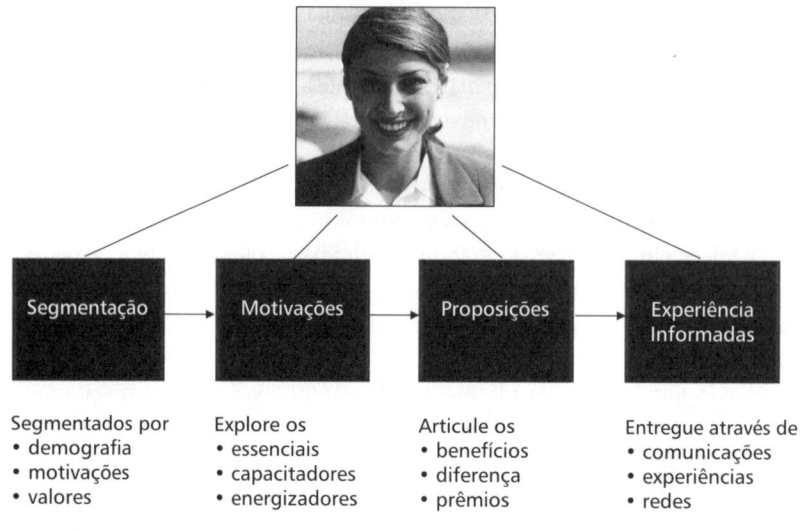

```
         ┌─────────────┐   ┌─────────────┐   ┌─────────────┐   ┌─────────────┐
         │ Segmentação │ → │  Motivações │ → │  Proposições│ → │  Experiência│
         │             │   │             │   │             │   │  Informadas │
         └─────────────┘   └─────────────┘   └─────────────┘   └─────────────┘
```

Segmentados por
- demografia
- motivações
- valores

Explore os
- essenciais
- capacitadores
- energizadores

Articule os
- benefícios
- diferença
- prêmios

Entregue através de
- comunicações
- experiências
- redes

PROPOSIÇÕES E EXPERIÊNCIAS DOS EMPREGADOS

Insight 28: GOOGLE
Os cérebros hiperativos por trás dos cem zeros

"Googol" é o termo matemático para o número um seguido de 100 zeros. Ele provavelmente simboliza a magnitude das ambições do Google, aumentando o impacto em toda dinâmica do mercado e do marketing.

Em 1995, Larry Page e Sergey Brin criaram em seu quarto, na Stanford University, o que acabaria por envolver 100 milhões de buscas diárias na Internet em cinco anos e os tornaria multibilionários em menos de uma década.

O Google tem uma missão simples, porém hercúlea: "organizar a informação mundial tornando-a universalmente acessível e utilizável." Page a coloca da seguinte maneira, "a máquina perfeita de perguntas e respostas – que compreenda exatamente o que você quer saber e lhe responda exatamente o que você quer." Com mais de 10 milhões de usuários e pesquisando por 10 bilhões de páginas da web, o Google é, sem dúvida, o maior mecanismo de buscas do mundo.

O Google também é o melhor lugar para se trabalhar.

Isso talvez não surpreenda, principalmente considerando-se que essa empresa de TI tem uma rotatividade de pessoal anual de apenas 2% entre seus 5 mil empregados e recebe quase 500 mil currículos para esse pequeno número de vagas. Quando a equipe da "Best Company to Work For" avaliou a sede do Google em Mountain View, concluiu que aquele era realmente o melhor local para se trabalhar.

Noventa e cinco porcento do pessoal, Googlers como chamam a si mesmos, disseram que "levando tudo em consideração, eu diria que este é um grande local para se trabalhar".

Sentado em um dos onze restaurantes localizados no campus, você pode se perguntar o que faz desse um lugar tão extraordinário. Talvez seja a longa lista de benefícios exclusivos que permitem que as pessoas aprendam, viajem e tenham um dia realmente fantástico. Talvez sejam os cafés-da-manhã, os almoços e jantares, as licenças ilimitadas por doença, o ginásio de esportes ou os 27 dias de férias remuneradas por ano. Talvez também sejam os aspectos mais convencionais, como transporte gratuito em ônibus dotados de sistemas Wi-Fi, atendimento médico e dentário locais, oficina de automóveis ou de bicicletas e aulas de idiomas estrangeiros no horário do almoço.

Como a auditora de cultura diz:

> "Não existe dado disponível que prove que um lanche grátis ou um ambiente multicultural ao estilo de campus contribuam para o sucesso e o lucro da organização. O que está provado é que o Google está crescendo em uma velocidade imensa – a retenção de pessoal é elevada, os atritos são poucos e as receitas são grandes. As pessoas estão loucas para trabalhar no Google e a quantidade de currículos apresentados são extremamente altas (excedem a 1300 por dia)."

O Google também é uma organização que trabalha e cresce em uma velocidade vertiginosa. Está constantemente desenvolvendo novos produtos, entrando em novos mercados, aumentando seu portfólio. É um local estressante, de trabalho árduo e animador. Como um Googler comentou:

> "O Google é uma grande empresa e estou muito orgulhoso de ser parte dela. Os benefícios são extraordinários e este é o ambiente de trabalho mais peculiar no qual já trabalhei. Os produtos, ideias, mentes criativas que temos continuam a me espantar e me inspirar."

Quando Sergey Brin e Larry Page fundaram a companhia, há poucos anos, em 1998, eles acreditavam em uma maneira melhor de fazer negócios – certamente melhor do que em seu quarto da Stanford University, que se duplicou como sede de seus negócios globais naquela época. Estabeleceram como lema "não ser diabólico", e sempre acreditaram que um negócio criativo precisa tratar as pessoas com respeito e apoiá-las para que liberem seus talentos.

Desde os primeiros tempos, os dois fundadores reconheceram que o sucesso em seu negócio reside na capacidade de atrair e manter os melhores tecnólogos do mundo, bem como os melhores administradores.

Seu principal executivo, Eric Schmidt, coloca grande responsabilidade nessa capacidade, pois acredita que juntamente com isso vem o sucesso operacional e financeiro. Ele procura pessoas "cerebrais, criativas e empreendedoras", multifacetadas, evitando técnicos de mentes estreitas, que colocam muito esforço para apoiar apenas seu desenvolvimento e desempenho pessoal. Ele busca também garantir que os funcionários se divirtam muito – para aliviar as tensões, melhorar a colaboração que leve a soluções criativas.

O que mais eu experimentaria trabalhando no mundo Google?

- TGIF (Thank God It´s Friday) é um encontro semanal da empresa, muitas vezes com a presença dos fundadores. É um momento para dar as boas vindas aos novos recrutas, atualizar as atividades principais e, mais importante, é uma seção de perguntas e respostas transmitida mundialmente.

- O Google Ideas é um site em que os Googlers acrescentam, conectam e discutem suas ideias. Tudo é possível – e é melhor botar as ideias para fora do que mantê-las na cabeça. Os colegas avaliam as ideias de 0 (perigosas) a 5 (faça agora).

- Os *"kick-offs"* (pontapés iniciais), voltados principalmente para as equipes de vendas, são reuniões trimestrais em que os objetivos para os próximos três meses são estabelecidos e as pessoas são focadas em perspectivas e produtos, são inspiradas por convidados e estimuladas a frequentar clínicas de treinamento especializadas, prontas para impulsionar o crescimento para mais além e mais rápido.

- Para cada funcionário são destinados US$ 8 mil para desenvolvimento profissional, para fazerem o que acreditam ser melhor para eles, em qualquer lugar do mundo, seja um treinamento técnico ou um MBA de um ano.

- O programa de educação fora da empresa vai ainda mais longe, permitindo que as pessoas saiam por até cinco anos (um longo período no mundo do Google!) para acompanhar um programa de estudos, após o qual são reembolsados em até US$ 150 mil.

- Acesso ao pré-lançamento de novos produtos, de modo que os empregados possam utilizar as mais novas aplicações, como Gmail, Froogle, Toolbar ou Local – bem como testar e dar retorno quanto às melhorias.

- Todos os Googlers são estimulados a gastar 20% de seu tempo trabalhando em qualquer projeto – assuntos fora de sua responsabilidade, ideias tolas nas quais acreditam, ou a se envolverem em trabalhos que estão em andamento em áreas completamente distantes da sua.

- Os novos pais também são amparados – todas as noites mal dormidas sem nenhum tempo para tomar conta de si mesmos quando o bebê chega. O Google melhora um pouco as coisas, pagando US$ 500 em refeições prontas durante as primeiras quatro semanas.

- As vantagens são estruturadas para que apoiem os objetivos primários do negócio – atrair e manter os melhores talentos, encorajar o trabalho colaborativo, assumir mais responsabilidades e ser como um empreendedor iniciante, mas com todos os benefícios de se pertencer a uma grande companhia.

- O prêmio Founders Award tem enorme prestígio no mundo Google. É destinado à equipe cujo trabalho agrega um enorme valor ao negócio e é pago em ações da empresa. No ano passado, foram divididos entre 11 equipes de projetos o equivalente a US$ 45 milhões em ações.

- As atividades comunitárias são muito importantes para o Google. Uma importante iniciativa em relação à diversidade consiste em encorajar mulheres e minorias a adotarem tecnologias em casa e nas escolas. Foram doados US$ 90 milhões através do google.org a projetos que utilizaram as ferramentas do Google para caridade.

- A decoração dos escritórios também não foi esquecida. Definitivamente, esse é local para lâmpadas de lava, sofás cor de rosa, bicicletas no teto, bolas de exercícios debaixo das mesas, conjuntos gigantes de Lego e as melhores máquinas de café, camisetas e pirulitos.

- A "googleyness" é a qualidade especial que o Google busca em seu pessoal – aqueles que podem trabalhar bem em pequenas equipes, em ambientes que mudam rapidamente que sejam abertos mas com interesses e talentos únicos, com entusiasmo pelo Google e para fazer do mundo um lugar melhor.

"Organizar a informação do mundo" não parece ser o trabalho mais excitante do mundo, mas o Google é realmente um lugar surpreendente e inspirador para se trabalhar.

10.2 VIVER O NOVO ESTILO DE TRABALHO
Trazendo um melhor estilo de vida ao local de trabalho

"Escolho trabalhar de terças a sextas-feiras porque é melhor para minha vida social. Ao acordar, verifico minha caixa de emails e minha agenda, levo as crianças à escola, chego ao local de trabalho por volta das 9h30min. Em alguns dias, visto camisetas e abrigos, mas em outros terno e gravata. Despendo algum tempo com a equipe, falando sobre prioridades, novas ideias e os últimos resultados esportivos. Às 12h me dirijo ao ginásio de esportes, seguido de um almoço na mesa da cozinha com meu *personal performance coach*.

A tarde é gasta com clientes, trabalhando em meus projetos pessoais ou construindo novas parcerias internacionais. Às 17h mantenho um vídeo-chat com colegas de projeto em Bangalore e Tallinn.

Verifico se minhas compras foram colocadas em meu carro. No caminho para casa, me ponho a par dos assuntos com minha CEO, informando-a sobre minhas últimas decisões de investimento, chegando em casa a tempo para o jantar. Mais tarde, passo algumas horas logado em minha rede social, me informando sobre meu mais recente negócio, deixando tempo para assistir o último episódio de *Lost* e então vou para cama."

Vivemos em um mundo completamente diferente do das pessoas que trabalham das nove às cinco, que se tornam bem-sucedidas permanecendo dentro das empresas, mantendo suas cabeças enterradas e jogando o jogo. Passam horas e horas participando de reuniões, na maior parte das quais abordando assuntos ou minutas em vez de fazerem algo importante. São como todos os outros e isso os conforta. São escravos de ciclos de planejamento de 12 meses e de avaliações de desempenho. Não gostam de diversidade, mudanças, desafios ou tensões. Permanecem na empresa por toda vida, motivados principalmente por seu fundo de pensão.

Será realmente saudável seguir as regras? Todas essas intermináveis reuniões ajudam ou atrapalham? E se durassem somente 20 em vez de 60 minutos? São os fundos de pensão que levam os jovens a realizar grandes trabalhos? Não queremos o máximo de pessoas interessantes e diferentes possível?

Hoje em dia, as pessoas querem ser felizes. A busca pela felicidade corporativa soa um tanto suave e aconchegante demais para um local de alto desempenho. "HAPIE" também significa:

- **H**umble (Humilde) – liderança que é genuína, pessoal, inclusiva e inspiradora.

- **A**daptive (Adaptável) – os empregados são entusiasmados, criativos e adotam a mudança.

- **P**rofit (Lucro) – todos os *stakeholders* dividem a criação de valor em benefício mútuo.

- **I**nvigorated (Revigorado) – as pessoas são estimuladas por um propósito compartilhado e poderoso.

- **E**ngaged (Comprometido) – existe um senso genuíno de equipe, cidadania e comunidade.

O Google deu novo significado a se levar a casa para o trabalho, o estilo de vida de trabalho. Vá a Mountain View e aprecie três refeições grátis ao dia em qualquer um dos seus restaurantes. Você pode trabalhar em qualquer projeto que quiser. Também pode se afastar pelo tempo que quiser. Você pode encontrar com Sergey e Larry vez outra. Você recebe em primeira mão os últimos lançamentos de produtos. Duas vezes por semana você até mesmo recebe novas camisetas.

A história é muito parecida no campus da Genentech, na P&G em Cincinatti ou no Microsoft Campus em Redwood – na melhor das hipóteses, estão todas competindo pelas mesmas melhores pessoas, não por suas habilidades físicas, mas por quem elas são.

Não se trata somente do dinheiro – isso é muito racional. Trata-se também de envolver as pessoas emocionalmente. Trata-se de se fazer parte de alguma coisa, em todos os sentidos, de partilhar uma causa que transformará a sociedade e de ser membro de uma comunidade de grande energia e alto desempenho.

No campus da Infosys Technologies, em Mysore, Índia, a história é a mesma. São milhares de emails de candidatos ao novo sonho da classe média indiana. A líder de tecnologia é incrivelmente centrada em pessoas, grande na educação continuada, grande no apoio e grande nos benefícios. Você pode até pensar que essa é a terra da força de trabalho ilimitada e de baixos salários, mas não é verdade. O campus da Infosys é dominado por um enorme domo branco – não se trata da recepção ou das salas executivas, mas de quatro áreas de alimentação envolvendo o hotel de 96 quartos destinado aos funcionários. Juntos estão o ginásio de esportes de última geração, a sala de bilhar e a pista de boliche.

Em Xangai, a disputa por talentos é ainda maior – o diretor executivo da Cisco local, por exemplo, mantém um enorme mapa atrás de sua mesa com pontos vermelhos representando cada empregado. Os pontos indicam não suas tarefas ou desempenhos, mas onde eles moram, de forma que o diretor possa programar mais ônibus da empresa e tornar a Cisco o local mais próximo e fácil para se trabalhar.

As histórias de "parques temáticos" corporativos são infindáveis – salas de jogos, locais de soneca, salas de mídia, almofadões, bicicletas nas paredes –, mas não se trata somente de sociabilidade e bem-estar.

O que então energiza uma organização? Stanton Marris, especializado em ajudar empresas a criar a energia organizacional que impulsiona o comprometimento e o desempenho, utiliza uma abordagem simples de cinco passos:

- Ser aberta: compartilhar os grandes desafios estratégicos com todos.

- Ser receptiva: procurar sugestões com todos os *stakeholders*.

- Dar liberdade: dar às equipes locais a liberdade de contribuír.

- Ser apoiadora: mostrar interesse contínuo e consistente.

- Manter o foco: monitorar o progresso, permanecendo no quadro geral.

Parece óbvio? Claro que é, porém, não necessariamente a um gerente do século XX. Jack Welch estaria se contorcendo em suas planilhas. Outros fatores que trazem as empresas do século XXI à vida e que criam um ruído interna e externamente, bem como criam um novo "estilo de trabalho" são:

- Pessoal e flexível – envolve tudo, funções, benefícios, horários de trabalho e localização.

- Parceiros e redes – ideias abrangentes e estimulantes pela exploração do mundo externo.

- Confiança e empoderamento – poucas regras, sem controle de horas, pedindo perdão e não permissão.

- Horizontal e acessível – decisões tomadas fora da hierarquia, todo mundo pode falar com todo mundo a qualquer momento.

- Equipes e colaboração – compartilhar desafios e recompensas, dividindo e brilhando com outros.

- Recursos e ferramentas – as melhores ferramentas para o trabalho, sejam computadores, telefones ou materiais de expediente.

- Aprendizado e apoio – trabalho e interesses pessoais, com parcerias e aconselhamento pelos pares.

- Saúde e bem-estar – prédios, alimentação e condicionamento físico saudáveis, além de disponibilização de médicos.

O estilo de trabalho evoluirá rapidamente – com os mais talentosos assumindo a propriedade de seu emprego e desenvolvendo portfólios de trabalho, passando por seções e funções, dos cuidados com a saúde para a tecnologia, do marketing para as finanças. O melhor talento é infinitamente transferível. Redes virtuais de talentos serão formadas para perseguir os interesses comuns e negociar coletivamente os projetos mais interessantes e valiosos.

As organizações devem repensar muitos dos velhos fatores de permanência, começando elas próprias a trabalhar rapidamente de maneiras conectadas e baseadas no conhecimento.

Insight 29: FERRARI
A criatividade que impulsiona um desempenho rápido e fanático

Em 1919, um esfolador de mulas italiano decidiu seguir sua verdadeira paixão, os carros, e tornou-se piloto de provas de uma pequena manufatura de automóveis de Milão, Costruzioni Meccaniche Nazionali. Uma década mais tarde, ele estava pronto para começar seu próprio negócio. Fundou a empresa que iria produzir os melhores carros de corrida e os mais desejados automóveis esportivos do mundo.

Atualmente, o nome de Enzo Ferrari é sinônimo de velocidade, glamour e desempenho.

De Monte Carlo a Monza, o circuito mundial do Grande Prêmio de F1 é definido pelos carros vermelhos com o logo do cavalo, que lidera uma lista de fabricantes nos circuitos fechados. Vencem com mais frequência do que qualquer outro, os carros preferidos dos campeões do mundo.

Entretanto, um novo prêmio está junto a todos os troféus de Fórmula 1 e outros méritos que a empresa alcançou ao longo dos últimos 60 anos. Um prêmio que provavelmente Enzo se sentiria tão orgulhoso de ganhar quanto vencer qualquer Grande Prêmio. Esse prêmio não vem das tecnologias nem dos projetos de engenharia superiores, mas da forma como a empresa administra e inspira seus três mil colaboradores.

Em 2001, o presidente da empresa, Luca di Montezemolo, lançou a "Fórmula Uomo" (Fórmula Homem). Não se trata de uma nova geração de carros nem de motores altamente preparados, mas de uma iniciativa interna para melhorar a vida e o trabalho das pessoas da Ferrari. Foi destinado um orçamento de €200 milhões ao projeto, novidade que teve um impacto significativo na moral dos empregados.

O projeto se inspirou nas ambições e sucessos em corridas da empresa. A Ferrari reconheceu que se quisesse manter-se na liderança da F1, na qual um centésimo de segundo pode determinar ganhadores e perdedores, o que afeta diretamente o desejo e o valor percebido dos veículos para a venda, a empresa também deveria estar à frente nas práticas de trabalho e no seu desempenho.

A "Formula Uomo" abrange três áreas básicas: locais de trabalho e estruturas, treinamento profissional e crescimento internacional, benefícios pessoais e familiares. Foi planejada colocando as pessoas no coração dos negócios e no futuro da Ferrari, procurando reforçar as "competências humanas" mais amplas de seus empregados em todos os níveis e, particularmente, estimular a criatividade em todo o negócio.

Alguns benefícios estão diretamente relacionados ao mundo externo, como participação nos eventos da empresa, como o "Finali Mondiali", e nos lançamentos de novos carros, cadeiras VIP em diversos Grand Prix, grupos de esportes e descontos concedidos por terceiros. Os serviços pessoais incluem *check-ups* médicos para os empregados e seus filhos, medicina preventiva especializada e programas de bem-estar.

Oitenta porcento de todos os empregados participam atualmente das novas atividades de treinamento, todas voluntárias, algumas nos formatos tradicionais e outras mais informais. Os empregados podem iniciar seu dia melhorando suas habilidades em línguas com o english@breakfast (também existem @lunch e o @tea, caso você perca o programa matinal). Outras línguas também são oferecidas, e são gratuitas para qualquer pessoa.

Por enquanto, o Clube Criativo é uma das iniciativas mais populares – juntando uma mistura eclética de pintores, escultores, músicos e escritores, DJs e atores para introduzir novas habilidades e perspectivas, estimulando as pessoas a pensar de forma mais radical e inovadora.

Os gerentes seniores, engenheiros, pessoal de vendas, pessoal de armazenagem, todos podem juntar-se para aprender sobre o mundo da escultura ou conversar sobre as grandes questões da vida com o DJ da boate.

Isso rompe as barreiras e os torna curiosos, passando a pensar de forma diferente e colaborando de novas maneiras. Não existe facilitação nem conexões forçadas entre o mundo do hip-hop e a regulagem dos motores. A tradução da nova energia e comportamento em trabalho é feita naturalmente, particularmente quando o assunto envolve a Ferrari e é o recheio dos sonhos comuns das pessoas.

Entretanto, são os novos prédios que realmente traduzem o novo espírito da Ferrari.

Se quiserem, os empregados podem viver em um reino mágico 24h por dia com o desenvolvimento da Vila Maranello, um complexo residencial altamente especificado, destinado exclusivamente aos funcionários. Situada a somente 4 km da fábrica, ambas estão ligadas por uma pista para bicicletas – embora isso pareça estranho à Ferrari.

Cada casa da Ferrari (são 22 estúdios, 42 com dois quartos e 58 com três) é entregue totalmente mobiliada e não totalmente em vermelho. A vila dispõe também de um centro para *fitness*, um restaurante maravilhoso e um bar impressionante. Também, é claro, dispõe de bastante estacionamento, tanto interno como externo, para os carros especiais e de alto preço.

Em 2007, o novo mundo de alto desempenho da Ferrari foi votado como o Europe's Best Place to Work, o melhor local para se trabalhar da Europa, e claro, ela também venceu o campeonato de F1 novamente.

10.3 DESPERTAR SEU PRÓPRIO POTENCIAL
Dando o máximo de si no novo mundo dos negócios

O que o move? O que o anima e o que estimula o seu negócio?

Um líder murcho drena rapidamente toda a energia de uma organização. Um líder inspirador e estimulador – aquele que é um doador natural, em vez de um consumidor de energia – rapidamente transforma a energia potencial (o poder latente mas inerte da organização) em energia cinética (o poder de ação que cria o *momentum* e torna a empresa autosustentável).

Quando Renzo Rosso desce de seus vinhedos e trabalha com seu pessoal nos escritórios e estúdios de projetos, quando A.G. Lafley senta para discutir uma estratégia de marca, quando Ray Davies entra em sua mais recente agência bancária, que mais parece uma *coffee-shop,* nesse momento sua paixão e entusiasmo são contagiantes. Pode não parecer uma utilização importante de seu tempo, mas certamente faz a diferença para seu pessoal.

Como indivíduo, você também precisa ter uma personalidade – quem é você? Pelo que as pessoas o conhecem? Por que deveriam confiar em você e trabalhar para você?

Se você é o CEO ou líder em qualquer nível na organização, deve se desfazer da imagem cinzenta de executivo e criar uma aura mais pessoal e distinta. Apesar de fazer parte da organização, você também é unicamente você. Sua personalidade, crenças, ideias devem complementar, mas também permanecer distintas, das da organização. Para começar, tente estes três passos:

Defina-se. Pense por o que você quer ser conhecido. Apesar de seu CV ser longo e impressionante como uma listagem de experiências e realizações, provavelmente não é inesquecível.

- Você quer ser lembrado pelas pessoas por que motivo – "Ele é a pessoa que criou o slogan 'Just do it' para a Nike", ou "Ela levou o Google para a Europa Oriental", ou "Ele correu a maratona de Boston".

- Da mesma forma, o que você pretende alcançar – sua ambição pessoal, sua grande ideia? O que você representa para a organização – qual seu interesse particular, paixão ou grande ideia?

- Prepare sua "conversa de elevador" – o que você diz quando encontra uma pessoa em um momento breve e que deixará uma impressão duradoura – não mais do que três coisas das quais ela se lembrará.

Conecte-se. Não existe nada melhor do que construir uma rede pessoal e permanecer em contato com a humanidade, encontrar pessoas novas e diferentes, ampliar sua perspectiva e criar novas ideias.

- Construa sua rede dentro e fora da empresa, em cada nível, com fornecedores e pares – "Você dispõe de 15 minutos para um cafezinho?" – ou online, através de sites como o Facebook e o LinkedIn.

- Envolva-se em atividades não funcionais – lidere uma iniciativa, acompanhe projetos multifuncionais, entre em atividades esportivas e sociais.

- Permaneça em contato com pessoas que conheceu. Na sua agenda de endereços, anote alguma coisa interessante sobre elas e mande um email ocasional do tipo "Oi , como vai você?"

Diferencie-se. Torne-se conhecido pelo que faz, mas não de uma maneira egoísta e que procura publicidade, mas por fazer algo diferente, sendo visível e vocal, inesquecível e distinto.

- Torne-se conhecido falando, por exemplo, em eventos internos, apresente um curso de treinamento, fale em uma palestra externa. Inspire e até provoque. Escreva artigos ou mesmo um livro.

- Seja inesquecível desenvolvendo seu próprio estilo – seja pela vestimenta (como Steve Jobs com suas camisetas pretas de gola redonda), por alguma frase característica (como Lafley – "o cliente é o patrão"), ou mesmo com um apelido.

- Vá para fora, para o mundo externo. Tire os visores de sua própria organização, participe de redes de profissionais ou de setores, leia e escreva blogs, veja o todo.

Ainda que essas ações pareçam triviais se comparadas com as prioridades em sua caixa de entrada, elas o ajudarão a tornar-se um líder mais eficaz, a construir relacionamentos mais fortes com pessoas, dessa forma alcançando um melhor desempenho de sua equipe e do negócio.

As pessoas criam a energia das organizações e as ideias são disparadas pela diversidade de pessoas. Fazemos coisas por quem nos importamos, pessoas que nos motivam e nos inspiram. Porém, devemos ser autênticos, deixar as pessoas saberem quem realmente somos, nos elevarmos acima da estrutura da organização, como um farol no mar.

Insight 30: FEDEX
Pessoas que entregam, absolutamente positivamente

A FedEx é uma empresa feita por pessoas. Quando, em 1971, o ex-fuzileiro naval Fred Smith fundou a empresa em Little Rock, Arkansas, sabia mais do que ninguém da importância das pessoas na linha de frente.

Por sua experiência militar, ele sabia que grandes estratégias, grandes escritórios e grandes oficiais valem pouco no campo de batalha. Ele também sabia que o importante é estar preparado e equipar as pessoas – o pessoal operacional, os agentes de serviços ao cliente, os motoristas, o pessoal do balcão, os vendedores – com as crenças, as competências e as ferramentas para prestarem um ótimo serviço a cada dia.

Enquanto estudava administração em Yale, elaborou um plano para um negócio em logística que mudaria o setor. Inicialmente, desenvolveu esse plano para o negócio de peças sobressalentes, no qual a obtenção rápida dos itens era essencial e dependia de estruturas de fornecimento extremamente ágeis e em muitos locais diferentes. Planejou uma operação que chamou de *hub and spoke*, na qual os pacotes eram todos levados para um local e, a partir daí, redistribuídos para as destinações finais, tudo em 24 horas.

Era realmente um grande plano, mas que requeria uma grande quantidade de recursos, entre aviões, armazéns e pessoas motivadas pela visão, e que fariam acontecer as coisas que pareciam impossíveis. Em 1973, a FedEx começou operando 14 aviões para 25 cidades, crescendo sua rede ano a ano. Nem tudo foi fácil – diz a lenda que pessoas da equipe venderam seus relógios para comprar combustível ou utilizaram seus cartões de crédito pessoais nos momentos difíceis. Contam que Smith pegou seus últimos dólares e apostou em um cassino de Las Vegas, ganhando US$ 20 mil, o suficiente para pagar seu pessoal naquela semana.

Atualmente, a FedEx é a líder mundial em entregas 24 horas, com 140 mil empregados e a maior frota de carga do mundo, com 660 aviões. Ela afirma que manipula um terço de todo o comércio internacional dos Estados Unidos para 325 aeroportos em 212 países.

Ela entrega diariamente 3 milhões de embalagens, com 99,82% das mesmas dentro dos horários estabelecidos.

"Absolutamente, positivamente" é o slogan de seu serviço de entregas 24 horas, derivado de sua promessa original, "quando absolutamente e positivamente deve ser entregue no dia seguinte". Seus empregados fazem qualquer coisa para alcançar isso. Se um pacote perder seu vôo por algum motivo inevitável, a maior parte das empresas simplesmente o envia no dia seguinte. Na FedEx, um membro da equipe pega um carro e viaja 500 km ida e volta só para ter a certeza de que a encomenda chegará a seu destino no dia seguinte.

Como a FedEx "coloca as pessoas em primeiro lugar", de maneira a atender seus clientes com essa paixão? Existem muitas semelhanças com outras companhias, mas também alguns ingredientes especiais:

- A cadeia "pessoas-serviços-lucro" está no coração da filosofia de Fred Smith, que foca o negócio em pessoas comprometidas, motivadas e bem treinadas.

- Cada empregado recebe pelo menos 40 horas de treinamento a cada ano. Os agentes dos *call centers* recebem treinamento de seis semanas antes de atenderem uma chamada real.

- As equipes têm poderes para gastar até US$ 2 mil para resolver problemas e oferecer reembolsos, evitando que os problemas dos clientes evoluam.

- Todos na companhia são submetidos a um exame anual, entregue eletronicamente. Se não passarem, devem se submeter a treinamento adicional ou deixar a empresa.

- As avaliações anuais de desempenho vinculam compensações com o desempenho. Os objetivos são estabelecidos em torno da orientação ao consumidor, entusiasmo, enquadramento na equipe, lealdade, flexibilidade e especialização.

- A pesquisa anual da equipe baseia-se em 32 questões, em que cada gerente é avaliado pelo seu desempenho com base nas respostas de suas equipes; a partir das respostas, são tomadas as providências.

- Existe uma clara política de "tratamento justo", para tratar das reclamações da equipe, com um processo de três etapas de apelação para resolver todas as questões de forma justa.

- As comunicações internas são contínuas, humanas e abertas nos dois sentidos. A FXTV é uma estação interna de televisão com transmissão internacional, apresentando regularmente o próprio Fred.

- O desenvolvimento gerencial baseia-se em promoções internas, alcançadas através de uma avaliação rigorosa e constante, vinculadas a um site de vagas.

- A liderança tem um foco especial em toda a organização – procurando pessoas carismáticas, inteligentes, atenciosas, corajosas, confiáveis, flexíveis, respeitosas e íntegras.

- A parte mais visível é o processo de reconhecimento que a FedEx institucionalizou, baseado em prêmios que os empregados orgulhosamente usam em seus uniformes, e que incluem:

    - Cinco Estrelas – os 150 melhores funcionários nas avaliações anuais.

    - Falcões Dourados – pessoas que recebem o reconhecimento dos clientes.

    - Prêmio Humanitário – por bravura e gentileza a pessoas em aflição.

    - Bravo Zulus – os gerentes premiam a equipe a qualquer momento, incluindo US$ 150 em dinheiro.

O próprio Fred Smith é o mais determinado quanto ao sucesso do negócio e acredita que todos são motivados por algo mais que dinheiro. Ao retornar de seu treinamento militar, ele foi informado que havia herdado uma fortuna de US$ 4 milhões, ou seja, ele poderia ter vivido confortavelmente sem nunca ter criado a FedEx. Mas para ele, assim como para seu pessoal, a questão é muito mais do que isso.

Faixa 11 Inspirando a mudança

Faça as coisas acontecerem de forma definitiva

"Você deve descobrir uma maneira de administrar a complexidade dos grandes projetos, permitindo ainda que suas equipes principais mantenham seu foco nos pontos essenciais."

Steve Jobs

Uma abordagem mais inteligente à mudança que envolva mais *ação prática*.

- Definir a mudança necessária para alcançar a visão inspiradora.

- No caso de mudanças, envolver as pessoas, tornando-as essenciais.

- Identificar as prioridades para a mudança, o que começar, parar ou continuar fazendo.

- Implementar as mudanças como um processo administrado de forma clara.

- Administrar as atividades complexas, cronogramas e objetivos.

- Apoiar a mudança como prática padrão do negócio.

- Compreender os benefícios do desempenho e da criação de valor.

Uma abordagem mais criativa à mudança que envolva mais *ideias radicais*.

- Desenvolver uma visão inspiradora e o modo como ela é diferente de hoje.

- Engajar as pessoas, seus corações e mentes na necessidade de mudanças.

- Ser aberto e honesto com as pessoas, construindo um diálogo permanente.

- Os líderes precisam compreender que também deverão mudar a si mesmos.

- Construir energia e *momentum* de tal forma que se sobreponham à resistência.

- Identificar símbolos de mudanças que representem os novos meios.

- Apresentar "vitórias rápidas" e comemorar o sucesso.

Seu negócio se parece mais com um quebra-cabeça ou com um balde de Legos?

Existe somente uma maneira de resolver um quebra-cabeça, e uma vez solucionado, ele perde sua finalidade. O Lego se sai muito melhor por sua infinita versatilidade – permite a constante construção de novas formas, mais sofisticadas e mais interessantes.

No Google, todos brincam de Lego.

As organizações em mercados dinâmicos precisam de re-estruturação constante. Muitas vezes devemos montar os blocos de novas maneiras, em outras devemos jogar os blocos velhos fora ou ainda devemos obter novos. As estratégias nos ajudam a projetar as novas estruturas, mas também precisamos de um bom processo para a reconstrução.

A "mudança" trata da transformação da maneira como o negócio funciona – de ambas as formas, em termos de suas estruturas e processos, e de suas atitudes e comportamentos. Pode ser uma tarefa complexa e árdua, e pode facilmente dar errado – "por que desmanchar uma organização quando ela não está rompida?", principalmente quando você precisa sustentar e fazer crescer as receitas ao mesmo tempo em que faz a mudança acontecer.

"Gestão da mudança" é o processo de fazer a mudança de forma efetiva. Anteriormente, a mudança tinha um enfoque mais interno, melhorar a qualidade e a eficiência de qualquer coisa que o negócio produzisse. Atualmente, ela é uma exigência externa, de fatores fora da organização. Por isso, devemos ter propósitos e prioridades claros, que apontem para a direção dessa mudança.

Em japonês, a mudança é muito mais "kaikaku" (reforma radical para um propósito específico), do que "kaizen" (melhorias contínuas porque é o melhor para você).

Andy Grove, presidente da Intel, chama as mudanças significativas de mercado – como a chegada da Internet, da mobilidade sem fio e das redes sociais – de "pontos de inflexão estratégica", que ocorrem quando forças de intensidade "10x" alteram o mercado com impacto "100x". Ele lembra como a própria

Intel quase perdeu a Internet. Da mesma forma como a Microsoft inicialmente desprezou o Netscape, a Intel ignorou o crescimento das empresas produtoras de microprocessadores do Japão.

Ele agora se dá conta de que reagir às mudanças externas não é mais suficiente, e que as organizações devem regularmente escolher uma das três opções abaixo:

- Não mudar.

- Mudar somente quando obrigadas.

- Assumir o controle de seu destino e procurar mudar antes ou de forma diferente do que os outros.

Portanto, os líderes de negócios precisam ser agentes da mudança – percebendo a sua necessidade, estimulando, liderando e administrando o processo dessas mudanças em suas organizações. Isso é essencial ao seu futuro crescimento, e deve ser feito antes que se torne essencial para sua sobrevivência.

A mudança é uma jornada em que os líderes precisam persuadir, bajular, inspirar, apoiar e administrar sua organização através dela. Deve ser impulsionada por estratégias de mercado e negócios, mantendo-se fiéis ao propósito e à direção do negócio, mas também reconhecendo que além dessas, poucas coisas são sagradas.

As mudanças exigem liderança decisiva e ação rápida. Tudo na organização deve estar aberto a desafios, e caso necessário, a mudanças. Pode exigir inovação para começar a fazer coisas novas, mas ainda mais importante é decidir quando parar de fazê-las. Levam algum tempo e, por vezes, são dolorosas; por isso, devem ser adotadas rapidamente e ser conduzidas e administradas com clareza de propósitos e ação, bem como com um diálogo contínuo com todos os *stakeholders*.

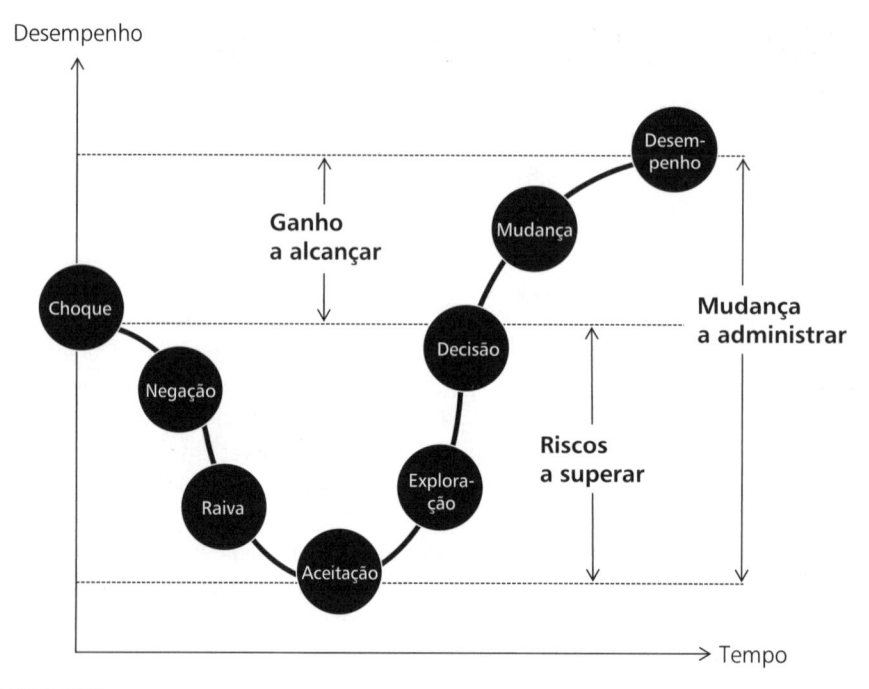

A CURVA DA MUDANÇA

O resultado da mudança, saindo do "velho mundo" para o "novo mundo", raramente é um ponto final. Os benefícios precisam ser alcançados, o que significa que as mudanças precisam permanecer. Seria fácil retornar aos velhos dias ou mesmo permanecer atolado entre os dois mundos. A mudança se torna normal e talvez até contínua, a exemplo do mundo da Intel, onde o mercado é impulsionado por uma implacável inovação.

11.1 A PAUTA PARA A MUDANÇA
Tornando a mudança essencial e inspiradora a todos

"O aspecto mais aterrorizante e emocionalmente avassalador de qualquer mudança organizacional grande é fazer com que as pessoas se dêem conta de que a mudança é essencial, construindo a intensidade extrema que as pessoas têm que sentir ao pisar no vazio, iniciando a jornada." O Prof. Noel Tichy é o autor de *Control Your Destiny or Someone Else Will*, que trata da jornada de transformação da GE durante as últimas décadas. Seu insight mais importante é o de que a GE, a todo momento, precisava acordar as pessoas para a necessidade da mudança.

Todos gostam do *status quo* – que é conhecido e confortável, e encontramos maneiras de sermos bem-sucedidos nele. Mas então a mudança chega, tirando o tapete debaixo de nossos pés, ameaçando nossos empregos, projetos, bonificações e nossa carreira. Não gostamos de mudanças.

Criar uma situação é muito mais fácil quando há uma crise. Mas então é muito tarde.

Como Charles Handy sempre lembra, um sapo que pula em um balde de água fervente pula para fora, mas um sapo que nada em um balde de água fria que é gradualmente aquecida até a fervura, não sente o perigo até que seja tarde demais. Existem inúmeras organizações, inúmeros executivos felizes por permanecerem sentados, na esperança de que as coisas não se tornem muito quentes, pelo menos até que encontrem um novo emprego.

Portanto, as mudanças requerem líderes e gerentes. Os líderes devem inspirar as pessoas a dar, corajosamente, o passo inicial rumo ao desconhecido, definir uma visão inspiradora e guiar as pessoas durante a jornada. Us gerentes devem coordenar e controlar o que pode ser um processo incrivelmente complicado, de passar um empreendimento de muitos bilhões de dólares de um estado a outro.

Uma maneira simples, porém eficaz, de pensar em como criar uma situação de mudança baseia-se na seguinte fórmula, que demonstra o que é necessário para superar a resistência natural das pessoas:

A mudança ocorrerá se **A x B x C > D**

Em que:

A = uma visão inspiradora da futura organização.

B = motivos pelos quais a atual organização não pode continuar.

C = os primeiros passos práticos em direção à futura organização.

D = a resistência das pessoas às mudanças e sua preferência por deixar as coisas como elas estão.

A situação de mudança deve ser simples e definitiva. A visão deve engajar pessoalmente, de tal forma que as pessoas reconheçam os benefícios por si mesmas. As razões pelas quais a organização, na sua forma atual, não é sustentável, podem ser financeiras ou lógicas – uma participação de mercado declinante, o crescimento dos custos, novos concorrentes; esses fatores devem ser extrapolados de modo que os *stakeholders* possam ver como eles restringiriam o futuro do negócio sem a mudança. Uma situação de mudança pode ajudar, mas as pessoas continuam a trilhar em seus caminhos conhecidos até compreenderem as verdadeiras consequências que sofrerão caso resistam à mudança.

Jonh Kotter, em *Leading Change*, apresenta algumas táticas ainda mais diretas para vencer a resistência das pessoas às mudanças, inclusive alterar a previsão de balanço para o próximo trimestre para apresentar o prejuízo; mudar fisicamente o escritório central, para romper com velhos hábitos e simbolizar um novo começo; dizer às unidades de negócios que terão 24 meses para se tornarem a número um ou dois em seu mercado, ou enfrentarem seus fechamentos; endurecer os objetivos de desempenho dos principais gerentes, de modo a provocar discussões "honestas".

Insight 31: PROCTOR & GAMBLE
Transformando um líder do mercado global

A.G. Lafley está no meio do planejamento de uma reviravolta notável. A primeira coisa que Lafley (seu primeiro nome é Alan) falou a seus gerentes quando inesperadamente foi conduzido ao cargo de CEO, em 2000, foi o que eles gostariam de ouvir: foquem no que vocês fazem bem – vendendo as maiores marcas da companhia, tais como Crest, Tide e Pampers – em vez de tentar desenvolver a próxima grande inovação.

Os principais produtos da P&G tiveram um desempenho tão bom que novamente causaram inveja a todo o setor da indústria. Da mesma forma, o preço das ações da empresa cresceu 58%, para US$ 92 a ação, seis anos após a chegada Langley, enquanto que o valor do mercado de ações declinou em 32%. Os lucros alcançaram quase US$ 6 bilhões, com vendas de US$ 44 bilhões, tendo sobrepujado a maioria de seus concorrentes nos últimos cinco anos.

Talvez Lafley, com sua fala suave, tenha sido o antídoto que a P&G precisava, após 18 meses sob a gestão de Dirk Jager, o CEO anterior, trazido da Holanda para Cincinnati com a missão de sacudir a companhia. Ele mandou afixar posters "Old World, New World" (Velho Mundo, Novo Mundo), perguntando às pessoas em qual mundo se encontravam. O preço das ações despencou. Ele implantou uma pauta de mudanças e, apesar de estar absolutamente correto na avaliação de que o negócio precisava de uma nova cultura, mais voltada ao mundo exterior, rasgou tudo no qual a cultura insular da P&G estava construída, alienando quase todas as pessoas. Em vez de empurrar a P&G à excelência com sua torrente de slogans e iniciativas, quase colocou a companhia de joelhos.

Lafley estava na P&G havia 23 anos e não deveria ser um agente de mudanças radicais; deveria trazer alguma estabilidade de volta ao negócio. Em seus anos iniciais, administrou a Tide e, por mais de uma década, administrou os negócios no Japão. Havia retornado recentemente às operações nos Estados Unidos. Reconheceu a necessidade de mudanças, a necessidade de mais velocidade e agilidade, de um conhecimento mais profundo dos clientes e de uma abordagem mais radical à inovação. Mas também compreendeu que o pessoal da P&G – alguns dos gerentes mais bem treinados e brilhantes do mundo – somente abraçariam tais mudanças à maneira da P&G.

Ao assumir o trabalho, Lafley forçou ainda mais a pauta de Jager, mais rapidamente e de forma ainda mais radical que seu antecessor jamais havia imaginado. Porém, ele o fez de uma forma que engajou as pessoas, baseando-se em suas carreiras profissionais e oferecendo esperança e ganhos pessoais em vez de desespero e dor.

Em seu breve período de gestão, a P&G não somente experimentou uma transformação interna, mas também absorveu alguns de seus maiores concorrentes – comprando a Clairol por US$ 5 bilhões, em 2001, seguida pela Wella, por US$ 7 bilhões, e pela Gillette, pela assombrosa soma de US$ 54 bilhões, em 2005. Substituiu pelo menos a metade de seus mais altos gerentes e 30 de seus principais executivos, bem como cortou 10 mil postos de trabalho. Isso, porém, foi só o começo. Se acreditarmos em um memorando desprotegido, 25 mil postos de trabalho podem ser brevemente eliminados, com base na ideia de tornar a P&G uma companhia virtual, proprietária de marcas, tendo o marketing como seu negócio principal. A maior parte de suas atividades – da inovação à produção – será feita em parceria com terceiros.

O grito de guerra de Lafley é incrivelmente simples, quase vergonhosamente simples, ao lembrar as pessoas, reunião após reunião, que "o cliente é quem manda". Com essa expressão ele está virando a visão da P&G de fora para dentro.

Simbolicamente, ele derrubou as paredes dos escritórios dos executivos, inclusive do seu próprio. Movimentou as pessoas, por exemplo, juntando o pessoal de finanças com o de marketing, tornando a forma de trabalho ainda mais rápida, colaborativa, comercial e voltada ao consumidor. Ele próprio passou muitas horas conversando com consumidores de todo o mundo em suas casas para saber como vivem, cozinham e limpam. Quando seus gerentes vinham procurá-lo com uma ideia, estava preparado para responder pela ótica do consumidor.

Ele é um bom ouvinte e uma esponja. Ao se comunicar, o faz de maneira simples na mesma linguagem da Vila Sésamo, mas as pessoas o adoram porque acreditam que ele está tentando fazer a coisa certa. Escreve memorandos de no máximo uma página, sendo que a maioria das reuniões tem duração de 20 a 30 minutos em vez dos tradicionais 60. Contratou Meg Whitman, CEO do eBay, como diretora não executiva e se ligou ao novo CEO da GE, Jeff Immelt, tornando-se também membro da direção daquela empresa.

A inovação, particularmente, está sendo olhada através das lentes de um microscópio. Apesar dos batalhões de cientistas e engenheiros, a P&G não produziu qualquer inovação importante nas últimas décadas, mesmo com os milhões de dólares injetados em empreendimentos internos. Ao tentar inovar, sempre baseavam-se em produtos tecnologicamente mais avançados, em vez de produtos que os consumidores realmente queriam.

Ele insistiu que pelo menos 50% dos novos produtos deveriam vir de fora, comparados com os 10% de sua época. Isso requereria uma mudança sísmica na cultura; além disso, colocar o futuro nas mãos de terceiros também seria arriscado. A nova abordagem "conecte e desenvolva" envolve a colaboração com parceiros com habilidades especializadas que a P&G não tem, bem como com consumidores.

Os próprios olhos de Lafley se abriram para a necessidade de mudanças quando ele trabalhou na Ásia. A P&G era peixe pequeno comparado com o poderio da Unilever e da Nestlé. Marcas com grande tradição no mercado americano, porém com pouca diferenciação real, simplesmente não vendiam. De fato, o que vendia no mercado americano não motivava da mesma forma um consumidor indiano, como a própria Coca-Cola e similares descobriram. Faltava à P&G insight, relevância, diferenciação e criatividade. O desempenho era considerável, mas não sustentável.

Mudar um negócio enorme e global não é fácil. Ele reconheceu que não poderia fazer tudo. Rapidamente, focou sua pauta de mudanças no *core business* – nos poucos e selecionados mercados, categorias, marcas e competências que definiam o negócio –, o que significava ser um líder global, com liderança econômica, alto crescimento e fluxo de caixa forte. As demais áreas teriam que esperar, e para elas dizia "continuem fazendo um grande trabalho".

Ele era claro e direto com as pessoas – "Estes são nossos *core businesses* – cuidados com tecidos, cuidados com bebês, cuidados femininos e cuidados com os cabelos". Todo o resto é *non core*. Ele queria desatravancar a forma de pensar.

Embora sua abordagem tenha sido, inicialmente, pôr as mãos na massa, lentamente ele tornou-se um treinador e facilitador. Ele quer que seus gerentes aprendam a tomar suas próprias decisões – a adotar sua paixão e foco nas suas próprias maneiras, porque ele não consegue administrar tudo. Entretanto, ele exige uma estratégia de cada equipe – incluindo uma lista do que fazer e não fazer – e toda decisão deve ser baseada no insight do consumidor, não meramente em uma projeção financeira manipulável.

Regularmente, ele lembra às pessoas de seu propósito permanente: "Melhorar o dia-a-dia das pessoas por todo mundo com as marcas e produtos da P&G que apresentam o melhor desempenho, qualidade e valor". Ele mostra que isso não mudou, como também não mudaram os valores e os princípios do negócio.

Um cuidado que Lafley sempre teve foi o de evitar o estabelecimento de uma visão. Ele não acredita que seja necessário, que o propósito do negócio é claro e suficiente, e que o foco são os consumidores e não o negócio. Ele chama isso de administrar do "futuro para o presente" – os olhos e ouvidos ligados no mundo de hoje e as costas voltadas para o futuro, acreditando que o consumidor é o melhor navegador.

11.2 FAZER A MUDANÇA ACONTECER
Preparando e implementando uma grande mudança

As mudanças devem ser conduzidas pelos líderes dos negócios, administradas de forma a reduzir os riscos, liberando energia que mobiliza as pessoas, que faça diferença aos consumidores e produza resultados rapidamente para dar confiança. No longo prazo, deve ser apresentada uma mudança grande no desempenho. Existem quatro fases no processo de mudança:

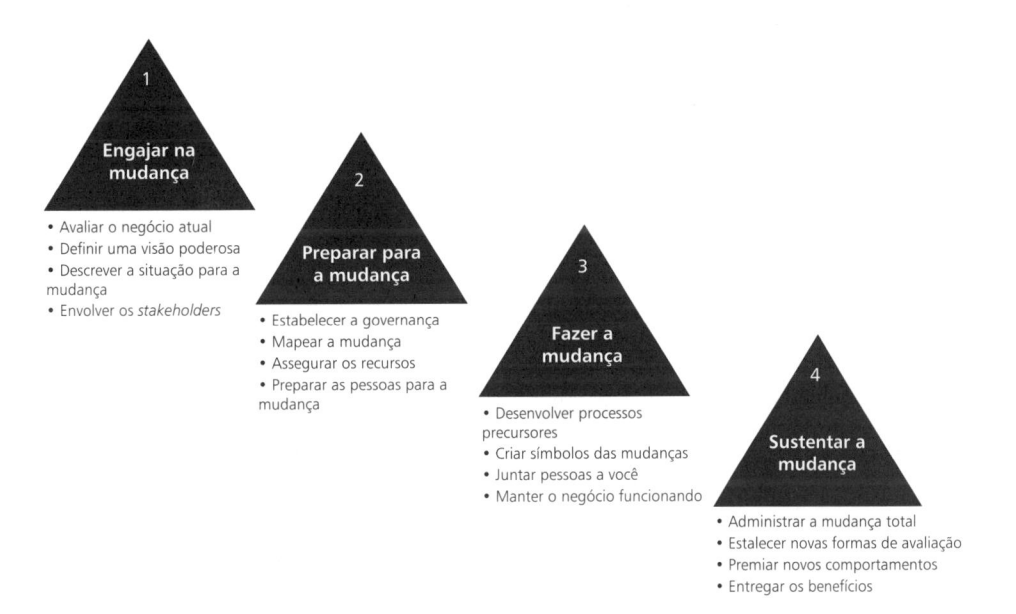

FAIXA 11 Faça as coisas acontecerem de forma definitiva **295**

1
Engajar na mudança
- Avaliar o negócio atual
- Definir uma visão poderosa
- Descrever a situação para a mudança
- Envolver os *stakeholders*

2
Preparar para a mudança
- Estabelecer a governança
- Mapear a mudança
- Assegurar os recursos
- Preparar as pessoas para a mudança

3
Fazer a mudança
- Desenvolver processos precursores
- Criar símbolos das mudanças
- Juntar pessoas a você
- Manter o negócio funcionando

4
Sustentar a mudança
- Administrar a mudança total
- Estalecer novas formas de avaliação
- Premiar novos comportamentos
- Entregar os benefícios

AS QUATRO FASES DA MUDANÇA

Fase 1: Engajar na mudança. Todos os *stakeholders* precisam compreender e, de preferência, apoiar a mudança – por que ela é necessária, o que ela envolve e como acontecerá.

- Avaliar o negócio atual – quão efetivo ele é presentemente comparado com as melhores práticas e mesmo mais amplamente? Onde estão os pontos fortes e fracos? O que é preciso ser mantido, modificado ou eliminado? Para alcançar isso, serão importantes o *benchmarking*, o alinhamento estratégico e a análise de *gap*.

- Definir uma visão poderosa para o futuro – isso pode já existir através do processo estratégico, mas talvez precise ser descrito de uma forma mais clara e simples – de que forma ela irá apoiar o propósito principal do negócio? O que será diferente e por que será melhor? Grupos de empregados poderão ajudar a definir os estados "como está" e "como será" de maneiras práticas.

- Descrever a situação para a mudança – descrever por que o mundo presente não é sustentável e quais as consequências de não mudar. Comparar com os benefícios da mudança, as oportunidades que se abrirão e o que beneficiará as pessoas. Essa comunicação deve ser cuidadosa e tomará tempo, com diálogos regulares em todos os níveis e reforços sobre o andamento.

- Envolver os *stakeholders* na mudança – isso deve começar com os líderes, que deverão planejá-las, acreditar nelas e as desejar. Deve ser debaixo para cima para ser prática e relevante e de cima para baixo para ser consistente. Os patrocinadores, acionistas, fornecedores, agências reguladoras e sindicatos também devem ser envolvidos. Essa pode mesmo ser uma oportunidade de sinalizar a seus clientes sua intenção.

Fase 2: Preparar para a mudança. Desenhar um programa de horizontes em mudança com etapas práticas – como nos movimentaremos para o novo mundo, quando e quais as ações e recursos necessários?

- Estabeleça a estrutura de governança – quem liderará a mudança (idealmente o CEO)? Ao mapear os *stakeholders*, você pode juntar um grupo-líder para acompanhar o projeto, dar apoio e mantê-los engajados. Defina o líder e administrador do projeto e recrute uma equipe com representantes de todas as áreas da empresa. Defina seus papéis e responsabilidades.

- Mapeie as mudanças – equilibre os principais pontos financeiros com o que faz mais sentido e é mais lógico para as pessoas. Crie horizontes de mudanças de forma que elas não pareçam tão assustadoras, sejam mais administráveis e facilmente mostradas. O "plano de mudanças" deve incluir pontos de referência, cronogramas, resultados rápidos de negócios para construir a confiança.

- Reúna os recursos para a mudança – obtenha os orçamentos, pessoas e outros recursos para apoiar as mudanças. Você pode precisar de auxílio externo especializado – técnico ou que traga uma visão nova e independente. Leve em consideração as implicações legais, inclusive os direitos trabalhistas. Isso exigirá estudos de negócios e suas aprovações.

- Prepare as pessoas para as mudanças por meio de comunicações contínuas. Não diga somente que haverá uma re-estruturação organizacional, com novas funções e linhas hierárquicas. Envolva-as nos motivos e oportunidades mais amplas, talvez permitindo-as definir como os novos processos e comportamentos deveriam ser, e então discuta as opções e mudanças necessárias para a implementação de suas ideias.

Fase 3: Fazer a mudança. Fazer a mudança acontecer envolve pessoas e a administração efetiva, sustentando o seu *momentum* para se sobrepor às resistências e barreiras.

- Desenvolva projetos precursores que introduzam inicialmente as mudanças em áreas escolhidas e então os adote como exemplos, transferindo habilidades de uma área para outra, mostrando como a mudança ocorrerá na prática. Utilize um caso piloto para aprender como fazer mais rápido e melhor da próxima vez, avançando com a mudança, tornando-a simples e real.

- Crie símbolos para as mudanças. Identifique partes pequenas porém importantes do programa que reflitam a ideia geral. Como CEO, abra mão de seu escritório grande e mude-se para uma área de trabalho aberta, preste um novo serviço aos clientes; ao mesmo tempo, leve em consideração a possibilidade de renovar a marca corporativa, lance novos programas de desenvolvimento e de treinamento para que as pessoas saibam que são realmente importantes.

- Leve as pessoas com você. Abandonar o mundo antigo e vencer os medos provocados pelo novo mundo não é fácil. Foque nos corações e mentes – fazendo as mudanças culturais e de processos simultaneamente de tal forma que as pessoas tenham as ferramentas para fazer o que acreditam ser o certo. Converse com eles, encoraje o diálogo, aborde suas preocupações, divida com eles as suas, seja seu treinador.

- Assegure-se de que o negócio permanece funcionando. O pior aspecto de uma mudança é o de uma organização que emperra, insegura de seu futuro, com os empregados deixando de trabalhar ou pelo menos diminuindo seu empenho. Isso pode ser a morte de um negócio. Os gerentes funcionais devem permanecer focados no dia-a-dia, entrando nos novos processos e comportamentos tão logo possível.

Fase 4: Sustentar a mudança. A mudança deve ser acompanhada até a sua implantação, mantendo-se o comprometimento com ela e assegurando que se torne uma prática padrão tão logo quanto possível.

- Administrar a mudança com uma equipe exclusiva retirada da ótica da prática padrão. O programa, construído a partir de muitos projetos de suporte, precisa de coordenação ativa e de resultados – ações e recursos, orçamentos e riscos. Os grupos de coordenação precisam revisar periodicamente os progressos, fazendo os ajustes quando necessários. Devem manter vivo o *momentum* da mudança.

- Desenvolver mecanismos de manutenção para reforçar as novas formas de trabalho. Introduzir novas abordagens estratégicas e de processo decisório, definindo claramente as novas prioridades e avaliações do sucesso. Estimular novos hábitos e rituais. Contar a história de como a organização passou do velho para o novo mundo e encontrar razões para celebrar o sucesso.

- Recompense os novos comportamentos através da re-estruturação dos indicadores-chave de avaliação de pessoal, das progressões de carreira, dos perfis de competências, dos pacotes de benefícios, de incentivos e recompensas, de modo que reflitam e estimulem novos comportamentos. O que é avaliado é feito, mas o que motiva o bônus de um indivíduo, rapidamente se torna sua nova prioridade.

- Certifique-se de que a mudança tenha impacto no negócio, que seja um passo de mudança no desempenho do negócio, com meios de trabalho mais eficazes e eficientes, trazendo à vida uma nova marca ou posição competitiva, resultando em uma melhor experiência para o cliente. Divulgue o sucesso, renove as mensagens de um mundo melhor e continue ajustando e melhorando.

A organização modificada é um local de trabalho poderoso. Cria um novo começo para a construção de uma nova reputação no mundo exterior, impulsiona a inovação e os novos níveis de serviços, muda a opinião de analistas e investidores e brilha como uma líder de seu segmento.

Insight 32: MARKS & SPENCER
Reavivando um negócio

A M&S havia simplesmente perdido seu rumo. As vendas decresceram, o preço das ações afundou, as lojas eram cinzentas e de aspecto surrado, sua publicidade tentava comunicar às mulheres que estava tudo bem em serem "grandes" e que agora podiam comprar calças "grandes" especiais para elas. As consumidoras voltaram-se para outra direção.

Em 1998, a M&S era uma história de sucesso no varejo britânico – a primeira cadeia de lojas a alcançar US$ 1 bilhão de lucro – e aparentemente não poderia fazer nada de errado. Porém, uma nova estirpe de varejistas estava surgindo rapidamente – de ação rápida, dentro da moda, com produtos baratos, alegres, empresas como Top Shop, Next, H&M e Zara estavam mais sintonizadas com o mercado, com a moda, e ofereciam aos consumidores melhores negócios.

Cega por seu ego, a velha e volumosa M&S – aquela com a marca St Michael; aquela com araras e mais araras de calças femininas, em 45 estilos diferentes, mas todas nas cores marrom ou azul marinho; aquela na qual os diretores e não os consumidores decidiam que comidas vender; aquela que recusava aceitar cartões de crédito – olhava para uma direção diferente. Os lucros caíram para US$ 145 milhões.

Em 2004, Phillip Green fez uma oferta pública hostil de US$ 8 milhões pelas ações da companhia. Stuart Rose, um veterano da M&S, e que nos anos recentes construiu sua reputação como CEO do Arcadia Group, sempre quis administrar a empresa. Em poucos dias, seu desejo foi atendido e o presidente e CEO à época foi afastado. As seis semanas seguintes se tornaram uma batalha frenética, disputada principalmente na imprensa, para a defesa contra a proposta. Rose foi bem sucedido, afirmando que faria o valor do negócio ir muito além do que Green queria pagar. E então precisava fazê-lo.

Descobriu que precisava mudar as práticas de trabalho rapidamente.

As decisões vinham sendo tomadas por pessoas com pouca experiência – os compradores juniores estavam gastando entre US$ 30 e 40 milhões com pouco controle superior. A empresa operava com estoques muito elevados, levando a grandes excedentes que acabavam vendidos como saldos, com prejuízos. Os fornecedores estavam perdendo com relações não econômicas de muitos anos atrás. As lojas com baixos desempenhos continuavam com baixos desempenhos. Para Rose, mais frustrante ainda era o grande número de consultores tentando levar adiante 31 "projetos estratégicos" dos quais poucos aparentavam ter qualquer impacto.

Seu plano inicial foi focar nos *core values* que tornaram a M&S um ícone, mas readaptá-los ao século XXI. Ele vendeu seu braço de serviços financeiros. Comprou de George Davies, seu fundador, a marca de roupas femininas contemporâneas Per Uma, cujos produtos eram vendidos nas lojas com exclusividade. O negócio já estava se mudando para sua nova sede *high-tech* em Paddington, o que Rose impôs como uma espécie de catalisador das mudanças que queria implementar à sua administração.

Ele centrou seu foco em três áreas – produtos, ambiente de lojas e serviços. Esses teriam de ser arranjados, rapidamente.

Ele dispensou os projetos estratégicos em andamento, mantendo apenas dez, e passou a responsabilidade dos consultores aos seus próprios gerentes. Fechou a loja ultramoderna com um novo conceito de moda, Lifestore, recém aberta em Gateshead, e percebeu que provavelmente seu maior desafio estava na administração de fornecimentos. Trouxe então para a empresa dois ex-colegas: Charles Wilson, que supervisionaria a rede de fornecimento, TI e marcas, e Steve Sharp, que passou a cuidar do marketing, dos projetos de lojas e da revitalização da marca corporativa. O próprio Rose passou a controlar produtos, preços e entregas.

A campanha "Your M&S" foi lançada em tempo recorde, uma interpretação mais moderna e elegante de uma marca esgotada. A cor verde escura foi substituída pelas cores preta, verde lima e branca.

A velocidade da mudança foi fenomenal. Rose se reuniu individualmente com os 30 maiores fornecedores, concordando que era uma questão de "mudar ou morrer" para ambas as partes, e procurando iniciar uma nova relação ganha-ganha com cada um. Abriu cinco escritórios globais de terceirização ao redor do mundo para coordenar o fornecimento dos locais mais eficientes globalmente. Fez uma limpeza completa das lojas, descartando uma mistura desorganizada de cartazes de papelão que entulhavam as lojas e substituindo-os por placas elegantes de orientação. Vinte porcento do pessoal foi demitido.

Em 2005, foram feitos investimentos totalizando £500 milhões em decoração de lojas. Logo a seguir, foram investidos £800 milhões adicionais. Algumas mudanças foram significativas e estruturais; outras foram cosméticas e inspiradoras. Ladrilhos pretos em vez de brancos para as áreas de alimentação não eram convencionais, mas ficavam muito bem sob iluminação halógena. Foram encomendadas cem novas escadas rolantes e mais de trinta quilômetros de novos refrigeradores. Os corredores e os displays se tornaram menos estruturados e mais zoneados. Foram introduzidos uniformes pretos e elegantes. Os manequins de vitrine ganharam óculos escuros, dando um ar de atitude.

Os produtos também melhoraram drasticamente – mais elegantes e relevantes e de acesso mais fácil. Os preços foram estabelecidos em três níveis – *good*, *better* e *best* – cada um representando o valor do bem.

Os serviços sempre foram a marca da M&S. Mas os salários caíram do quartil superior ao quartil inferior, e precisavam ser levados de volta ao melhor nível. As equipes entravam e saíam de acordo com os horários de sua conveniência, em vez de em padrões regulares e simples. Os salários e prêmios eram pagos com base no tempo de serviço e não no desempenho. O plano de carreira era fragmentado e complexo, precisando de simplificação. No chão de loja, era necessária mais responsabilidade. Todas essas questões receberam atenção especial, bem como a reciclagem dos pontos básicos do serviço ao cliente – clientes em primeiro lugar, fazer contato visual e trabalhar em equipe.

Chegou então o momento de informar aos consumidores sobre as melhorias da M&S. O negócio de alimentação sempre foi uma de suas unidades de negócios mais fortes, por isso à publicidade inicial – raramente feita na antiga M&S – foi encomendada exibir a comida. A câmera fazia um zoom em cada pequeno pedaço de comida com uma voz sensual ao fundo. Ela rapidamente foi apelidada de "food porn" (pornografia de comida). Os consumidores adoraram, como também a equipe e os analistas de investimentos. Um comercial para o pudim de chocolate da M&S gerou um crescimento de mais de 3000% nas vendas.

Rose reconheceu que precisava sair um pouco da linha de frente do processo decisório. Precisava que seus gerentes melhorassem seus julgamentos, seus instintos bem como suas análises, por isso, tornou-se muito mais um treinador e catalisador do que um patrão controlador.

Uma das iniciativas de que ele tem mais orgulho é a ambiental – "Plano A. Porque não existe um Plano B". O plano de 100 pontos avaliado em £200 milhões foca em reduzir as emissões de carbono, evitar que resíduos encham aterros, assegurar que todos os bens venham de fontes sustentáveis, ser ético e apoiar a saúde e bem-estar de seus clientes.

Como o gentil e muito conhecido da mídia Rose lembra às pessoas, seu papel mais importante como CEO é ser o guardião do negócio e deixá-lo em melhores condições que o encontrou.

11.3 LÍDERES TRANSFORMACIONAIS
Mudando você mesmo para mudar seu negócio

O líder empreendedor é um agente de mudanças. Ele ou ela reconhecem que a única maneira de manter o crescimento – de mover-se pelas Sete Vidas dos Negócios – é fazendo mudanças regulares na maneira como as pessoas trabalham e no que a empresa faz. As mudanças são materializadas nos comportamentos e na visão do líder. Entretanto, muitos empreendedores fracassam em perceber que à medida que as organizações crescem, também precisam mudar. Essa pode se tornar a maior barreira as suas ambições.

Um programa eficaz de mudança, portanto, também exige uma mudança de liderança – ou um líder diferente ou pelo menos uma mudança de ótica e comportamento dos líderes atuais. Esse é quase um pré-requisito à mudança. Os agentes da mudança também devem mudar.

A maneira mais eficaz de engajar os líderes em uma mudança pessoal é colocá-los dentro do contexto do negócio. Como esta última etapa mostrou, os líderes também podem ser envolvidos pelo negócio ou outras pessoas, tornando-se cegos as suas próprias fraquezas, e muitas vezes podem tornar-se os maiores inibidores de mudanças e crescimento. Se os líderes conseguem pensar na mudança do negócio e no que ela representará para eles, então provavelmente irão avaliar a si mesmos mais objetivamente e considerar como podem mudar.

O desenvolvimento de um programa de mudanças deveria, portanto, envolver um programa de mudança de liderança no qual os líderes "alternam" entre desafios pessoais e de negócios e oportunidades.

Através do processo facilitado, os líderes tornam-se mais abertos e colaborativos, reconhecendo que todos precisam mudar para alcançar uma visão coletiva.

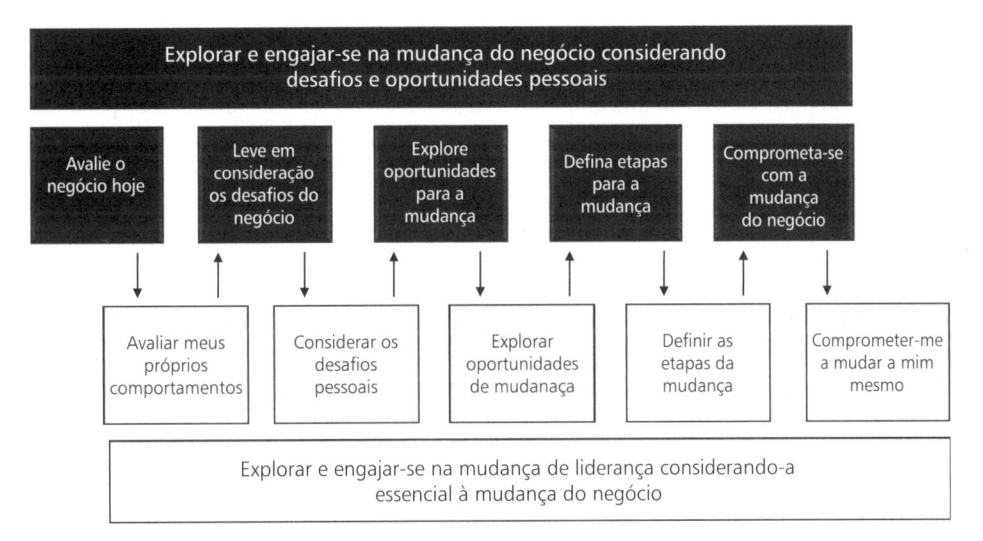

```
┌─────────────────────────────────────────────────────────────────┐
│  Explorar e engajar-se na mudança do negócio considerando       │
│              desafios e oportunidades pessoais                  │
└─────────────────────────────────────────────────────────────────┘
```

Avalie o negócio hoje	Leve em consideração os desafios do negócio	Explore oportunidades para a mudança	Defina etapas para a mudança	Comprometa-se com a mudança do negócio
Avaliar meus próprios comportamentos	Considerar os desafios pessoais	Explorar oportunidades de mudança	Definir as etapas da mudança	Comprometer-me a mudar a mim mesmo

Explorar e engajar-se na mudança de liderança considerando-a essencial à mudança do negócio

TRANSFORMANDO LÍDERES PARA TRANSFORMAR NEGÓCIOS

A liderança tradicionalmente tem sido transacional – sobre decisões e ações –, enquanto a liderança transformacional trata mais do contexto e da mudança. Ao serem estimulados a ver o todo – parar e pensar para onde o negócio está indo, como deve ser mudando e seu papel nele –, os líderes veem que têm um papel maior a desempenhar.

Claro que isso não é fácil. Muitos líderes tradicionais não se sentem confortáveis com a mudança, mas parecem gostar de falar em fazê-la com outros. Não gostam de expor seus lados pessoais, admitindo fraquezas, expondo suas fragilidades. Essa, no entanto, é a única maneira de mudarem. Essa é a razão por que os que são levados pelo ego, os que batem nos seus peitos e os machões não são bem-sucedidos em negócios em crescimento.

Os líderes transformacionais reconhecem que precisam trabalhar de uma nova maneira – colaborativamente em vez de hierarquicamente, atribuindo poder em vez de controlando. Podem também se dar conta que precisam de novas habilidades – aprender a linguagem para o negócio global ou como novas tecnologias ou mercados funcionam. Pode até ser que precisem ter uma vida – ir para casa mais cedo, fazer mais esportes, melhorar suas dietas.

O líder autêntico, que realmente quer mover seu negócio para frente, deseja criar um mundo melhor do lado de dentro e do lado de fora e busca constantemente melhorar pessoalmente, é uma pessoa mais benquista. Reconhecer suas necessidades de mudança os mostra sob uma luz mais humana e humilde, constrói confiança e coletividade na jornada da mudança, e isso também pode ser tremendamente inspirador.

Insight 33: HAIER
O operário chinês que liderou uma revolução

A Fábrica de Refrigeradores Qingdao Haier era um depósito de lixo. Seus funcionários estavam sem salários, a fábrica cheirava mal, seus produtos eram ordinários e não obtinha lucro.

Zhang Ruimin trilhou seu caminho na estrutura hierárquica, desordenada e desmotivada de forma a tornar-se o gerente sênior da empresa. Em 1984, ele convenceu os membros do Partido Comunista Chinês a deixá-lo assumir o controle da empresa, que se debatia pela sobrevivência.

Atualmente, ela é simplesmente a Haier, a gigante produtora de eletrodomésticos e uma das mais conhecidas empresas globais chinesas.

Zhang, seu CEO reformador, provou ser um dos grandes líderes e sobreviventes do mundo de mudanças. Graças a sua obsessão por qualidade e inovação, a Haier tornou-se desde então a produtora líder de eletrodomésticos da linha branca na China e a quarta maior do mundo.

Em 1984, o futuro da empresa estava em jogo. Tinha um débito de RMB 1,47 milhões, trocara quatro vezes de liderança no período de um ano e seus 800 funcionários não recebiam salário havia diversos meses. A primeira atitude de Zhang foi tomar um empréstimo, utilizado para pagar os funcionários. Não parece uma atitude certa para tirar uma empresa das dificuldades, mas certamente foi muito apreciada.

No ano novo chinês, solicitou novo empréstimo para dar a cada trabalhador um presente de cinco panelas de peixe – e isso lhe deu a oportunidade que procurava. A partir de então, teve a seu lado seus antigos colegas, o seu pessoal. Eles acreditavam ser possível dar a volta por cima no negócio. Ele até mesmo investiu na compra de um ônibus novo, substituindo o velho caminhão que transportava o pessoal à fábrica todas as manhãs. Assim fez com que sentissem que tinham uma oportunidade. Estavam dispostos a apoiar seu líder; podiam ver as coisas melhorarem.

Ele então exigiu trabalho árduo em troca desse ato de boa vontade, prometendo pagá-los em dia desde que aderissem a sua nova disciplina. Não haveria mais trabalho sem entusiasmo. Não haveria mais roubos de bens da companhia. Não era mais permitido urinar na linha de produção. Aqueles que continuassem a abusar de sua confiança seriam colocados em período de experiência, machucando seu orgulho e chocando seus pares.

Zhang sabia que precisava liderar com confiança se desejasse estimular a confiança em seu pessoal. Sabia dos riscos que estava assumindo, mas como um ex-operário, sabia que ganhar os corações de seu pessoal era mais importante do que fazer as mudanças acontecerem.

A qualidade melhorou com a motivação, e sem maiores investimentos financeiros ele reorganizou os processos de produção, reduziu os custos e melhorou a produtividade. Suas dívidas começaram a diminuir e ele passou até a ganhar um pequeno dinheiro, que distribuiu entre os operários e também investiu em partes essenciais da fábrica e em infraestrutura.

Em 1991, contraiu novo empréstimo para mudar a planta para a nova localização, que incluía novas técnicas padronizadas de produção e uma enorme capacidade para atender o que ele acreditava ser a futura demanda exponencial. Muitos achavam que tinha enlouquecido – o negócio agora era rentável, por que procurar fazer mais, quando eles estavam felizes com o que tinham?

Zhang foi bem-sucedido porque podia ver as coisas pela perspectiva de seu pessoal. Ele sabia, desde os piores tempos, como eles se sentiam pelas mudanças. Além disso, também demonstrou perspicácia comercial, que era estranha a seus colegas que tinham vivido sob a Revolução Cultural.

Em 1993, a economia chinesa decolou. A Haier estava bem colocada para apanhar as novas oportunidades, atender às novas aspirações da sociedade em mudança e também focar nos mercados mundiais. Adotou os mais modernos métodos de produção, as melhores tecnologias, projetos de última geração e canais de vendas diretos e suporte. Hoje em dia, muitos falam da Haier como uma versão chinesa da GE, uma potência asiática, a Samsumg da linha branca.

Zhang atribui seu estilo de liderança a sua habilidade de estimular a cada um de seu pessoal. Com isso em mente, ele foca sua liderança em dar espaço às pessoas para que aprendam e cresçam, encorajando o trabalho multifuncional em projetos, dando autonomia às pessoas para tomarem suas próprias decisões e fazendo-os desenvolver suas próprias ideias. Ao mesmo tempo, garante que os prêmios sejam distribuídos em equipes em vez de individualmente, relacionados ao desempenho do projeto em vez de à hierarquia ou experiência.

No mundo externo, Zhang reconhece que a liderança do mercado não é alcançada somente através de pessoas, mas pela inovação séria. Seu ciclo de "três temporadas de inovação de produto", foca na melhoria do produto para o mercado existente, nos desenvolvimentos tecnológicos para um horizonte de três anos e na pesquisa básica para avanços em prazos maiores.

Talvez, como você pode esperar do nosso homem do povo, Zhang identifique o talento gerencial como sendo o mais importante diferencial da Haier. Não necessariamente graduados altamente qualificados, mas pessoas que podem conduzir mudanças sob uma perspectiva humana e que também poderiam transformar uma fábrica dilapidada e endividada, tornando-a um negócio de RMB 100 bilhões.

Faixa 12 Gerando resultados

Apresentando alto desempenho hoje e amanhã

"Capital intelectual é a soma de tudo o que todos em uma empresa sabem, e que dá a ela uma vantagem competitiva."

Thomas Stewart

Uma abordagem mais inteligente aos resultados que envolva mais *ação prática*

- Foco de curto prazo para atração e manutenção dos melhores clientes.

- Sustentar o crescimento pela administração do portfólio e dos clientes.

- Administrar os *inputs* de desempenho para maior eficiência e otimização.

- Administrar a entrega para garantir que as promessas sejam cumpridas consistentemente.

- Utilizar sistemas de avaliação e controle de modo a focar o negócio no alto desempenho.

- Atrelar os condutores de valor de modo a focar os recursos para maior impacto.

- Apresentar resultados imediatos e de longo prazo aos acionistas.

Uma abordagem mais criativa aos resultados que envolva mais *ideias radicais*

- Foco de longo prazo para moldar os melhores mercados a seu favor.

- Criar valor liberando o potencial de ativos intangíveis.

- Administrar os *outputs* de desempenho de modo a maximizar o valor do negócio.

- Administrar as percepções da reputação e o potencial do negócio.

- Usar o sucesso e a premiação de modo a inspirar o negócio para o alto desempenho.

- Permanecer fiel aos valores centrais de modo a focar no que realmente o faz diferente.

- Dividir o valor com os *stakeholders* como uma troca dinâmica de valor.

O negócio do século XXI é muito intangível.

Avaliar e administrar o desempenho de um negócio intangível é diferente. Os balanços trimestrais são facilmente manipuláveis e mesmo as contas financeiras não refletem o valor real do negócio. Isso torna a estratégia, o processo decisório, a administração e avaliação mais difícil.

Para compreendermos o "negócio invisível" devemos retornar ao "valor".

O negócio procura criar valor econômico – gerar um retorno ao investimento, acima dos custos de investimento. Ele cresce e mantém esse valor trabalhando com uma gama de *stakeholders* – acionistas, clientes, empregados e outros – e, quando bem sucedido, divide valor com os mesmos.

Para ser exato, o valor do negócio ou empreendimento deve refletir seu potencial de gerar caixa no futuro. Esse potencial é influenciado pela maneira como provavelmente irá crescer, e quão rapidamente e pela probabilidade de isso acontecer. Um negócio confiável e de rápido crescimento será muito valioso.

O "valor de empreendimento" de um negócio é um cálculo do valor líquido presente da soma dos fluxos de caixa futuros, ajustados aos riscos envolvidos. O "valor de mercado" é a versão do mercado de ações, baseado na sua percepção sobre a empresa. Uma empresa que administra bem as relações com os investidores apresentará concordância entre esses valores. Um negócio "subavaliado" precisa convencer seus investidores, enquanto que um negócio "sobreavaliado" deve informar essa condição aos investidores, de forma a não desapontá-los com o desempenho futuro real.

12.1 CONSTRUINDO O NEGÓCIO INVISÍVEL
O valor dos negócios de hoje está no intangível

No passado, as companhias eram muito tangíveis – eram negócios de manufaturas, proprietárias de fábricas e equipamentos, comprando e vendendo produtos finais. O potencial futuro era simples de ser estimado, baseado em quantos produtos poderia vender e o valor da fábrica.

Os negócios de hoje estão baseados em cérebros em vez de em músculos.

Os ativos mais valiosos em um negócio não são mais as coisas duras, mas os atributos mais suaves, aspectos mais sutis ou intelectuais do negócio que são difíceis de copiar – ideias, conhecimento, marcas, relacionamentos, *designs* e patentes. Atividades não essenciais, como produção, sistemas, logística, podem ser realizadas em parceria com outros, sendo, portanto, menos valiosas.

Em *Intellectual Capital*, Thomas Stewart define três categorias principais de capital intelectual, os blocos sobre os quais ele é construído e que coletivamente representam os ativos intangíveis:

- **Capital humano** – o talento de seus empregados – o conhecimento, as habilidades, a experiência e as ideias dentro da cabeça das pessoas.

- **Capital de clientes** – as relações que você mantém com seus clientes – a reputação positiva e as informações que prestam sobre você.

- **Capital estrutural** – o conhecimento retido na organização em seus bancos de dados e manuais – dados técnicos, mapas de processos, patentes de produtos e publicações.

Para compreender o valor desses ativos, precisamos quantificar qual o provável "ganho" no desempenho futuro devido a essa propriedade e a aplicação de cada um. Por exemplo, qual a receita adicional, a margem de lucro e a redução de custos resultantes da relação de longo prazo com clientes-chave, em vez de da busca da contínua por novos clientes?

Em termos contábeis, o padrão internacional "IFRS 3" define um ativo como recurso controlável, do qual se espera obter benefícios econômicos futuros.

Ele segue definindo o ativo "intangível" como um recurso não monetário, não físico e identificável (significando que pode ser separado, por exemplo, vendido, transferido ou licenciado). Claro que essa definição exclui uma grande gama de outros atributos – como pessoas e seus talentos – que, frequentemente, são incluídas em uma definição mais geral.

A IFRS – International Financial Reporting Standarts define cinco categorias de ativos intangíveis:

- Relacionados ao marketing (incluindo marcas registradas, domínios, nomes, uniformes, etc.).

- Relacionados aos clientes (incluindo listas de clientes, encomendas, contratos, relacionamentos, etc.).

- Baseados em contratos (incluindo contratos de serviços, arrendamentos, direitos, licenciamentos, etc.).

- Baseados em tecnologia (incluindo tecnologia patenteada, *software*, bancos de dados, etc.).

- Relacionados à área artística (incluindo livros, revistas, músicas, letras de música, fotos, vídeos, etc.).

De acordo com a Global Intangibles Tracker, publicada anualmente pela Brand Finance, os ativos intangíveis atualmente somam algo em torno de US$22,2 trilhões, correspondendo a 61% do valor total das companhias listadas no mundo.

E a proporção dos intangíveis do valor dos negócios continua crescendo. Nos últimos cinco anos, essas empresas – que representam um total de US$ 36,2 bilhões em termos de valor das empresas – cresceram US$ 9,4 bilhões, com 64% desse crescimento devido aos intangíveis. Em alguns setores tais como a mídia (91%), produtos farmacêuticos (89%), esse crescimento ocorreu praticamente só nos intangíveis. Da mesma forma, em determinadas regiões, como a Suíça e Índia, os negócios são quase totalmente compostos desse "material *soft*".

Como um exemplo, pense na aquisição da Gillette pela Procter & Gamble em outubro de 2005. A P&G concluiu a maior aquisição jamais realizada no setor de bens de consumo, pagando US$ 53,4 bilhões pela Gillette, que gerava um lucro de US$ 2,5 bilhões. Os dados preliminares após a compra são apresentados a seguir:

Gillette	US$ bilhões
Preço de compra	53,4
Ativos tangíveis fixos	4,5
Ativos intangíveis	29,7
Marcas	25,6
Patentes e Tecnologia	2,7
Relações com clientes	1,4
Capital de giro	0,6
Responsabilidades de Longo Prazo	(16,2)
Fundo de Comércio Residual	34,9

FONTE: BRAND FINANCE

Um negócio não físico, nos quais a maioria dos ativos são intangíveis, exige uma forma de administração diferente das organizações físicas tradicionais. Os investimentos devem estar focados nesses ativos intangíveis em vez de em prédios ou ações, mesmo que sejam difíceis de serem vistos ou de medir. Isso aumenta a necessidade de sua mensuração.

Cada organização deve descobrir suas próprias maneiras de liberar e aplicar esses ativos, que são relevantes aos seus objetivos e diferentes de outras. O fato de serem suas proprietárias não garante a sua utilização.

Os ativos intangíveis devem ser olhados em conjunto, e seu valor dificilmente pode ser guardado isoladamente. As marcas são um exemplo de aplicação coletiva de ativos. São ferramentas interfuncionais que exigem colaboração e responsabilidade coletiva – desde a inovação de produtos ao relacionamento com clientes.

Os departamentos de RH criaram as formas mais sofisticadas de avaliação e de relatórios do capital humano. Outros ativos precisam de administração mais sofisticada. O capital dos clientes pode ser o ativo mais importante, mas também o mais frágil. Reputações e relacionamentos podem levar anos para serem construídos, mas podem ser destruídos rapidamente.

De uma forma geral, a administração baseada no gerenciamento do valor utiliza essas ideias em todos os aspectos da gestão do negócio – por exemplo, assegurando de que a estratégia esteja focada nas atividades de criação de valor de longo prazo, mas que as pessoas sejam avaliadas e recompensadas pelo seu desempenho de longo prazo. Um sistema de premiação de executivos, por exemplo, que ligue os líderes ao crescimento de três a cinco anos do negócio, se sobrepõe à urgência de se adotar atalhos e esquecer o futuro, enquanto também retém seu melhor pessoal.

Insight 34: GREEN & BLACK'S
O chocolate de luxo com crescimento acelerado

A Green & Black's faz o mais delicioso chocolate orgânico que você já experimentou – é o ponto alto do foco em três resultados de um negócio esclarecido, que apresenta crescimento sustentável a seus acionistas, mas também avalia seu impacto na sociedade e no meio ambiente. Independente de quão verde os consumidores sejam, mesmo assim querem um bom produto – dessa forma, se você consegue fazer esses fatores atuarem juntos, os resultados podem ser surpreendentes.

> "Nasci em uma fazenda em Nebraska. Aprendi os fundamentos dos negócios como contínuo no Omaha World Herald. Em 1966, antes de partir para a Inglaterra, meu tio Floyd me ofereceu a oportunidade em um negócio de 400 hectares de terra à beira de rio em Iowa, com 700 cabeças de gado, se eu me associasse a ele em seu negócio de fazendas após minha graduação em Wharton. Em vez disso, como muito de meus contemporâneos, descobri a dieta macrobiótica e desenvolvi uma consciência da falta de sustentabilidade na produção e no cultivo de alimentos. Não queria fazer parte do problema e assim me inspirei para ajudar a encontrar uma solução."

Era 1967 e a Inglaterra estava no auge do "flower power" quando Craig Sams chegou à Londres para instalar seu restaurante macrobiótico. Dois anos mais tarde, ele fundou a loja de varejo e no ano seguinte lançou a marca Whole Earth de arroz não polido e de alimentos macrobióticos. Uma padaria de grãos integrais foi seguida por pasta de amendoim e geléias orgânicas – ele basicamente procurava alimentos saudáveis, alternativos e sustentáveis aos alimentos que mais gostava. Mas, acima de tudo, amava chocolate.

Em 1991, recebeu uma amostra de chocolate escuro e orgânico da África. Sua esposa, a colunista e ambientalista Josephine Fairley, encontrou uma barra pela metade em sua escrivaninha e a provou. O sabor intenso era único e diferente de tudo que ela havia provado antes. Ela estava convencida de que outros amantes de chocolate também o apreciariam e então eles iniciaram a produção do primeiro chocolate orgânico do mundo.

O produto final era um chocolate escuro, de alta qualidade, amargo e levemente adocicado, elaborado a partir de 70% de cacau procedente de Togo, na África Ocidental. Era orgânico, comercializado com práticas justas, legado de um projeto de ajuda humanitária francês, destinado a interromper a degradação das terras altas de Togo.

Precisavam de um nome. Queriam um nome tradicional, que soasse como de origem inglesa, ao estilo de seus chocolates favoritos de infância, como Barker & Dobson. As cores da embalagem eram verde, para simbolizar a origem orgânica, e preto para representar o chocolate rico e escuro.

As vendas cresceram gradualmente, apesar de ainda ser uma marca nicho que atendia uma base de clientes estreita. Inicialmente, foi adotada por chefs que valorizavam o intenso sabor em seus pratos e por adeptos de alimentos saudáveis que estavam atrás de bons produtos. Sua distribuição, portanto, era feita através de pequenas lojas independentes e tratada como um segredo entre chocólatras.

Eles sabiam que o negócio precisava de alguma coisa diferente para crescer, sem no entanto comprometer seus valores. O insight que tiveram a partir de pesquisas com consumidores foi de que os produtos orgânicos – nos quais focavam seu marketing e embalagens – eram apreciados, mas o sabor era o mais importante. Mudaram sua ênfase de verde para preto. A marca foi reposicionada como a mais luxuosa, com o chocolate mais escuro disponível.

PARTE IV   Ideias radicais, ação prática

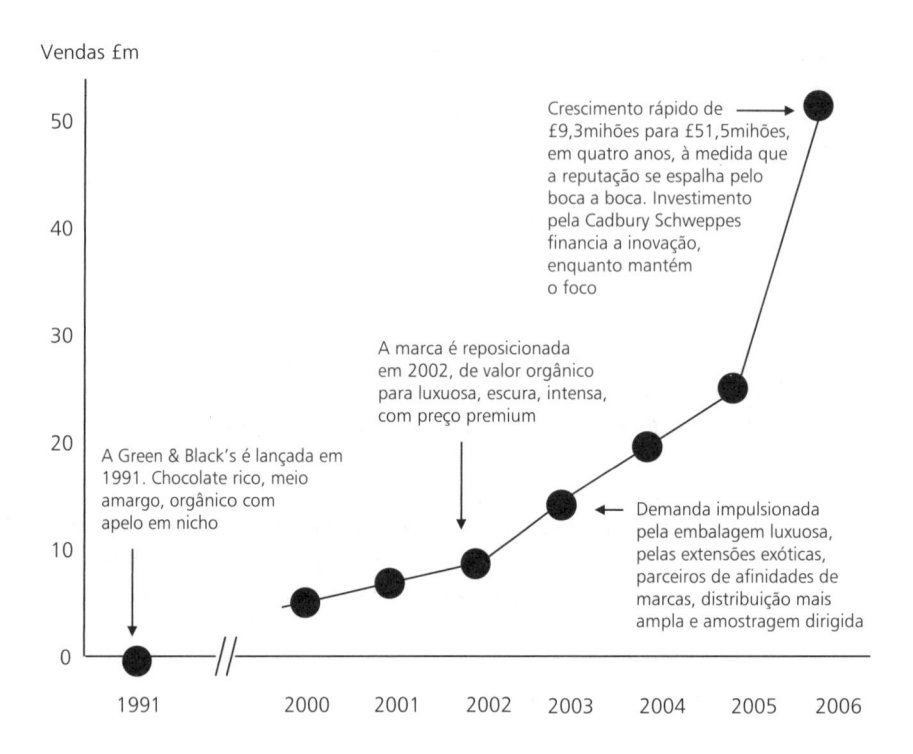

Vendas £m

- 1991: A Green & Black's é lançada em 1991. Chocolate rico, meio amargo, orgânico com apelo em nicho
- 2002: A marca é reposicionada em 2002, de valor orgânico para luxuosa, escura, intensa, com preço premium
- 2003-2004: Demanda impulsionada pela embalagem luxuosa, pelas extensões exóticas, parceiros de afinidades de marcas, distribuição mais ampla e amostragem dirigida
- 2006: Crescimento rápido de £9,3mihões para £51,5mihões, em quatro anos, à medida que a reputação se espalha pelo boca a boca. Investimento pela Cadbury Schweppes financia a inovação, enquanto mantém o foco

O crescimento foi fenomenal. O insight foi profundo. De 2002 a 2005, as vendas cresceram de £4,5 milhões para £29 milhões – a uma taxa de 544%, tornou-se a marca de alimentos de maior crescimento no Reino Unido. A marca poderia manter seu peso contra seus concorrentes maiores e de mais publicidade. Através do boca-a-boca, nova embalagem mais vistosa, publicidade inteligente e patrocínios dirigidos, a marca decolou, e em meados de 2006 detinha 7,4% do mercado do Reino Unido de chocolates, enquanto o preço médio de venda aumentou de £1,19 para £1,54.

Em 2005, a Green & Black's tornou-se parte do gigante de confeitos Cadbury Schweppes, recompensando seus fundadores e investidores com um retorno de £25 millhões por sua paixão e perseverança.

A empresa de chocolates ainda é administrada como um negócio independente – com seus pequenos escritórios próprios próximos a Waterloo Station, em Londres, com administração cuidadosa e tendo Sams como presidente. A empresa mãe mantém sua distância, dando apoio em termos de novas técnicas de embalagem e recursos financeiros para entrada em novos mercados pelo mundo, por exemplo. A empresa ainda se mantém fiel aos seus princípios originais no que diz respeito a produtos orgânicos, concorrência justa e responsabilidade social corporativa. Será que a Green & Balck's vendeu sua alma ao mundo comercial? Como diz Sams:

> "Algumas pessoas disseram que, recentemente, planejamos uma tomada reversa, em nível cultural, da maior empresa do mundo do ramo de confeitos. Lembrem que a Cadbury foi fundada na crença dos Quakers de que uma xícara de chocolate quente afastaria as classes trabalhadoras da cerveja e do gim. Até hoje não existem pubs em Bourneville, a cidade na qual construíram sua sede corporativa, sua base de produção e moradia de seus trabalhadores!"

12.2 ADMINISTRAR PARA UM ALTO DESEMPENHO
Os intangíveis precisam de um estilo diferente de administração

O velho adágio de que "o que é medido, é feito" ainda é válido, principalmente se reforçado por "o que é premiado é realizado".

Objetivos, avaliações e recompensas não devem, portanto, ser considerados o ponto final, mas o ponto de partida.

Indicadores de desempenho errados, objetivos de desempenho pouco razoáveis ou *"Balanced Scorecard"* mal equilibrado (para avaliar pessoas, clientes, finanças e fatores de melhoria), conduzem o negócio na direção errada. Decisões estratégicas se basearão em critérios falsos, os investimentos não produzirão os retornos desejados, as pessoas se desmotivarão por sua inabilidade de alcançar os objetivos e os investidores perderão a confiança.

Com os indicadores adequados, você toma as decisões certas e as pessoas ficam focadas nas melhores oportunidades de altos retornos e todos podem dividir a premiação.

A participação do mercado, por exemplo, cada vez faz menos sentido, dependendo totalmente da maneira como você define seus territórios – pode ter 100% de participação em um mercado e 0,1% em outro. À medida que as necessidades dos clientes mudam e a rentabilidade do mercado varia, os próprios mercados também mudam. Raramente duas empresas competem exatamente nos mesmos mercados – Por exemplo, a P&G e a Unilever podem ser grandes concorrentes em alguns setores ou segmentos, mas irrelevantes uma à outra em outros.

Claro que existe uma melhor maneira, como a Diageo mostrou, utilizando o que alguns chamam de "a última medida" do desempenho de um negócio – o retorno total de longo prazo aos investidores (na forma de crescimento de capital e dividendos) – avaliados através dos setores e em relação a um grupo de pares.

Isso forma o grande quadro e um objetivo unificador, mas é menos prático no processo decisório do dia-a-dia. O desenvolvimento de um *scorecard* de negócios e do sistema de avaliação do portfólio adequados deveria ser baseado, em primeiro lugar, nos "geradores de valor" do negócio. Eles são diferentes de empresa a empresa, mas de modo geral são:

- **Inputs** – como custos operacionais, quantidade de pessoas e tempo para comercialização – fatores que podem ser administrados diretamente porque são relacionados a decisões e ações.

- **Throughputs** – como produtividade, crescimento de vendas e retenção de clientes – fatores que são consequência direta das operações e podem ser facilmente influenciados.

- **Outputs** – como rentabilidade, retorno do investimento e preço da ação – fatores mais complexos de influenciar, mas que são claramente impulsionados pelos fatores anteriores.

Outra dimensão consiste em levar em consideração as implicações das ações e efeitos de curto e longo prazos na organização – uma promoção de vendas dará retorno imediato, a construção de uma nova marca levará mais tempo para o impacto ser percebido, enquanto que o investimento para o desenvolvimento de um novo produto poderá levar ainda mais tempo.

Tanto o curto quanto o longo prazos são importantes – razão pela qual uma comparação simples dos custos e receitas do ano corrente são uma maneira simplista de avaliar o negócio –, particularmente quando a maior parte do valor está nos ativos intangíveis, que normalmente apresentam retornos em prazos mais longos.

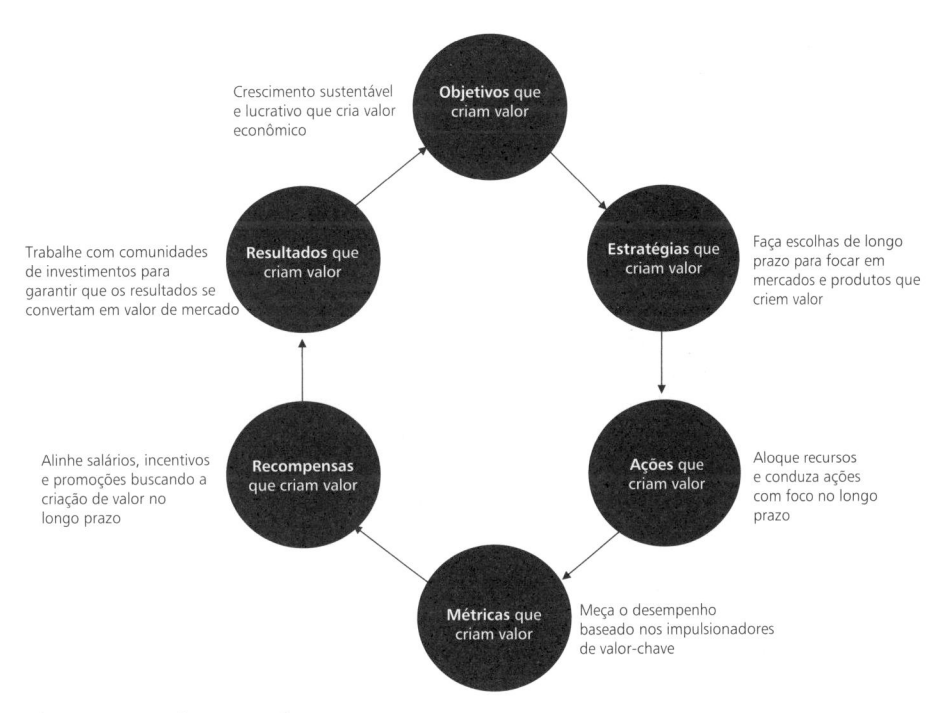

Faixa 12 Apresentando alto desempenho hoje e amanhã

ESTRUTURA DA ADMINISTRAÇÃO DA CRIAÇÃO DE VALOR

Diagrama cíclico com seis elementos conectados:

- **Objetivos que criam valor** — Crescimento sustentável e lucrativo que cria valor econômico
- **Estratégias que criam valor** — Faça escolhas de longo prazo para focar em mercados e produtos que criem valor
- **Ações que criam valor** — Aloque recursos e conduza ações com foco no longo prazo
- **Métricas que criam valor** — Meça o desempenho baseado nos impulsionadores de valor-chave
- **Recompensas que criam valor** — Alinhe salários, incentivos e promoções buscando a criação de valor no longo prazo
- **Resultados que criam valor** — Trabalhe com comunidades de investimentos para garantir que os resultados se convertam em valor de mercado

O "valor" nos dá a resposta – calculando a soma dos prováveis fluxos de caixa futuros que envolvam o curto e o longo prazos. O processo de decisão baseado no valor se torna crucial para decidir:

- **Estrategicamente** quais são os negócios, marcas, mercados, produtos e clientes certos para focar-se no longo prazo? Do portfólio de negócios, quais "criam valor" e quais "destroem valor"?

Um negócio pode ter fortes vendas, alta participação do mercado com bons lucros operacionais, mas se seu custo de capital é maior, cada venda adicional irá destruir valor.

- **Operacionalmente** – qual é a alocação de orçamentos, pessoas e recursos mais eficaz no curto prazo? Apesar de ser importante o desempenho de longo prazo, no curto prazo os mercados podem ainda estar imaturos e o negócio necessitar gerar caixa para sobreviver, além de formar fundos para os investimentos de prazos maiores.

Um dos mais perversos atributos das salas de diretoria consiste em eles gastarem menos de 10% de seus tempos focados em de onde vem 90% de seu sucesso. Pouco tempo é gasto para discutir sobre onde é gerada a receita e onde ela pode ser melhorada. A conversa rapidamente progride para desempenho operacional e administração de custos.

Os indicadores de desempenho relacionado a clientes são mais informativos sobre a saúde futura do empreendimento, enquanto que os indicadores financeiros olham para o passado.

- Reuniões de diretoria para diretores executivos e não executivos.

- Revisões quadrimestrais de negócios para gerentes e equipe.

- Apresentações de relações com investidores para analistas e imprensa.

- Relatórios anuais disponíveis a todos os *stakeholders*.

Imagine um CEO levantando em uma próxima reunião de diretoria, ou a primeira página de um relatório anual, tendo os clientes e marcas como foco do comentário, seu desempenho atual, e os investimentos que estão sendo presentemente realizados para assegurar e aumentar os resultados futuros.

Isso pode parecer óbvio como uma forma envolvente de iniciar a revisão de um negócio, mas a grande maioria das vezes elas começam com custos, processos e redes de suprimentos.

Um varejista ficou abismado com o impacto que causou ao participar de uma apresentação a investidores e começou a descrever o impacto financeiro de levar a moda das passarelas às araras das lojas duas semanas antes do que as lojas principais e as vendas e margens incrementais que isso traz.

Claro que, ao final, os negócios não são máquinas e o desempenho não é o resultado de uma calculadora. Os negócios precisam juntar insights internos e externos, informações financeiras e não financeiras, crenças pessoais e de negócios, de modo que as decisões tomadas sejam corretas.

Insight 35: PORSCHE
Pequena no tamanho, grande no impacto

A revista *Fortune* descreveu como "o rato e o elefante" a pequena fabricante de carros esportivos Porsche em uma comparação com sua enorme prima, a Volkswagen. O elefante, que tem como seu maior acionista o rato, tem uma receita 15 vezes maior. Entretanto, o poderoso rato tem margens de lucro fantásticas (sete vezes maior que o elefante) – a melhor do mundo.

Ferdinand Porsche cresceu na Boêmia, em Vratislavice, que atualmente faz parte de República Tcheca. Após aprender seu negócio como diretor técnico da Daimler-Benz, deixou a companhia por não ter conseguido convencê-la a produzir carros pequenos. Aos 55 anos, iniciou sua firma de projetos para todos tipos de veículos e tornou-se um empreendedor carismático e de temperamento quente. Em 1934, o governo alemão solicitou o desenvolvimento de um carro para famílias, barato e confiável. Chamou-o de "carro do povo", o Volkswagen. Em 1948, a Porsche lançou seu primeiro carro independente, o 356. Feito em Stuttgart, na Alemanha, era diferente por sua estrutura de alumínio, motor traseiro, e alcançava grandes velocidades.

Em 1954, a Porsche, agora administrada pelo filho do fundador, também chamado Ferdinand, lançou seu primeiro carro de corridas, o 550, iniciando a criação de sua reputação global. O 911 surgiu logo a seguir, em 1964. Projetado pelo neto do fundador, Bultzi, se tornou uma lenda que permanece até hoje.

Em 1972, quando a família Piech comprou parte da companhia, Bultzi a deixou para formar um estúdio de *design* independente, chamado "Porsche Design".

Os carros caros da Porsche a tornaram vulnerável à saúde econômica global, o que a deixou debatendo-se para a sobrevivência no final dos anos 80 e início dos anos 90. Em 1993, Wendelin Wiedeking, então com 38 anos, tornou-se CEO, cargo que ocupa até hoje.

Wendelin Wiedeking é um apaixonado por carros, tendo aprendido a dirigir com 11 anos de idade, e afirma que colecionou mais de 1500 modelos em sua infância. Naquela época, a Porsche não fazia muito mais do que 15 mil por ano. Wiedeking rapidamente deixou sua marca. Utilizando seu conhecimento em produção, colocou mais foco no negócio, melhorando as vendas e a reputação da marca.

Ele acreditava em clareza, direção, abertura e comprometimento. Enviou seus gerentes ao Japão para estudarem os métodos enxutos de produção. Reduziu drasticamente os custos fixos, dispensou gerentes e introduziu novos modelos. Em 1996, lançou o Boxster e um ano depois um 911 totalmente novo e refrigerado à água. Enquanto isso, ao seu redor, concorrentes como a Jaguar, Lamborghini, Alfa Romeo e Aston Martin estavam sendo engolidos pelos grandes fabricantes tais como a Ford, a Fiat e a GM. A Porsche estava determinada a permanecer independente.

"Somente o tamanho não é pré-requisito para a sobrevivência ou o sucesso" é o que Wiedeking lembra a todos.

Hoje em dia, a Porsche é um *benchmark* de alto desempenho para a toda indústria automobilística. Apesar de a marca do logo do cavalo preto de Stuttgart (a mesma da Ferrari) não ser a maior indústria do setor – é o 34º maior fabricante de carros do mundo –, é a que apresenta melhores retornos a seus acionistas. Com 12 mil empregados produzindo em torno de 100 mil carros anualmente, a Porsche apresentou US$ 1,7 bilhões de lucro decorrentes de US$ 9,1 bilhões de vendas em 2006. A margem de lucro de 19,2% é a maior do setor, comparada, por exemplo, com a de 6,9% da Toyota e 5,9% da BMW.

	Porsche	Volkswagen
Empregados	11.400	325.000
Carros produzidos	102.000	57.000.000
Receitas	US$9,1 bilhões	US$132 bilhões
Margem líquida	19,2%	2,6%

FONTE: *FORTUNE*, 2006

Entretanto, a comparação com a Volkswagen é muito mais significativa. Não somente financeiramente, mas porque reflete a fortuna de duas companhias – uma grande e uma pequena, ambas marcas de sucesso admiradas – que estão entrelaçadas por conexões familiares.

Ferdinand Piech, outro neto do fundador da Porsche, tornou-se CEO da Volkswagen em 1993, após subir os degraus para tornar-se presidente. Enquanto ele se dedica ao sucesso da empresa que produz o tremendamente bem sucedido Golf e que rejuvenesceu o Beetle, sua família – os Porsche e Piechs – são proprietários de 100% da Porsche, o que o torna patrão de Wiedeking.

Mais importante, em 2005 a Porsche assumiu uma parcela de €15 bilhões na Volkswagen por 30% do negócio, e tornou-se sua maior acionista. Wiedeking assumiu uma cadeira na diretoria da Volkswagen e está determinado a introduzir nova energia, e em particular novas ideias de produção, no negócio de baixo desempenho – ele o vê dessa forma. Você pode imaginar a tensão entre esses dois homens, ambos com grandes fortunas e reputações em jogo.

Wiedeking está tranquilo quanto ao relacionamento e ao futuro. Está muito mais interessado no desempenho de sua fazenda de batatas e em sua pequena empresa produtora de calçados feitos à mão. Ele é o executivo com o mais alto salário da Alemanha, tem uma enorme reputação no mundo da produção de automóveis; está explodindo com ideias para o futuro, de modo a impulsionar o desempenho de ambas as empresas.

12.3 PROCURAR A VANTAGEM
Um pouco de mágica faz toda a diferença

Resultados extraordinários raramente aparecem a partir de uma fórmula. Da mesma forma como Einstein, Picasso, Jobs e Buffet, existe alguma coisa incomum que normalmente os impulsiona. Talvez algumas das "peculiaridades" das empresas com melhores desempenhos o inspirem a ousar fazer:

- Shows de Talentos – o processo de entrevistas tradicional está menos preocupado nas suas qualificações e mais interessado em saber se você dança, canta ou representa (First Direct).

- Abraços em Grupo – comece o dia com uma canção, uma anedota, um abraço ou um desafio; todos juntos, ao mesmo tempo, a cada manhã; também significa que as pessoas raramente chegam atrasadas (UPS).

- Paredes para Graffiti – permita que as paredes tornem-se as vozes e mentes das pessoas, de forma a poder expressar seus pontos de vista, ideias, palavras, figuras, de maneira não controlada e instantânea (3M).

- Redes de Prata – mantenha contato com os membros aposentados da equipe, trazendo para a empresa suas competências, contatos, tempo e experiência; ao saírem, dê-lhes um laptop em vez de um relógio (Intel).

- A Rua – leve a cidade ao seu pessoal, de supermercados a lavanderias, dentistas e academias de ginástica, de modo a poupar seu tempo e fazer suas vidas mais fáceis (GSK).

- Kit Catalisador – todos os materiais, dispositivos e ferramentas necessários para estimular novas ideias e articular soluções inovadoras a qualquer tempo e em qualquer lugar (IDEO).

- O Bobo da Corporação – banque o advogado do diabo com suas melhores ideias, esteja pronto para questionar cada decisão e ação e reconheça tal como uma ação positiva (Google).

- Mais Reclamações – estimule as reclamações, imediatamente ou por telefone/email; quanto mais rápido você resolve o problema, mais provavelmente manterá o cliente e aprenderá para a próxima vez (British Airways).

- **Medidas Extremas** – em cada coisa que faz avalie-se obsessivamente em relação aos seus melhores concorrentes, não somente em relação aos concorrentes diretos (Ford).

- **Telefone para o Patrão** – demonstre que você realmente se importa sobre o que os seus clientes pensam, publicando seu telefone residencial no site de seu negócio, apesar de poucos o utilizarem (Midshires).

- **Vença o Plano** – se as equipes de frente conseguem realizar seus trabalhos de forma mais barata ou rápida do que o planejado, divida o ganho com eles: inclua um bônus na sua folha de pagamento ou deixe-os irem para casa mais cedo (Whole Foods).

- **Reuniões de Ação** – não permita que as reuniões de revisão tornem-se meras formalidades; transforme-as em exercícios abertos e seções de inovação (P&G).

- **Bônus por Equipes** – estimule a colaboração em vez de tentar avaliar cada hora e cada ação das pessoas individualmente e instigue com bônus baseado somente nos resultados coletivos (Egon Zehnder).

- **Pressão dos Pares** – quem sabe qual será o melhor líder de equipe? Claro que a equipe. Deixe os pares decidirem quem será o chefe (Pret a Manger).

- **Repartir o Valor** – receber uma participação no negócio como resultado pelo alto desempenho, incentivando o investimento em vez de participação nos lucros. Transformar seu melhor pessoal em proprietários (Microsoft).

Mas a vantagem é realmente você.

Apesar de termos focado nos atributos de negócios do gênio do marketing, em resumo, o desempenho ocorre devido às pessoas. Um indivíduo inspirado no negócio extrai energia de todos os aspectos de sua vida e bem-estar.

Paula Radclife, recordista mundial de maratona, utiliza a analogia das cinco bolas como imagem de seu indescritível sucesso em suas primeiras três maratonas, tirando quase quatro minutos de seu recorde de tempo anterior. Ela empurrou seus limites treinando 150 milhas por semana, levantando pesos bem acima de seu próprio peso e mergulhando em banhos água gelada após cada corrida, de modo a estimular seu fluxo sanguíneo. Tudo isso, entretanto, pareceu perdido já que não conseguiu concluir a Maratona Olímpica de Atenas, em 2004.

Na tentativa de racionalizar sua excelência e seu infortúnio, ela fala que a vida é como fazer malabarismo com cinco bolas no ar. São elas a sua saúde, a família, os amigos, a integridade e a carreira. Essas bolas não são iguais; o importante é lembrar que a carreira é uma bola de borracha, mas as outras são mais frágeis.

Você pode assumir mais riscos com a bola de borracha. Você pode lançá-la cada vez mais alto, porque se você a deixar cair, ela, no final das contas, voltará. Normalmente, essa bola não sofrerá danos de longo prazo. As outras quatro bolas precisam ser acompanhadas com mais carinho. Se você deixar uma delas cair, ela se danificará e poderá inclusive se estilhaçar.

Nos esportes, os atletas constantemente assumem riscos com a bola de suas carreiras, atirando-a cada vez mais alto. Impulsionam-se em direção ao desconhecido de modo a terem vantagem sobre seus concorrentes, empenhando-se para alcançar a excelência e seu limite.

Nos negócios não é diferente. Brian Dyson, o CEO da Coca-Cola Enterprises, utiliza a mesma analogia das cinco bolas para inspirar seu pessoal de marketing a ir além. Ele insiste que seu pessoal reconheça e alcance esse equilíbrio próprio, como um caminho de alcançar a excelência pessoal e de marketing. Ele os incentiva:

> "Não mine seu valor comparando-se com outros. O fato de sermos diferentes torna cada um de nós especial. Não estabeleça seus objetivos pelo que os outros julgam ser importante. Somente você sabe o que é melhor para você.
>
> Não deixe de confiar nas coisas próximas a seu coração. Agarre-se a elas como faria a sua vida, porque sem elas a vida não tem sentido.
>
> Não deixe sua vida escorrer pelos seus dedos vivendo no passado ou para o futuro. Vivendo sua vida a cada dia, você vive todos os dias de sua vida.

Não desista enquanto tem alguma coisa para dar. Nada termina até o momento que você para de tentar.

Não tenha medo de admitir que você é menos do que perfeito. É esse fio frágil que nos mantém unidos.

Não tenha medo de enfrentar riscos. É assumindo-os que aprendemos a ser bravos.

Não tire o amor de sua vida dizendo que é impossível encontrá-lo. A maneira mais rápida de receber o amor é dando-o; a maneira mais rápida de perdê-lo é prendendo-o; a melhor maneira de manter o amor é dando-lhe asas.

Não passe pela vida tão rapidamente a ponto de esquecer não somente onde esteve, mas também para onde está indo. Não esqueça que a maior necessidade emocional de uma pessoa é sentir-se valorizada.

Não tenha medo de aprender. O conhecimento não tem peso. É um tesouro que você sempre pode carregar facilmente.

Não utilize o tempo e as palavras de forma descuidada. Nenhum deles pode ser recuperado.

A vida é uma jornada a ser saboreada a cada passo do caminho."

Radcliffe utilizou a história das cinco bolas tanto nos tempos bons como nos tempos difíceis – para manter um senso de equilíbrio e humildade enquanto o mundo todo ficava abismado por seus desempenhos nas quebras de recordes e para manter o fracasso em perspectiva, de modo a poder se levantar novamente, e em seu caso, reconstruir sua reputação alguns meses depois, vencendo a Maratona de Nova York e tornando-se campeã mundial no ano seguinte.

Insight 36: BERKSHIRE HATHAWAY
Uma palavra final do sábio de Omaha

Ele tocou o ukulele, cantou com frutas dançantes e se apresentou em uma paródia de entrevista com um jogador de basquete da NBA. Foi ainda melhor no ano passado, quando apareceu vestido em uma versão doméstica do Mágico de Oz. Cada ano é diferente, mas os investidores leais, os economistas globais e os curiosos fazem sua peregrinação anual ao surrado teatro no centro de Omaha, Nebraska. Ele chama o evento de "o Woodstock para capitalistas".

Warren Buffet prosseguiu sua performance de entretenimento, respondendo perguntas de seus acionistas. Afinal, esse era um evento formal – o encontro anual da Berkshire Hathaway. Durante 6 horas, o bilionário de 76 anos e seu parceiro ainda mais velho, Charlie Munger, abordaram uma grande diversidade de assuntos internos e externos perante uma multidão de aproximadamente 28 mil pessoas – desde o crescimento de acordos com ações a oportunidades da China e da Rússia, bem como seus planos quando da sua morte.

O assim chamado Oráculo de Omaha é o presidente da diretoria da Berkshire Hathaway – que apresentou uma fenomenal média de 25% de retorno anual aos seus acionistas – nos últimos 25 anos. Cada ação adquirida por US$ 175 em 1978 vale atualmente US$ 110 mil.

Nos primeiros tempos, Buffet focou nos investimentos de longo prazo, em empresas de capital aberto. Recentemente, começou a comprar empresas inteiras. Atualmente, é proprietário de uma gama diversificada de negócios, envolvendo desde confecções à produção de joias, jornais, enciclopédias, móveis domésticos, aspiradores de pó, cerveja, jatos executivos, uniformes e calçados.

A Berkshire Hathaway começou sua vida de charme como fabricante de roupas, fundada em 1839 por Oliver Chase – a Valley Falls Company em Valley Falls, Rhode Island. Em 1929, a empresa se fundiu com a Berkshire Fine Spinning Associates de Massachusetts, formando um negócio têxtil de US$120 milhões, apesar de lutar para manter seu ponto de equilíbrio. Em 1962, Buffet começou a comprar ações da empresa e após alguns confrontos com a família controladora, tinha participação suficiente para assumir o controle. Apesar de manter o controle sobre o *core business*, diversificou em 1967 para o ramo de seguros, adquirindo a National Indemnity Company e a Government Employees Insurance Company, que formam atualmente o núcleo de suas operações de seguros. Também gera o capital necessário para todos seus outros investimentos.

Buffett enviou um "Manual do Proprietário" para todos os acionistas da Berkshire Hathaway, em que estabeleceu 13 princípios relacionados a proprietários, os quais esperava que ajudassem os acionistas a compreender o negócio e sua abordagem administrativa. O manual completo pode ser baixado do site deste livro. Abaixo, estão resumidos alguns dos pontos mais importantes:

"Embora nossa forma seja corporativa, nossa atitude é de parceria... Vemos nossos acionistas como parceiros, enquanto Charlie e eu nos vemos como parceiros gerentes... não pensamos na companhia como proprietária de nossos ativos, mas o conduto pelo qual os acionistas são seus proprietários ... Esperamos que vocês não se encarem como donos de um pedaço de papel, em torno do qual o preço oscila diariamente, nem de uma candidata a uma venda a qualquer momento... mas de uma coisa que sejam donos indefinidamente, da mesma forma como uma fazenda pertence a sua família.

A maior parte de nossos diretores têm a maioria de seus patrimônios líquidos investidos na empresa. Nós comemos o que cozinhamos. A família de Charlie tem 90% do seu patrimônio líquido em ações da Berkshire. Eu tenho 99%. Muitos de nossos parentes – minhas irmãs e sobrinhos – fizeram o mesmo. Nos sentimos totalmente confortáveis com essa situação de todos os ovos em um cesto só, porque a Berkshire é proprietária de uma grande variedade de negócios extraordinários... Não podemos lhes prometer resultados, mas podemos garantir que suas fortunas financeiras se moverão da mesma forma que as nossas.

Nosso objetivo econômico de longo prazo é maximizar a taxa média anual de ganhos no valor intrínseco dos negócios, calculado por ação... Nossa preferência seria alcançar esse objetivo pela propriedade de negócios que gerem caixa e rendimentos acima da média dos ganhos de capital... Nossa segunda escolha é sermos proprietários de partes de negócios fabulosos similares, obtidos pela compra de ações através de nossos negócios subsidiários de seguros... De um modo geral, a Berkshire e seus acionistas se beneficiam de um mercado acionário em queda – não entre em pânico ou lamente – é uma ótima notícia para nós."

A participação da Berkshire em ações de outros negócios (em 31 de dezembro de 2006) inclui:

	Participação	Valor de mercado	Crescimento dos ganhos
American Express	12,6%	US$9,22 bilhões	18%
Coca-Cola	8,6%	US$9,7 bilhões	9%
Wells Fargo	6,5%	US$7,8 bilhões	8%
Procter and Gamble	3,2%	US$6,4 bilhões	11%

FONTE: BERKSHIRE HATHAWAY

Buffet descreve os CEOs das companhias nas quais investe como as pessoas que mais admira – pessoas como Ken Chenault, Jeff Immelt e A.G. Lafley –, mas não acredita que poderia fazer o trabalho como eles. "Não gostaria de muitas obrigações que vêm junto com suas posições – reuniões, palestras, viagens ao exterior e relações com os governos."

Diz ainda "para mim, Ronald Reagan sabia das coisas quando dizia 'Provavelmente é verdade que o trabalho duro nunca matou ninguém – mas por que assumir este risco?'". Por essa razão, ele escolhe o que chama de "caminho fácil" – cruze os braços e trabalhe com os grandes gerentes, que fazem o show. Ele vê sua tarefa como sendo a de animá-los, enquanto dá forma a seu próprio negócio, tomando as decisões certas de investimentos.

Suas estratégias de investimentos, assim como seus valores pessoais, estão decididamente fora do contexto. Rejeita os artifícios complexos dos *day-traders* e dos fundos hedge, em vez disso, baseando sua escolha de negócios no senso comum, informação e intuição – é famoso por dizer que não entende de tecnologia e ainda prefere evitar investir nela. Seu jeito de identificar empresas subavaliadas, com baixos custos fixos e grande potencial de crescimento é famoso. Ele as compra barato e as observa crescerem.

Seu humor folclórico e o fato de tocar ukelele demonstram que ele não é um presidente ou um investidor bilionário comum. Ainda mora na casa cinza de estuque que comprou quando tinha 20 anos, por US$ 31 mil. Janta hamburguers e Coca-Cola, joga bridge com Bill Gates e frequentemente cita Mae West. Não utiliza a Internet e somente recentemente comprou um telefone móvel. Sua única extravagância é sua afeição por viagens aéreas de luxo e seu jato Gulfstream IV-SP.

Apesar de sua excentricidade e objetividade, ele é um dos mais respeitados líderes de negócios, e suas cartas anuais aos acionistas são lidas por milhões de pessoas por seus insights e inspiração. De acordo com a revista Forbes, sua fortuna pessoal é estimada em US$ 52,4 bilhões, tornando-o um dos três homens mais ricos do mundo, dependendo da alta ou da queda das bolsas mundiais. Recentemente, destinou grande parte de sua fortuna à caridade, doando US$ 30 bilhões à Bill & Melinda Gates Foundation.

Ele terminou sua carta de 2007 aos acionistas com uma nota pessoal:

"Charlie e eu temos uma sorte extraordinária. Nascemos nos Estados Unidos, tivemos excelentes pais que nos deram boa educação, convivemos com famílias maravilhosas, temos muita saúde e viemos dotados com um 'gene' para os negócios que nos permite prosperar de uma maneira desproporcional em relação a outras pessoas que contribuem tanto quanto ou mais para o bem-estar de nossa sociedade. Além do mais, trabalhamos com o que amamos, no qual somos ajudados diariamente de inúmeras formas por associados talentosos e alegres. Por essa razão, vamos ao trabalho dançando sapateado. Mas nada é mais divertido para nós do que nos reunirmos com nossos acionistas-parceiros no encontro anual da Berkshire – nosso Woodstock de Capitalistas. Até lá.

Warren E. Buffett, Presidente do Conselho."

O Laboratório
do Gênio

O Laboratório do Gênio

"Nunca trabalhei um dia em minha vida, foi tudo diversão."

Thomas Edison

A busca de alto desempenho envolve uma grande quantidade de desafios, seja você o líder de um negócio pequeno ou grande. Se considerarmos uma definição de gênio como a pessoa com habilidade de manter em sua cabeça, ao mesmo tempo, duas ideias conflitantes, você provavelmente sentirá que muitas vezes precisa ser um gênio.

Do empreendedorismo ao crescimento, da estratégia à inovação, dos clientes às propostas, das mudanças ao desempenho, exploramos os desafios essenciais aos negócios.

Eu realmente acredito que um negócio pequeno pode adotar tantas ideias quanto um negócio grande, e mesmo que pareçam ideias de grandes empresas, as pequenas organizações podem aproveitar as oportunidades implantando-as mais rapidamente e melhor do que gigantes desajeitados que lutam para mudar suas organizações.

A CRIAÇÃO DO GÊNIO
Como você pode se tornar um "gênio dos negócios"

Começamos explorando o gênio como os quatro pontos de equilíbrio – no nível pessoal, juntando as formas de raciocínio dos hemisférios esquerdo e direito, ideias radicais e ação prática; no nível organizacional, conectando a visão do futuro para o presente com a do agora em diante e as abordagens de fora para dentro e de dentro para fora. Em cada etapa, avaliamos como essas dimensões podem apresentar abordagens mais inteligentes e criativas ao negócio.

Apêndice **333**

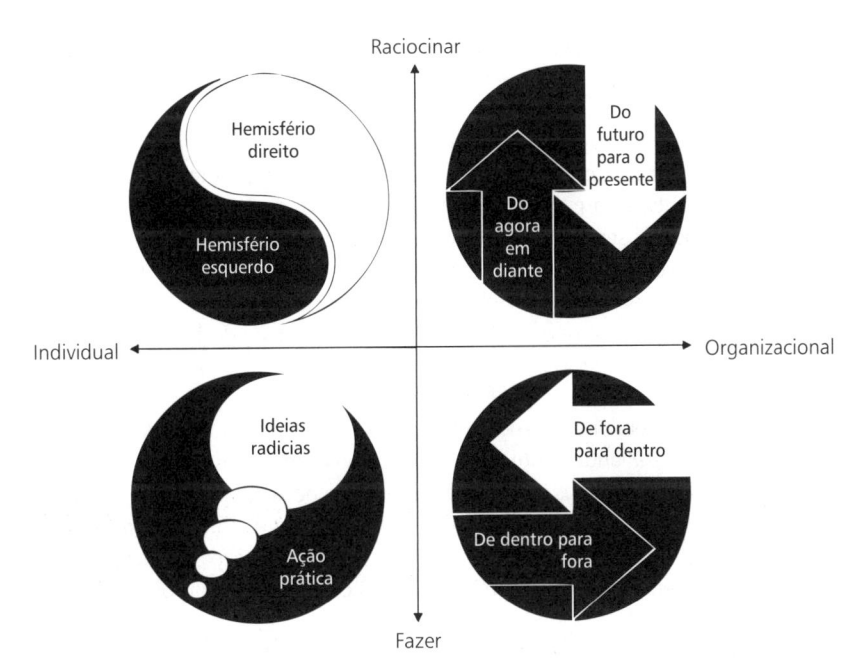

AS QUATRO DIMENSÕES DO "GÊNIO"

Entretanto, vale a pena voltar um pouco mais para trás para relembrarmos como o "gênio" apresentou resultados extraordinários em outros momentos da vida, bem como as abordagens fundamentais que essas pessoas que mudam o mundo bravamente abraçaram. Os gênios normalmente são:

1 **Originais.** Um gênio começa com a mente aberta, livre de convenções, assumindo novas perspectivas, desmontando um problema e o reconstruindo de uma maneira melhor. Muitas grandes ideias foram rejeitadas porque não se enquadraram no raciocínio convencional, acusadas de "não práticas" ou "à frente de seu tempo". Como, por exemplo, os fabricantes de relógios suíços que rejeitaram a ideia de que essas máquinas do tempo pudessem ser construídas com eletrônica em

vez de engrenagens e molas. Pense nos fabricantes de *floppy disks*, que não perceberam a ruptura vindo na forma de CDs e de *drivers* USB.

2 **Consciente.** Um gênio tem um estado de consciência excepcionalmente elevado, uma maior consciência do que está acontecendo e procura padrões da mesma forma como um detetive. Alguns dos melhores insights se formam a partir da observação, e não da inquisição, da mesma forma como um antropólogo observa e reflete o que está acontecendo. Isso é muito útil quando não existe linguagem ou lógica para explicar o fenômeno ou o comportamento. Assim como muitos outros médicos, Alexander Fleming encontrou mofo em suas culturas médicas. Mas, ao invés de simplesmente jogá-las fora, pensou no que causava isso, uma curiosidade de observação que o levou à descoberta da penicilina.

3 **Analíticos.** Um gênio irá debruçar-se sobre um problema ou uma ideia de forma progressiva, rigorosa e criativa, desafiando a lógica matemática ou científica. Apesar do gênio atingir novos níveis ou dimensões através de saltos criativos, ainda existe a necessidade de haver lógica em termos práticos. Frequentemente, isso exige lógica mental pura, já que as fórmulas matemáticas ou os princípios científicos podem estar baseados em premissas falsas. Avanços raramente são alcançadas por derivação das convenções, mas exigem que o novo conceito seja comprovado.

4 **Criativos.** Um gênio está sempre aberto às possibilidades, procurando resolver o problema através de hipóteses, dando um salto mental e então vendo se são verdadeiras ou não. Einstein frequentemente saía de suas derivações matemáticas para brincar com uma possibilidade que então procurava provar ou não. A derivação lógica o levará a algumas avenidas de raciocínio, que dependem de onde você começa. Ter constantemente a curiosidade e a confiança de perguntar "e se?" em vez de procurar a segurança do que está próximo ou é conhecido.

5 **Duais.** Um gênio pode pensar em paralelo, tolerar incoerências aparentes, juntar opostos e conectar o que está desconectado. Frequentemente, as novas soluções são contraditórias com as convenções ou mesmo com elas próprias. F. Scott Fitzgerald definiu que o que torna uma mente

de primeira classe é a "habilidade de manter duas ideias opostas ao mesmo tempo". Niels Bohr, físico dinamarquês, imaginou como a luz podia estar em dois estados, como partículas e como ondas. Isso parecia totalmente contraditório, mas sua descoberta dos fótons, partículas intangíveis que se comportam como ondas, levou à teoria da complementaridade. Da mesma forma, da Vinci combinou o som de um sino com as ondulações provocadas quando uma pedra atinge a água para chegar à ideia de que o som se propaga em ondas.

6 **Holísticos.** Um gênio pode ter uma perspectiva mais abrangente de um problema holístico no contexto de seu ambiente e juntar suas inúmeras partes. Einstein juntou diferentes pontas de fios do nosso mundo natural e uniu diversos atributos aparentemente diferentes, tais como energia, massa e velocidade da luz. O trabalho abstrato de Picasso procurou representar muito mais do que uma simples imagem. Seus trabalhos construíram personalidade, contexto, sentimentos e visão em suas observações. Procurou provocar pensamentos mais profundos e holísticos, em vez de simplesmente replicar o que viu. De fato, a habilidade de ver o todo, ou de preencher os espaços, frequentemente significa que o gênio "vê tudo o que as demais pessoas veem, mas pensa no que ninguém pensou".

7 **Prolíficos.** Um gênio procura por muitas soluções – em vez de procurar somente uma –, construindo ou desafiando cada uma delas, constantemente buscando uma solução mais perfeita. Um gênio tem a mente constantemente ativa e fértil; a grande quantidade de *outputs* pode ser intimidadora, razão pela qual muitas vezes passam anos até que sejam identificadas as melhores alternativas. Mozart compôs 600 peças musicais; Bach, uma a cada semana, mesmo quando doente. Einstein publicou 148 trabalhos, embora seja mais conhecido por seus primeiros. Inicialmente, a grande quantidade de trabalhos de Picasso em seus últimos anos foi considerada como a senilidade de um homem que tentava maximizar seu legado; entretanto, muitos anos depois, passou-se a reconhecer que seu período mais produtivo também foi o mais criativo.

8 **Pragmáticos.** Um gênio reconhece que ideias e soluções abstratas são de pouca utilidade, que a teoria ou o conceito devem ter aplicação real e que também devem ser práticas e úteis. Um gênio está constantemente pensando, explorando, inventando e descobrindo. Entretanto, um gênio so-

mente é gênio se consegue transformar a ideia em ação prática e adicionar a ela valor de alguma forma. Edison detinha 1093 patentes americanas, mais do que qualquer pessoa até o presente momento, e exigia de si mesmo uma pequena invenção a cada 10 dias e uma maior a cada 6 meses. Da mesma forma, os empreendedores mais bem-sucedidos apresentarão muitos fracassos antes de se tornarem bem-sucedidos, e a maioria dos inovadores desenvolverá muito mais novas ideias do que verão sucesso comercial.

9. **Visuais.** Um gênio consegue expressar suas ideias mais claramente – de forma visual, através de diagramas e analogias –, de modo que a complexidade faça sentido de formas mais compreensíveis. A explosão criativa do Renascimento foi marcada por uma grande quantidade de desenhos e diagramas, forma como Galileu e da Vinci ilustraram graficamente suas ideias revolucionárias. Elas prendiam a imaginação das pessoas melhor do que palavras e números. As figuras permitem que as conexões sejam feitas mais rapidamente, os conceitos sejam demonstrados mais facilmente e o sistema holístico seja explicado.

10. **Crentes.** Um gênio deve ter força interior, crença e confiança para permanecer fiel ao que acreditam, apesar dos desafios das convenções e dos colegas. De Galileu a da Vinci, de Einstein a Picasso, os gênios precisam da força interior da convicção para defender ideias e ações radicais e que estão contra o conhecimento dado, que desafiam o *status quo* e que poderiam se tornar conciliatórias por uma pessoa menos determinada. Ao longo do caminho, é raro as pessoas gostarem imediatamente de uma grande mudança em seu meio, práticas ou crenças. Preferimos a segurança e a conveniência do que conhecemos em vez do que não sabemos. Mas, gradualmente, vemos a possibilidade, a lógica e os benefícios do pensamento diferente, passamos a aceitá-lo e, por fim, nos engajamos. Frequentemente, o gênio vê além do dia de hoje, e lentamente as pessoas o seguirão e adotarão o que é novo, diferente e melhor.

O gênio precisa se sobressair nos negócios pela fusão da inteligência com a imaginação. Os novos líderes de negócios trabalham com seu pessoal de modo a focar e ampliar essas características a tudo o que fazem. Conectam ideias com ações, apresentando resultados extraordinários, acelerando o crescimento e criando valor superior. Eles criam uma organização inspirada.

Business Brainscan

Avaliando e construindo o negócio de alto desempenho

O *Business Brainscan* (Tomografia dos Negócios) é uma abordagem diagnóstica para a compreensão de como você e sua equipe podem adotar o equilíbrio e estender as abordagens mais criativas e inteligentes a cada aspecto fundamental do negócio.

Ela combina *workshops* em equipes e avaliações pessoais, que medem o desempenho atual e o potencial futuro, identificando pontos fortes e fracos, tanto individual como coletivamente.

Juntos, definimos onde estão as questões e oportunidades para um alto desempenho, dentro de sua equipe e dentro de cada pessoa. Ao alinhar essa análise de *gap* com a estratégia e as prioridades de seu negócio, construímos, de forma colaborativa, um programa de ações de desenvolvimento que serão relevantes e valiosas para você. Você pode acompanhar o progresso e avaliá-lo periodicamente, refocando-o, se necessário, para obter resultados.

O ponto inicial são as quatro dimensões do gênio, as quatro fusões ou avaliações que atingem os níveis organizacional e individual:

O TEMPO DO GÊNIO = DO FUTURO PARA O PRESENTE + DO AGORA EM DIANTE

Esse é o horizonte de tempo pelo qual uma organização explora e define para onde está indo.

Sua organização guia estratégia e inovação pela exploração de possibilidades futuras ou pela evolução cega e incremental do ponto em que está hoje? Qual é a importância do longo e do curto prazos no processo decisório de investir, medir e reportar o crescimento? Você trabalha para maximizar o valor de longo prazo ou a lucratividade de curto prazo?

Negócios de alto desempenho exigem muitas perspectivas, mas a perspectiva do futuro para o presente é a mais importante e é o contexto em que se age de agora em diante.

O ESPAÇO DO GÊNIO = DE FORA PARA DENTRO + DE DENTRO PARA FORA

Essa é a orientação pela qual uma organização percebe e responde ao cliente.

Sua organização começa raciocinando de fora para dentro ou de dentro para fora? Seu negócio é impulsionado pelas oportunidades e desafios do mercado, ou pela eficiência e melhoria de suas competências? Sua empresa faz negócios quando, onde e como os clientes querem, ou prefere fazê-lo da maneira que seja mais conveniente e eficiente para si própria?

Negócios de alto desempenho exigem as duas orientações, entretanto, a perspectiva de fora para dentro é a força impulsora primária nos mercados de hoje.

O RACIOCÍNIO DO GÊNIO = HEMISFÉRIO ESQUERDO + HEMISFÉRIO DIREITO

Essa é a atitude mental pela qual um indivíduo percebe questões e as compreende.

Você começa pensando racionalmente ou criativamente? Você analisa rigorosamente fatos específicos ou explora as possibilidades e o quadro mais amplo? Seu raciocínio é linear e progressivo, quantificando questões e oportunidades, ou é mais holístico e aleatório, vendo as possibilidades e enxergando o todo?

Pessoas de alto desempenho requerem ambas as atitudes mentais, apesar de o hemisfério direito criar os saltos quantitativos e a diferenciação que, de outra forma, não existiriam.

A AÇÃO DO GÊNIO = IDEIAS RADICAIS + AÇÃO PRÁTICA

Esse é o desvio de ações pelo qual um indivíduo dá respostas a questões e agrega valor.

Você tem uma maior tendência para ideias ou ações, de modo a contribuir mais com a força de seu raciocínio ou com a aplicação prática de ideias, tornando-as ações de negócios efetivas? O resultado de seu raciocínio é mais visionário, inovador, estratégico e de longo prazo ou mais alicerçado no dia de hoje, no tático ou no curto prazo? Você tem a autoconfiança e a determinação de fazer grandes coisas acontecerem?

Pessoas de alto desempenho exigem os dois tipos de ação, com a habilidade de criar novas ideias radicais e que possam ser implementadas com sucesso.

Um "gênio" dos negócios deve adotar os extremos e alcançar um novo equilíbrio em todas essas quatro dimensões. Não existe muita razão em se ser bom em um extremo (o negócio analiticamente mais atual, estruturado e avaliado) à expensa de outros (se não existe paixão, energia, mágica).

O equilíbrio, assim como nos famosos yin-yang, decorre de reforço positivo, não da neutralização. Envolve mais garantir que 1+1=3 do que 1-1=0.

O preceito fundamental no qual Einstein baseou sua compreensão do mundo físico foi o de "espaço-tempo". Ele mostrou que a distância e o tempo estão ligadas, que podem influenciar uma à outra, podem ser trocadas ou podem igualmente ser juntadas de forma a suportarem uma à outra. O "espaço-tempo" das organizações e, da mesma forma, o "pensar-fazer" dos indivíduos são as plataformas a partir das quais podemos criar soluções novas e incomuns, e motivo pelo qual é razoável procurar resultados acima dos comuns.

ORGANIZAÇÕES DE ALTO DESEMPENHO

Se juntarmos as dimensões "espaço-tempo", relacionadas a uma organização equilibrada e inspirada, podemos então levar em consideração as atividades que precisam ser avaliadas de forma mais prática.

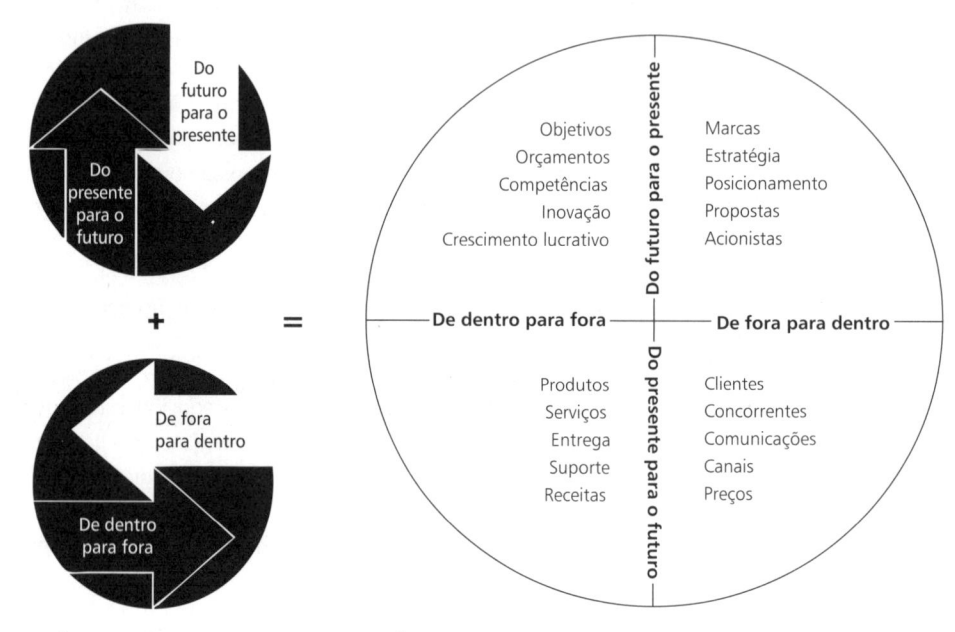

AS DIMENSÕES DE "ESPAÇO-TEMPO" DAS ORGANIZAÇÕES DE ALTO DESEMPENHO

Negócios de alto desempenho trabalham em todos os quadrantes, embora alguns sejam menos frequêntes do que outros. As estratégias de formatação do mercado (FD + FP) emergem de um quadrante, mas a organização precisa ser bem-sucedida hoje, tanto em termos de eficiência (DF + PF) como em vendas (FD + PF). Enquanto o negócio precisa de estabilidade e evolução (DF + FP), é a perspectiva de mercado que mais importa e na qual o marketing pode agregar valor de forma significativa, tornando-se o impulsor do foco e da direção do negócio.

As marcas (FD + FP) são construídas ao longo do tempo como reflexo das necessidades e aspirações de um público escolhido, e não de uma empresa ou de seus produtos. Esses públicos sustentam mais do que os produtos que os servem. A entrega operacional (FD + PF) se inicia por necessidades específicas dos clientes, dentro do contexto competitivo de hoje.

O desempenho é medido em termos do valor de longo prazo agregado para os *stakeholders*, principalmente os acionistas (FD + FP). Isso somente acontece pela criação de valor num ciclo mutuo de reforço para os clientes, impulsionando margens melhores e crescimento sustentável. Também é importante o fluxo de caixa (DF + PF), mas somente como um meio para esse fim, trabalhando em dobro para apresentar o hoje, enquanto cria o amanhã.

PESSOAS DE ALTO DESEMPENHO

As dimensões do "pensar-fazer" focam na maneira pela qual o indivíduo percebe e responde aos desafios e oportunidades do negócio.

Apêndice

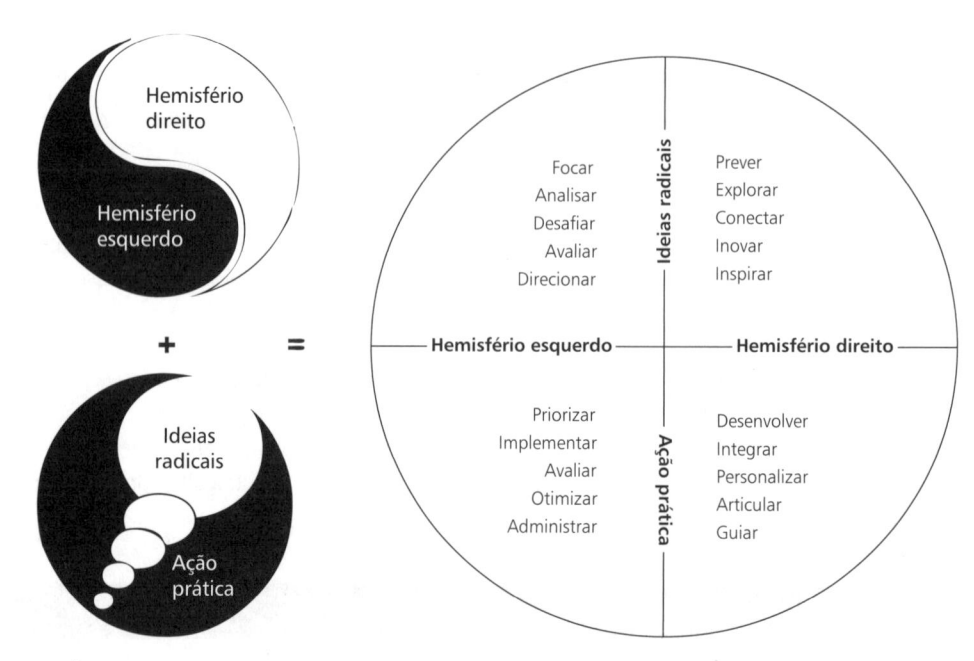

```
                    Focar        | Prever
                    Analisar     | Explorar
                    Desafiar     | Conectar
                    Avaliar      | Inovar
                    Direcionar   | Inspirar
         Ideias radicais
   ── Hemisfério esquerdo ──┼── Hemisfério direito ──
         Ação prática
                    Priorizar    | Desenvolver
                    Implementar  | Integrar
                    Avaliar      | Personalizar
                    Otimizar     | Articular
                    Administrar  | Guiar
```

AS DIMENSÕES "PENSAR-FAZER" DAS PESSOAS DE ALTO DESEMPENHO

As pessoas de alto desempenho trabalham nos quartro quadrantes, embora suas competências pessoais e preferências de trabalho possam estar mais em algumas áreas em vez de outras, mas são complementadas por outros membros da equipe.

Talvez ainda mais importantes sejam os aspectos pelos quais as pessoas foram condicionadas a pensar que são os mais importantes nos quais focar. A convenção sugere que as pessoas radicalmente criativas lutam para que suas ideias aconteçam na prática, e que as pessoas muito analíticas não têm um pensamento inovador. Isso é bobagem e, embora estereótipos sejam difíceis de quebrar, o impacto de pessoas que podem conectar essas anomalias percebidas falam por si mesmas.

O desenvolvimento de estratégias de mercado através da análise rigorosa (IR + HE) será sempre limitada pelo contexto. Sabemos que mercados vizinhos rapidamente se fundem com os mercados existentes, exigindo uma mente exploratória (IR + HD) para que seja possível enxergar o todo. Claro que a complexidade pode ser analisada pelos seus inúmeros componentes, mas se eles não estão conectados (IR + HD), não farão muito sentido.

O sucesso somente pode ser alcançado se as ideias radicais tornarem-se realidade. A implementação não pode ser um processo padrão (HE + AP) em mercados competitivos. Ela precisa ser constantemente repensada e ser criativa. Anteriormente, as pessoas dependiam de planilhas e consultores para obterem resultados. Agora, precisam assumir a liderança (HD +AP), mas o foco deve estar na integração, de modo a juntar ideias e pessoas para criar iniciativas e soluções que tenham maior impacto.

A liderança está em todos os quadrantes, agregando valor de diferentes maneiras a cada um.

AVALIANDO SEU POTENCIAL DE "GÊNIO"

O processo real de diagnóstico está baseado na avaliação dos desempenhos atuais e futuros de cada fator de raciocínio/inteligência apresentados na parte inicial de cada capítulo deste livro. Esses fatores estão calibrados para mapear os desempenhos individuais e coletivos.

Os atributos resultantes de seu *Business Brainscan* são apresentados pela combinação de suas prioridades estratégicas com o conjunto total de características. Os perfis atuais e futuros permitem a análise de *gap*, que conduz as prioridades para a ação. O mapa é importante e prático para você e seu negócio, criando um plano de ação que pode envolver um novo foco para a atividade, novas estruturas de equipes, recrutamento e novas práticas de trabalho.

Apêndice

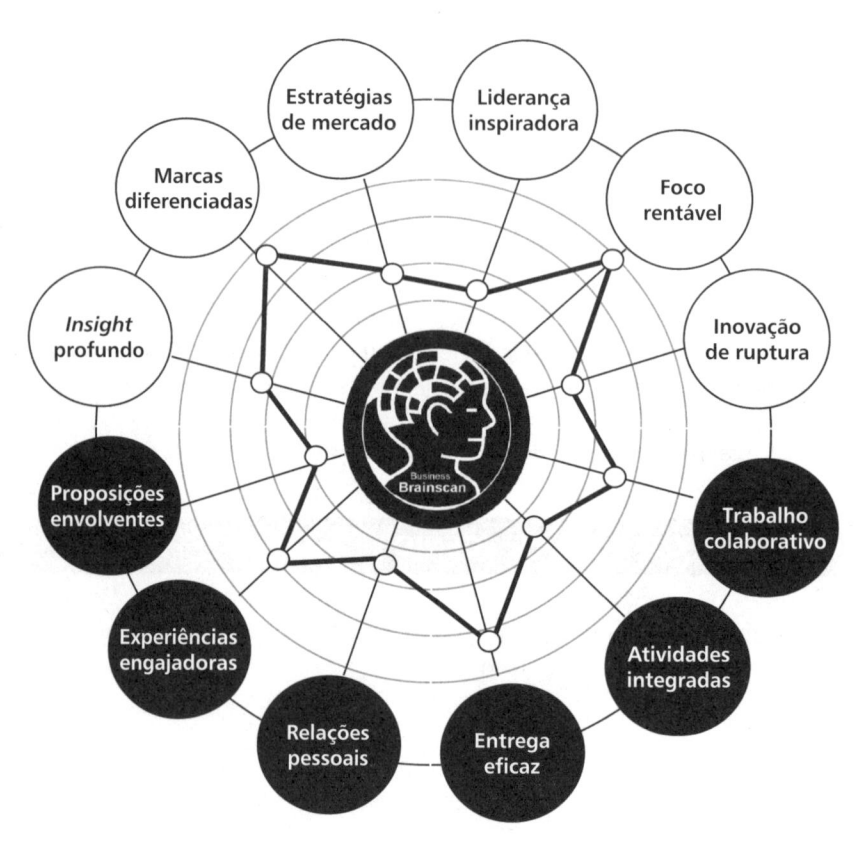

O *BUSINESS BRAINSCAN* PARA EMPRESAS

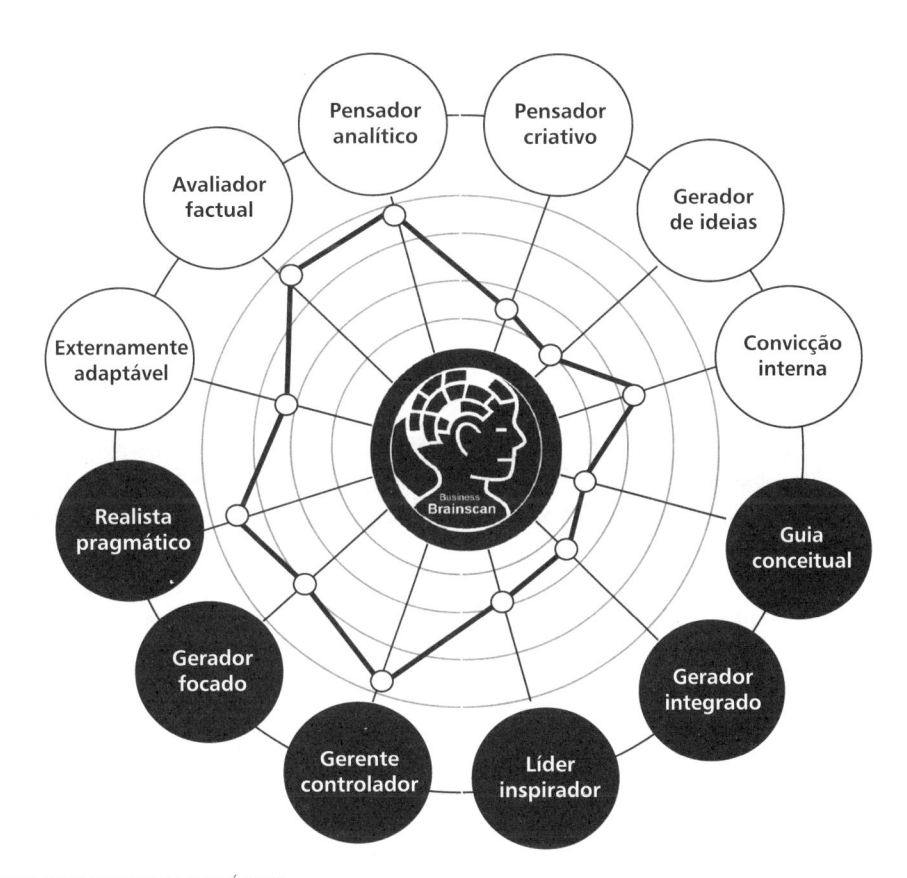

O *BUSINESS BRAINSCAN* PARA INDIVÍDUOS

Acima de tudo, o *brainscan* inspira o negócio como um todo – a elevar seu jogo a trabalhar olhando para frente e não para baixo, a formatar os mercados em vez de ser moldado por eles e a ser ousado, audaz e brilhante.

Apêndice

> **Mais sobre gênios**
> # Ideias inspiradoras e ação diária

Um livro é somente um começo. Com sorte, ele irá apresentar novas ideias, o fazer pensar de forma diferente, ajudar a transformar ideias em realidade e o inspirar a executá-las de maneiras extraordinárias. Existe uma variedade de outras fontes de "gênio" para auxiliá-lo.

GENIUS LIVE
Atualização das melhores ideias de todo o mundo

Dos Crocs ao Umpqua Bank, os negócios são uma história viva e mutante. Inspire-se com o novo gênio: as novas ideias no momento que emergem, as melhores práticas à medida que evoluem, as pessoas e histórias que o inspiram a pensar de forma diferente. Visite o site thegeniusworks.com para atualizações em tempo real:

Genius Blog

As melhores histórias de yin-yang de todo mundo. Um diário em tempo real de novas experiências de ambientes de negócios incomuns. Lembre-se, as ideias encontram-se nas margens, não na corrente principal. Aprenda sobre os empreendedores do Báltico, as últimas tendências da tecnologia ou as marcas de pessoas famosas de Los Angeles.

Genius Events

Um programa contínuo de palestras inspiracionais, *workshops* e aulas com especialistas de todo mundo – explorando as novas questões de negócios, o desafio dos clientes, como projetar o negócio do futuro para o presente e como você também pode se tornar um gênio dos negócios.

Genius Downloads

Mais de 250 downloads grátis, incluindo as últimas pesquisas e tendências, estudos de casos e relatórios, tudo em um só lugar – a melhor coleção de trabalhos de ponta em estratégia, liderança, clientes, marketing, crescimento, inovação, pessoas e desempenho.

TRABALHOS DE GÊNIO
Suporte prático para fazer as ideias acontecerem

Não é fácil ampliar a sua mente; pense em novas maneiras ou desafie suas convenções de dentro para fora. É preciso o ambiente, os processos e o suporte certos para fazê-lo. Uma quantidade de abordagens práticas de "gênio" pode ajudá-lo a guiar as questões de negócios e oportunidades. Veja o site www.thegeniusworks.com para informações adicionais.

The Fusion Lab

Um evento criativo com duração de três dias que inspira seu pessoal a pensar criativamente – para desafiar, formatar, inovar e focar estratégias de negócios e propostas de clientes. O laboratório é construído em um ambiente dinâmico e interativo, onde as pessoas trabalham rápida e colaborativamente para ir além da normalidade.

Business Accelerator

Uma estratégia intensiva e um processo de inovação que permitem desenvolver rapidamente planos de negócios ou de mercado em um ambiente estruturado e dedicado – em vez de levar três meses para completar os planos, envolva os gerentes ativamente e faça tudo em duas semanas.

The Fast Track

Explore as mais recentes ideias e as melhores práticas emergentes nas áreas de estratégia, liderança, clientes e inovação – uma série de *workshops* de desenvolvimento com duração de um ou dois dias que combinam pensamento inspiracional com aplicação prática.

LIVROS DE GÊNIO
Mais insights e ideias para auxiliá-lo a pensar de forma diferente

Você pode explorar mais ideias e insights de "gênio", de Peter Fisk. Cada um combina uma abordagem mais inteligente e criativa a aspectos específicos dos negócios, explorando as ideias emergentes e as melhores práticas de todo mundo.

Marketing Genius[1] – como competir utilizando os hemisférios direito e esquerdo do cérebro

O marketing é a parte mais importante e excitante dos negócios atualmente; as marcas e relacionamentos são os ativos mais valiosos, envolvendo os clientes e produzindo diferenciação.

Da Apple à Coca-Cola, da Jones Soda à Virgin, exploramos como formatar novos mercados à sua visão e construir marcas e soluções a clientes que apresentam resultados extraordinários.

Customer Genius – como fazer negócios de fora para dentro

Torne-se um negócio centrado no cliente – utilize sua inteligência e imaginação para atrair, servir e reter clientes, onde, quando e como eles querem. Da Amazon à Best Buy, da Toyota à Singapore Airlines, exploramos como engajar clientes de modo mais pessoal e efetivo através de suas experiências e dentro de suas comunidades.

---

[1] Publicado no Brasil sob o título *Gênio do Marketing* pela Bookman Editora (2008).

Creative Genius – como inovar do futuro para o presente

A inovação estratégica transforma negócios e mercados, explorando o poder da criatividade e do design. Exploramos as quatro zonas criativas dos negócios e de que forma você pode combinar a inteligência da P&G com a imaginação da D&G, a cultura criativa do Google e as práticas inovadoras da Zara, de modo que as melhores ideias aconteçam.

Índice

ABC, canal de televisão 133
Aceleração do crescimento 55-58
Acionistas 42-43
American Express 228
Anderson, Chris 244
Apple Computer 19, 53, 161-162, 175, 236
    lançamento de produtos 93-94
    origem e desenvolvimento 92-94
    sucesso 92-94
Apple PowerBook 229
Armstrong, Neil 176

Bach, J.S. 335
Bain & Co. 120
Bang & Olufsen (B&O) 215-218
Barcelona, FC (Barça) 209-212
Bedbury, Scott 40
Berkshire Hathaway 325-326
    controle acionário 327-328
    manual do proprietário 327
    origem e desenvolvimento 326
Bernat, Enric 225-226
Black & Decker 179
BMW 181, 208
Boedecker, George 37

Boeing 50, 52
Bohr, Niels 335
Bono, Edward de 181-182
Boston Consulting Group 120
BRANDchild 82
Branson, Richard 22, 95, 103
BRIC, Nações do 73
Brin, Sergey 268, 270
British Airways 178, 181, 322
Buckley, George 178
Buffett, Warren 104, 325-329
Burnett, Leo 79
Business Brainscan 337
  ação do gênio 339
  avaliação do potencial de gênio 343-345
  espaço do gênio 338
  organizações de alto desempenho 340-341
  pessoas de alto desempenho 341-343
  raciocínio do gênio 338-339
  tempo do gênio 337-338

cadeia de lucro-serviço-pessoas 263
cadeias de fornecimento 85

capital intelectual
    cliente 309
    estrutural 309
    humano 309
Carlson, Jan 237
Christensen, Clay 178, 180
Chupa Chups 225, 227
CincoC, líder
    catalisador de mudanças 105
    coach para o alto desempenho 106
    comunicador 105
    conector de pessoas 106
    consciente dos negócios 106
Cirque du Soleil 171-173
Cisco Systems 52, 275
cliente, capital de 309, 311
cliente, papel do 234
    complexidade 234
    contexto 234
    desafio 235
    mensagem central 235
clientes
    abordagem inteligente e criativa, 195
    ambíguos/inconsistentes 196
    campo de trabalho da GE 61

Índice

confiança 197
diferente/individual 196
estereótipos 197
expectativas 42
experiência de marca 234-237
fazer negócio nos termos do cliente 195-198
insights 198-202
lealdade 43
ligação com empregados 266-267
padrões de vida 196-197
parâmetros relacionados ao desempenho 317-318
perspectiva de 206-209
pesquisa 200-201
pirâmides energizadoras 201
poder 195-218
questões éticas 197
relevância/valor das marcas 227-232
segmentar/focar 196, 199
clientes, redes de 247-249
Coca-Cola 51, 134-135, 236, 324
companhias heróis 144
complexidade 117
comunicação 26-27
 interna 267
concorrência 117
Corporate Leadership Council 262
crescimento orgânico 41, 50, 59-60, 146-147
Crocs
 crescimento 37-38

fenômeno global 38-39
origens 37
valor de marca 39-40
Current TV 249-251
custo de capital 45-46

Davis, Ray 104, 106
Dawkins, Richard 235
de fora para dentro, de dentro para fora 21, 194
 abordagem inteligente e criativa 195
 centrado no cliente 213-215
 conexão de marcas 234-237
 conexão marca-pessoas 221-225
 insights dos clientes 198-202
 marketing de rede 251-253
 perspectiva do cliente 206-209
 poder das redes 243-244
 poder do cliente 195-218
 proposições de marca 219-240
 redes de clientes 247-249
 redes de mercado 241-257
 relevância/valor da marca 227-232
De Sole, Domenico 162-164
Delta Airline 52
desempenho
 analogia das cinco bolas 324-325
 buscando os limites 318-325
 entrega 307-329
 gerenciando para o alto desempenho 315-319

medindo e gerindo 308
parâmetros relacionados a clientes 317-318
pessoas 322-325
Diageo 144-145, 316
 componentes de definição 144-146
 crescimento orgânico 146-147
 embalagens 147
 inovação 147
 liderança de mercado/classificação de parcerias 147-148
 quadro estratégico 144-145
Diesel
 origem e desenvolvimento 202-206
 produto de estilo de vida 203-204
dimensão espaço-tempo 339-341
diretor comercial 55
Disney *veja* Walt Disney Company
do futuro para o presente, do agora em diante 122 114
 abordagem inteligente e criativa 115
 conceitos 173-191
 crescendo com a vizinhança 125-133
 desafios e oportunidades 117-118
 diferentes perspectivas 167-173
 escolhendo mercados 133-138
 espaços em alta, bons e vazios, 118-124
 fazer as escolhas certas 148-157
 improvisar 157-164

Índice

inovação 165-191
   mercados e comunicação 116-117
   moldando o futuro 139-164
   negócios com propósitos elevados 141-148
Drucker, Peter 178
Dyson, Brian 324
Dyson, James 178

econômicas, bolhas 83-84
econômico, valor 44-46, 55-58
Edison, Thomas 336
Edwards, Jeff 48
Egon Zehnder 323
Einstein, Albert 335-336
empregados, marca de 265-267
empregados 42-44
   comprometimento com 262-264
empresa, valor da 308
empresários
   ativos 86
   características 96-97
   como líderes de negócios 103-107
   elementos 95
   paixão por criar 98
empresas conscientes 144
empresas de qualidade 144
empresas desafiadoras 143
empresas exploradoras 143
empresas servidoras 144
estilo de vida de trabalho 272-276
estratégia
   abordagem inteligente e criativa 139

alto propósito 141-144
   corporativa 148-149
   definição 140
   fazendo as escolhas certas 148-154
   improvisação 157-162
   negócios 150-154
   razões para 140-141
estratégia corporativa 148
   definição do negócio 149
   objetivos 149
   propósito 149
   visão e missão 149
experiências 253
   coaching 237
   de guia 237
   educacional 237
   lazer 237

Federal Express (Fedex)
   absolutamente, positivamente 282
   origem e desenvolvimento 281-282
   pessoas em primeiro lugar 283-284
felicidade corporativa 273
Ferrari
   Creative Club 278
   escolhida o melhor lugar para trabalhar 278-279
   Formula Uomo 277-278
   iniciativas internas 277-278
   moradia 278-279
   origem e desenvolvimento 277
First Direct 322
Fitzgerald, F. Scott 334

Flickr 247
Ford, Tom 162-164
Ford 143, 323
fusões e aquisições (M&A) 50, 310

Galileu Galilei 336
Gallup 262
Gamper, Hans 209
Genentech 274
General Electric (GE) 181
   inovação 59
   processo de crescimento orgânico 59-60
   processo Execute para o Crescimento 60-62
   sobrevivência 58
gênio, ideias/ação do
   acelerador de negócios 346-347
   blogs 346
   cliente 348-349
   criativo 348-349
   downloads 346-347
   eventos 346-347
   fast track 348-349
   Fusion Lab 346-347
   marketing 348-349
gênio 12
   analítico 334
   como fusão 19-23
   consciente 334
   crença 336
   criativo 334
   definições 18

Índice

dimensões 333
dual 334-335
elementos do 16-17
holístico 335
livros 348-349
nível de negócios 21
nível pessoal 20
original 333-334
pensar diferentemente 22-23
pragmático 335-336
prolífico 335
trabalhos 346-349
visual 336
vivo 346-347
gerência
   alto desempenho 315-319
   características 98-100
   conhecimento do cliente 208-209
   gerência média 98
Geus, Arie de 36
Gilder's Law 71
Gillette 50, 310-311
Gladwell, Malcolm 220
GlaxoSmithKline (GSK) 322
Gmail 127
Google 19, 53, 73, 126-127, 178, 247, 286, 322
   atraindo/retendo a equipe 269, 271
   cultura corporativa 272-274
   missão 269
   origem 268
   trabalhar 269-272

Google Base 127
Google Earth 127
Google Talk 127
Gore, Al 65-66, 249, 251
Green & Black's
   mudança e crescimento 313-314
   origem e desenvolvimento 312-313
   sucesso 314-315
Green, Philip 299
Grove, Andy 286
Gucci 162-164

Haier
   antecedentes 304
   ciclo de inovação de produto de três temporadas 306
   iniciativas de liderança 305-306
Handy, Charles 289
Hanson, Lundon 37
HAPIE 273
Harley-Davidson 236
Hay Group 264
hemisfério direito, hemisfério esquerdo 20
   crescimento do negócio 27-62
   crescimento permanente/evitando bolhas 80-84
   criação de valor 40-46
   desafio do crescimento e da mudança 30-36
   estrutura e utilização 26
   hotspots 71-77

inovação 67-69
líderes e gerentes 87-111
oportunidades de negócio 63-86
plataformas para crescimento 49-58
Henley Centre 197
Hewlett-Packard (HP) 53
homem renascentista 15-16, 336
HSBC 52
Hyatt, Joel 251

IBM 50, 53, 79, 126
ICI 53
ideias radicais, ação prática 20, 260
   abordagem inteligente e criativa 261
   administrando para um alto desempenho 315-319
   apresentando resultados 307-329
   buscado os limites 322-325
   construindo o negócio invisível 308-312
   envolvendo com pessoas 261-266
   estilo de trabalho 272-276
   fazendo a mudança acontecer 292-298
   inspirando a mudança 285-306
   líderes transformacionais 302-304
   paixão pelas pessoas 265-268
   pauta para mudanças 289-290
   potencial 278-281
IDEO 322
IKEA 208

Índice

Immelt, Jeff 58-59
Infosys Technologies 275
Inovação 58
    abordagem inteligente e criativa 165
    Conceitos 173-176
    criação disruptiva 178-188
    Definição 166
    estratégica 166-167
    fracassos 175
    marketing 175-176
    mercados 166, 174
    Negócios 166
    nova visão do mundo/perspectivas 167-170
    processo de abertura/fechamento 185
    soluções 174
    valor 166
    inspiração
        começar o dia 12-13
        inteligência e imaginação 16-18
        necessidade de 14
        pensar diferente 14-16
        pessoal 14-16
    intangíveis
        categorias 310
        definição 309
        estilo de administração 315-319
        valor do negócio 308-312
Intel 286-287, 322
International Financial Reporting Standards 310

iTunes 133, 162, 247

Jenson, Bill 117
Jibbitz 39
Jobs, Steve 92-94, 103, 132-133
Johnson, Michael 11, 176
Joy, Bill 251

Kaikaku 286
kaizen 286
Kikkoman 36, 69-71
Knight, Phil 121-124, 127, 235
Kodak 19
Kotter, John 290

Lafley, AJ 106, 209, 291-294
Laporta, Joan 211-212
Le Masne de Chermont, Raphael 101-103
Lee, Mark 264
Lei de Metcalfe 71, 243
Leonardo da Vinci 335-336
Levinson, Arthur 106
Lexus 51
Li & Fung 84-86
liderança 283
    abordagem inteligente e criativa 87
    acendendo seu próprio potencial 278-281
    características 98-100
    cenário hipotético 88-89
    desafios das fases de vida 90-91

    empreendedor 103-107, 302
    estilos 99
    preparar/implantar a mudança 294-302
    tipos diferentes 89
    transformacional 302-304
Lindstrom, Martin 82
linguagem corporal 11

Marcas 309
    abordagem inteligente e criativa 219
    decisões de compra 220
    desenvolvimento 221
    empregado 265-267
    experiência do cliente 234-237
    fazer 224
    funcional, comparativo e emocional 222-224
    orientado às pessoas 221-225
    pertencer 224
    propostas 220
    relevância/valor ao cliente 221-232
    ser 224
Marks & Spencer (M&S) 143
    declínio de 299
    iniciativa mude ou morra 300-301
    plano para a mudança 299-300
    relançamento bem-sucedido 301-302
Massenet, Natalie 245, 246
Mateschitz, Dietrich 47-49

McKinsey 42
memes 235-236
mercado de ações 68
mercados 116-117
   azul 120
   branco 120
   buracos negros 119
   cinza 120
   cor de rosa 119
   encontrar 118-124
   entrada 158
   espaços brancos 118
   lugares bons 118
   lugares em alta 119
   marrom 120
   melhores 133-138
   ouro 120
   postura 204
   prata 119
   velocidade e agilidade 204
   verde 119
   vermelho 119
   vizinhos 125-133
   vortex 204
Metcalfe, Robert 73, 243
Microsoft 223, 274, 287, 323
Midshires 323
Moore, Geoffrey 175
Moore, Lei de 71
Mozart, Wolfgang Amadeus 335

mudança
   abordagem inteligente e criativa 274, 285
   analogia do Lego 286
   curva 288
   definição 286
   envolver em 295-296
   fazer acontecer 294-298
   fazer durar 297-298
   fórmula 290
   geração 296-298
   liderança decisiva/ação rápida 287
   líderes transformacionais 302-304
   pontos de inflexão estratégica 286-287
   preparar para 296-297
   questões 289-290
mudança de administração 286
Mulcahy, Anne 106
mundos virtuais 77-79
Murdoch, Rupert 254-257
MySpace 247

Natura
   origem e desenvolvimento 155-157
   prioridades estratégicas 156-157
negócio centrado no cliente 213-215
negócios, crescimento dos
   bom e ruim 46
   criação de valor 40-46

   desafios 30-36
   fracassos 83-84
   incremental e inovador 49-58
   inteligente e criativo 27, 29-30
   lucrativo 41-42
   orgânico/inorgânico 41, 50
   questões de longo e curto prazos 46
   raciocine de forma ampla 29-30
   receita 41-42
   sustentabilidade 28-30, 41-42, 84, 91
   tendências globais 80-83
negócios, estratégia de 150, 153-154
   como competir 151
   o que fazer 152
   onde competir 150
negócios, *hotspots* de 71-73
   amigável 76
   crescimento mais rápido 75
   criação de 74-75
   econômico 75
   ético 77
   inovador 76
   mais feliz 77
   novo 73-74
negócios, logevidade dos 36
negócios invisíveis 85, 308
Net a Porter 244-246
Netscape 287

Índice

News Corporation 254-257
Nike 53, 143, 223, 236
    crescimento de 122
    mapa do mercado 127-128
    máximas 123
    objetivos 123-124
    origem 121
Nokia 236

Ooi, Joanne 102-103
oportunidades
    abordagem inteligente e criativa 63
    desafios globais 64-66
    inovação 64-66
    mercados em mudança/ soluções inovadoras 67-69
organizações de alto desempenho
    dimensão raciocinar-fazer 341-343
    dimensões de espaço-tempo 340-341
Ortego, Amancio 187-191

Page, Larry 268-270
Parker, Mike 124
parques temáticos corporativos 275
participação de mercado 316
Passos, Pedro 155-157
pessoas
    abordagem inteligente e criativa 261

coloque as pessoas acima das crenças 283-284
conecte-se 280
defina-se 280
desafios aos líderes 264-266
engajamento com 262-264
envolva, ajude e estimule 262
ser diferente 281
talento/sonhos 265-268
pessoas, empresas de
Peugeot 236
Philips 52
Picasso, Pablo 335-336
Piech, Ferdinand 321
pirâmides energizadoras 201-202
Pixar 132-133
plataformas para o crescimento 50-58
    estratégico 53-54
    inovador 52-54
    operacional 51-52, 54
Porsche
    comparação com a Volkswagen 318-319, 321
    mudança e sucesso 320
    origem e desenvolvimento 318-320
    vulnerabilidade 320
portfólio de crescimento 53-55
Pret a Manger 323

Proctor & Gamble (P&G) 50, 53, 208-209, 274, 291-294, 310, 316, 323
Propósito 141-144

radar de mercado 170
Radcliffe, Paula 323-325
Red Bull
    construção de mito e controvérsia 48-49
    marketing de 48
    origens 47-48
    sucesso de 49
redes
    abordagem inteligente e criativa 241
    afinidade 252
    distribuição 252
    experiências 253
    ideias 252
    marketing 251-253
    mídia tradicional *versus* 247-249
    poder de 242-244
    relacionamentos 253
    reputação 253
    soluções 253
resultados
    a analogia das cinco bolas 324-325
    a mágica faz a diferença 322-325
    abordagem inteligente e criativa 307

estilos de administração 315-319
objetivos, parâmetros e
recompensas 315
peculiaridades que ajudam 322-323
valor do negócio 308-312
Rockowitz, Bruce 86
Rose, Stuart 299-302
Rosso, Renzo 202-206, 278-279
ruptura criativa 178-188
    avanços 183-184
    catalisadores 182-183
    convergência comercial 185
    divergência criativa 185
    fusão de conceitos 185

Sams, Craig 312-313, 315
Samsung 52
Schmidt, Eric 270
Sculley, John 92, 103
Seabra, Luiz 155-156
Seamans, Scott 37
Sears Roebuck 263
Second Life 78-79
Senge, Peter 141
sete vidas dos negócios 31-34
    ampliar 35
    criar 35
    entrar 35
    estabilizar 35
    evoluir 35
    expandir 35
    otimizar 35

Shanghai Tang 101-103, 246
Shultz, Howard 223
Skoda 52
Smith, Fred 281-282, 284
Snyder, Ron 38
Sony 143
Sorenson, Torben Ballegaard 216-218
stakeholders 42-44
Stanton Marris 275
Starbucks 51, 223
Stella Artois 232-234
Stewart, Thomas 309

Tang Wang Cheung, David 101-102
Tate Modern 237-40
Tchibo 126
    cronologia 137-138
    origem e desenvolvimento 136-138
    produtos 135-136
tecnologia 178-179
The Cluetrain Manifesto 71-73
Tichy, Noel 289
Top Shop 52
3M 176-178, 322

Umpqua Bank 104, 107-111
UPS 322

valor, criação de 40-46
    estratégico 317
    moldura 317
    operacional 317-318

valor, geradores de
    ações de curto/longo prazos/ efeitos 316
    inputs 316
    outputs 316
    throughputs/ processo 316
valor, proposição de 230-231
    empregados 266-268
valor, troca de 42-46
Versace 52
Virgin 95, 118
visões mundiais
    cliente 168
    comercial 169
    concorrente 168
    futuro 169
    negócios 168
    paralelo 169
    responsável 169
    tecnológico 169
vizinhança 125
    categorias 125
    clientes 125
    competências 126
    oportunidades de crescimento 126-128
Volkswagen 318-319, 321

Wal-Mart 143
Walt Disney Company 52, 126
    bens de consumo 130-131
    crescimento 132-133

Índice

   parques e resorts 130-131
   redes de mídia 130-131
   Studio Entertainment 130
Welch, Jack 58, 157, 181
White, Michael 118
Whitman, Meg 106

Whole Foods 323
Wiedeking, Wendelin 320-321

yin-yang, dimensões 20-22, 98-99, 339
Yoovidhya, Chaleo 47
YouTube 19, 127, 247

Zara 52, 299
   cronologia 188-190
   origem e desenvolvimento 187-189
   velocidade e eficiência 188-190
Zook, Chris 58